한전 KDN

전산직

기출동형 모의고사

제 1 회	영 역	직업기초능력평가 직무수행능력평가
	문항수	100문항
	시 간	120분
	비 고	객관식 4지선다형

SEOWONGAK
(주)서원각

제1회 기출동형 모의고사

✏️ **직업기초능력평가**

1. 다음 밑줄 친 문구를 어법에 맞게 수정한 내용으로 적절하지 않은 것은?

> A : 지속가능보고서를 2007년 창간 이래 <u>매년 발간에 의해</u> 이해 관계자와의 소통이 좋아졌다.
> B : 2012년부터 시행되는 신재생에너지 공급의무제는 회사의 <u>주요 리스크로</u> 이를 기회로 승화시키기 위한 노력을 하고 있다.
> C : 전력은 필수적인 에너지원이므로 과도한 사용을 <u>삼가야 한다.</u>
> D : <u>녹색 기술 연구 개발 투자 확대 및</u> 녹색 생활 실천 프로그램을 시행하여 온실가스 감축에 전 직원의 역량을 결집하고 있다.

① A : '매년 발간에 의해'가 어색하므로 문맥에 맞게 '매년 발간함으로써'로 고친다.
② B : '주요 리스크로'는 조사의 쓰임이 어울리지 않으므로, '주요 리스크이지만'으로 고친다.
③ C : '삼가야 한다'는 어법상 맞지 않으므로 '삼가해야 한다'로 고친다.
④ D : '및'의 앞은 명사구로 되어 있고 뒤는 절로 되어 있어 구조가 대등하지 않으므로, 앞 부분을 '녹색 기술 연구 개발에 대한 투자를 확대하고'로 고친다.

2. 다음의 국민참여예산제도에 대한 설명 중 일부이다. 밑줄 친 단어의 의미와 동일하게 쓰인 것은?

> 정부는 예산국민참여단이 압축한 참여예산 후보사업에 대해 선호도를 조사합니다. 일반국민의 사업 선호도 파악을 위해 性, 연령, 지역별 대표성이 확보되도록 표본을 추출하여 설문조사를 하고, 예산국민참여단의 사업 선호도는 오프라인에서 투표를 실시하여 조사합니다. 참여예산후보사업에 대한 일반국민과 예산국민참여단의 선호도가 집계되면 정부는 재정정책자문회의에서 선호도 조사 결과를 논의하고, 국무회의에서 참여예산사업을 포함한 정부예산안을 확정하여 국회에 제출하게 됩니다. 이후 국회는 정부예산안을 심의 · 의결하는데 참여예산사업도 예산안의 일부이므로 여타 사업과 동일한 절차를 <u>거쳐</u> 국회에서 확정되게 됩니다.

① 학생들은 초등학교부터 중학교, 고등학교를 <u>거쳐</u> 대학에 입학하게 된다.
② 가장 어려운 문제를 해결했으니 이제 특별히 <u>거칠</u> 문제는 없다.
③ 이번 출장 때는 독일 베를린을 <u>거쳐</u> 오스트리아 빈을 다녀올 예정이다.
④ 오랜만에 뒷산에 올라 보니, 무성하게 자란 칡덩굴이 발에 <u>거친다.</u>

3. 다음은 행복 아파트의 애완동물 사육규정의 일부이다. 다음과 같은 규정을 참고할 때, 거주자들에게 안내되어야 할 사항으로 적절하지 않은 것은?

제4조 (애완동물 사육 시 준수사항)
① 애완동물은 훈련을 철저히 하며 항상 청결상태를 유지하고, 소음발생 등으로 입주자 등에게 피해를 주지 않아야 한다.
② 애완동물의 사육은 규정된 종류의 동물에 한하며, 년 ○회 이상 정기검진을 실시하고 진드기 및 해충기생 등의 예방을 철저히 하여야 한다.
③ 애완동물을 동반하여 승강기에 탑승할 경우 반드시 안고 탑승, 타인에게 공포감을 주지 말아야 한다.
④ 애완동물과 함께 산책할 경우 반드시 목줄을 사용하여야 하며, 배설물을 수거할 수 있는 장비를 지참하여 즉시 수거하여야 한다.
⑤ 애완동물을 동반한 야간 외출 시 손전등을 휴대하여 타인에게 공포감을 주지 않도록 하여야 한다.
⑥ 앞, 뒤 베란다 배수관 및 베란다 밖으로 배변처리를 금지한다.
⑦ 애완동물과 함께 체육시설, 화단 등 공공시설의 출입은 금지한다.

제5조 (애완동물 사육에 대한 동의)
① 애완견동물을 사육하고자 하는 세대에서는 단지 내 애완동물 동호회를 만들거나 가입하여 공공의 이익을 위하여 활동할 수 있다.
② 애완동물을 사육하는 세대는 사육 동물의 종류와 마리 수를 관리실에 고지해야 하며 애완동물을 제외한 기타 가축을 사육하고자 하는 세대에서는 반드시 관리실의 동의를 구하여야 한다.
③ 애완동물 사육 시 해당동의 라인에서 입주민 다수의 민원(반상회 건의 등)이 있는 세대에는 재발방지를 위하여 서약서를 징구할 수 있으며, 이후 재민원이 발생할 경우 관리규약에 의거하여 애완동물을 사육할 수 없도록 한다.
④ 세대 당 애완동물의 사육두수는 ○마리로 제한한다.

제6조 (환경보호)
① 애완동물을 사육하는 세대는 동호회에서 정기적으로 실시하는 단지 내 공용부분의 청소에 참여하여야 한다.
② 청소는 동호회에서 관리하며, 청소에 참석하지 않는 세대는 동호회 회칙으로 정한 청소비를 납부하여야 한다.

① "애완동물 동호회에 가입하지 않으신 애완동물 사육 세대에서도 공용부분 청소에 참여하셔야 합니다."
② "애완동물을 사육하는 세대는 사육 동물의 종류와 마리 수를 관리실에 반드시 고지하셔야 합니다."
③ "단지 내 주민 체육관에는 애완동물을 데리고 입장하실 수 없으니 착오 없으시기 바랍니다."
④ "애완동물을 동반하고 이동하실 경우, 승강기 이용이 제한되오니 반드시 계단을 이용해 주시기 바랍니다."

4. 다음 글을 논리적으로 바르게 배열한 것은?

㈎ 오늘날까지 인류가 알아낸 지식은 한 개인이 한 평생 체험을 거듭할지라도 그 몇 만분의 일도 배우기 어려운 것이다.
㈏ 가령, 무서운 독성을 가진 콜레라균을 어떠한 개인이 먹어 보아서 그 성능을 증명하려 하면, 그 사람은 그 지식을 얻기 전에 벌써 죽어 버리고 말게 될 것이다.
㈐ 지식은 그 종류와 양이 무한하다.
㈑ 또 지식 중에는 체험으로써 배우기에는 너무 위험한 것도 많다.
㈒ 그러므로 체험만으로써 모든 지식을 얻으려는 것은 매우 졸렬한 방법일 뿐 아니라, 거의 불가능한 일이라 하겠다.

① ㈐㈎㈑㈏㈒
② ㈐㈑㈎㈏㈒
③ ㈎㈐㈏㈒㈑
④ ㈎㈏㈑㈒㈐

5. 다음 글을 통해 알 수 없는 것은?

동아시아 삼국에 외국인이 집단적으로 장기 거주함에 따라 생활의 편의와 교통통신을 위한 근대적 편의시설이 갖춰지기 시작하였다. 이른바 문명의 이기로 불린 전신, 우편, 신문, 전차, 기차 등이 그것이다. 민간인을 독자로 하는 신문은 개항 이후 새롭게 나타난 신문들 가운데 하나이다. 신문(新聞) 혹은 신보(新報)라는 이름부터가 그렇다. 물론 그 전에도 정부 차원에서 관료들에게 소식을 전하는 관보가 있었지만 오늘날 우리가 사용하는 의미에서의 신문은 여기서부터 비롯된다.

1882년 서양 선교사가 창간한 「The Universal Gazette」의 한자 표현이 '천하신문'인 데서 알 수 있듯, 선교사들은 가제트를 '신문'으로 번역했다. 이후 신문이란 말은 "마카오의 신문지를 창조하라."거나 "신문관을 설립하자"는 식으로 중국인들이 자발적으로 활발하게 사용하기 시작했다.

상업이 발달한 중국 상하이와 일본 요코하마에서는 각각 1851년과 1861년 영국인에 의해 영자신문이 창간되어 유럽과 미국 회사들에 필요한 정보를 제공했고, 이윽고 이를 모델로 하는 중국어, 일본어 신문이 창간되었다. 상하이 최초의 중국어 신문은 영국의 민간회사 자림양행에 의해 1861년 창간된 「상하이신보」다. 거기에는 선박의 출입일정, 물가정보, 각종 광고 등이 게재되어 중국인의 필요에 부응했다. 이 신문은 '○○신보'라는 용어의 유래가 된 신문이다. 중국에서 자국인에 의해 발행된 신문은 1874년 상인 황타오에 의해 창간된 중국어 신문 「순후안일보」가 최초이다. 이것은 오늘날 '△△일보'라는 용어의 유래가 된 신문이다.

한편 요코하마에서는 1864년 미국 영사관 통역관이 최초의 일본어 신문 「카이가이신문」을 창간하면서 일본 국내외 뉴스와 광고를 게재했다. 1871년 처음으로 일본인에 의해 일본어 신문인 「요코하마마이니치신문」이 창간되었고, 이후 일본어 신문 창간의 붐이 있었다.

개항 자체가 늦었던 조선에서는 정부 주도하에 1883년 외교를 담당하던 통리아문박문국에서 최초의 근대적 신문 「한성순보」를 창간했다. 그러나 한문으로 쓰인 「한성순보」와는 달리 그 후속으로 1886년 발행된 「한성주보」는 국한문혼용을 표방했다. 한글로 된 최초의 신문은 1896년 독립협회가 창간한 「독립신문」이다. 1904년 영국인 베델과 양기탁 등에 의해 「대한매일신보」가 영문판 외에 국한문 혼용판과 한글전용판을 발간했다. 그밖에 인천에서 상업에 종사하는 사람들을 위한 정보를 알려주는 신문 등 다양한 종류의 신문이 등장했다.

① 중국 상하이와 일본 요코하마에서 창간된 영자신문은 서양 선교사들이 주도적으로 참여하였다.

② 개항 이전에는 관료를 위한 관보는 있었지만, 민간인 독자를 대상으로 하는 신문은 없었다.

③ '○○신보'나 '△△일보'란 용어는 민간이 만든 신문들의 이름에서 기인한다.

④ 일본은 중국보다 자국인에 의한 자국어 신문을 먼저 발행하였다.

6. 다음 글의 ( ) 안에 들어갈 말을 순서대로 바르게 나열한 것은?

차용증서

제1조 : 채권자 "갑"은 20○○년 ○○월 ○○일에 금 ○○만 원을 채무자 "을"에게 빌려주고 채무자 "을"은 이것을 차용하였다.

제2조 : 차용금의 변제기한은 20○○년 ○○월 ○○일로 한다.

제3조
1) 이자는 월 ○○푼의 비율로 하고 매월 ○○일까지 지불하기로 한다.
2) 원리금의 변제를 지체했을 때에는 채무자는 일변 ○○리의 비율에 의한 지연손실금을 (㉠)해서 지불해야 한다.

제4조 : 채무의 변제는 채권자 현재의 주소 또는 지정장소에 지참 또는 송금하여 지불한다.

제5조 : 채무자 "을"이 다음의 어느 하나에 해당하는 경우에 있어서는 채권자 "갑"으로부터의 통지, 최고 등이 없이도 당연히 기한의 이익을 잃고 채무 전부를 즉시 변제한다.
① 본 건 이자의 지불을 ○○개월분 이상 (㉡)했을 때
② 다른 채무 때문에 강제집행, 집행보전처분을 받거나, 파산 또는 경매의 신청이 있었을 때

제6조 : 채무자 "을"은 그 채무불이행 시에는 그의 전 재산에 대해 곧 강제집행에 따를 것을 (㉢)했다.

	㉠	㉡	㉢
①	가산	체납	승낙
②	가산	지체	승낙
③	가산	체납	거부
④	감산	지체	승낙

7. 다음 글에 나타난 아리스토텔레스의 견해에 대한 이해로 가장 적절한 것은?

자연에서 발생하는 모든 일은 목적 지향적인가? 자기 몸통보다 더 큰 나뭇가지나 잎사귀를 허둥대며 운반하는 개미들은 분명히 목적을 가진 듯이 보인다. 그런데 가을에 지는 낙엽이나 한밤중에 쏟아지는 우박도 목적을 가질까? 아리스토텔레스는 모든 자연물이 목적을 추구하는 본성을 타고나며, 외적 원인이 아니라 내재적 본성에 따른 운동을 한다는 목적론을 제시한다. 그는 자연물이 단순히 목적을 갖는 데 그치는 것이 아니라 목적을 실현할 능력도 타고나며, 그 목적은 방해받지 않는 한 반드시 실현될 것이고, 그 본성적 목적의 실현은 운동 주체에 항상 바람직한 결과를 가져온다고 믿는다. 아리스토텔레스는 이러한 자신의 견해를 "자연은 헛된 일을 하지 않는다!"라는 말로 요약한다.

근대에 접어들어 모든 사물이 생명력을 갖지 않는 일종의 기계라는 견해가 강조되면서, 아리스토텔레스의 목적론은 비과학적이라는 이유로 많은 비판에 직면한다. 갈릴레이는 목적론적 설명이 과학적 설명으로 사용될 수 없다고 주장하며, 베이컨은 목적에 대한 탐구가 과학에 무익하다고 평가하고, 스피노자는 목적론이 자연에 대한 이해를 왜곡한다고 비판한다. 이들의 비판은 목적론이 인간 이외의 자연물도 이성을 갖는 것으로 의인화한다는 것이다. 그러나 이런 비판과는 달리 아리스토텔레스는 자연물을 생물과 무생물로, 생물을 식물·동물·인간으로 나누고, 인간만이 이성을 지닌다고 생각했다.

일부 현대 학자들은, 근대 사상가들이 당시 과학에 기초한 기계론적 모형이 더 설득력을 갖는다는 일종의 교조적 믿음에 의존했을 뿐, 아리스토텔레스의 목적론을 거부할 충분한 근거를 제시하지 못했다고 비판한다. 이런 맥락에서 볼로틴은 근대 과학이 자연에 목적이 없음을 보이지도 못했고 그렇게 하려는 시도조차 하지 않았다고 지적한다. 또한 우드필드는 목적론적 설명이 과학적 설명은 아니지만, 목적론의 옳고 그름을 확인할 수 없기 때문에 목적론이 거짓이라 할 수도 없다고 지적한다.

17세기의 과학은 실험을 통해 과학적 설명의 참·거짓을 확인할 것을 요구했고, 그런 경향은 생명체를 비롯한 세상의 모든 것이 물질로만 구성된다는 물질론으로 이어졌으며, 물질론 가운데 일부는 모든 생물학적 과정이 물리·화학 법칙으로 설명된다는 환원론으로 이어졌다. 이런 환원론은 살아 있는 생명체가 죽은 물질과 다르지 않음을 함축한다. 하지만 아리스토텔레스는 자연물의 물질적 구성 요소를 알면 그것의 본성을 모두 설명할 수 있다는 엠페도클레스의 견해를 반박했다. 이 반박은 자연물이 단순히 물질로만 이루어진 것이 아니며, 또한 그것의 본성이 단순히 물리·화학적으로 환원되지도 않는다는 주장을 내포한다.

첨단 과학의 발전에도 불구하고 생명체의 존재 원리와 이유를 정확히 규명하는 과제는 아직 진행 중이다. 자연물의 구성 요소에 대한 아리스토텔레스의 탐구는 자연물이 존재하고 운동하는 원리와 이유를 밝히려는 것이었고, 그의 목적론은 지금까지 이어지는 그러한 탐구의 출발점이라 할 수 있다.

① 자연물의 본성적 운동은 외적 원인에 의해 야기되기도 한다.
② 낙엽의 운동은 본성적 목적 개념으로는 설명되지 않는다.
③ 본성적 운동의 주체는 본성을 실현할 능력을 갖고 있다.
④ 자연물의 목적 실현은 때로는 그 자연물에 해가 된다.

8. 다음은 가족제도의 붕괴, 비혼, 저출산 등 사회적인 이슈에 대해 자유롭게 의견을 나누는 자리에서 직원들 간에 나눈 대화의 일부분이다. 이를 바탕으로 옳게 추론한 것을 모두 고르면?

남1 : 가족은 혼인제도에 의해 성립된 집단으로 두 명의 성인 남녀와 그들이 출산한 자녀 또는 입양한 자녀로 이루어져야만 해. 이러한 가족은 공동의 거주, 생식 및 경제적 협력이라는 특성을 갖고 있어.

여1 : 가족은 둘 이상의 사람들이 함께 거주하면서 지속적인 관계를 유지하는 집단을 말해. 이들은 친밀감과 자원을 서로 나누고 공동의 의사결정을 하며 가치관을 공유하는 등의 특성이 있지.

남2 : 핵가족은 전통적인 성역할에 기초하여 아동양육, 사회화, 노동력 재생산 등의 기능을 가장 이상적으로 수행할 수 있는 가족 구조야. 그런데 최근 우리사회에서 발생하는 출산율 저하, 이혼율 증가, 여성의 경제활동 참여율 증가 등은 전통적인 가족 기능의 위기를 가져오는 아주 심각한 사회문제야. 그래서 핵가족 구조와 기능을 유지할 수 있는 정책이 필요해.

여2 : 전통적인 가족 개념은 가부장적 위계질서를 가지고 있었어. 하지만 최근에는 민주적인 가족관계를 형성하고자 하는 의지가 가족 구조를 변화시키고 있지. 게다가 여성의 자아실현 욕구가 증대하고 사회·경제적 구조의 변화에 따라 남성 혼자서 가족을 부양하기 어려운 것이 현실이야. 그래서 한 가정 내에서 남성과 여성이 모두 경제활동에 참여할 수 있도록 지원하는 국가의 정책이 필요하다고 생각해.

㉠ 남1에 의하면 민족과 국적이 서로 다른 두 남녀가 결혼하여 자녀를 입양한 가정은 가족으로 인정하기 어렵다.
㉡ 여1과 남2는 동성(同性) 간의 결합을 가족으로 인정하고 지지할 것이다.
㉢ 남2는 아동보육시설의 확대정책보다는 아동을 돌보는 어머니에게 매월 일정액을 지급하는 아동수당 정책을 더 선호할 것이다.
㉣ 여2는 무급의 육아휴직 확대정책보다는 육아도우미의 가정 파견을 전액 지원하는 국가정책을 더 선호할 것이다.

① ㉠, ㉢　　　　　　　　② ㉡, ㉣
③ ㉢, ㉣　　　　　　　　④ ㉠, ㉡, ㉢

9. 다음 글에 대한 이해로 적절하지 않은 것은?

> 외국 통화에 대한 자국 통화의 교환 비율을 의미하는 환율은 장기적으로 한 국가의 생산성과 물가 등 기초 경제 여건을 반영하는 수준으로 수렴된다. 그러나 단기적으로 환율은 이와 괴리되어 움직이는 경우가 있다. 만약 환율이 예상과는 다른 방향으로 움직이거나 또는 비록 예상과 같은 방향으로 움직이더라도 변동 폭이 예상보다 크게 나타날 경우 경제 주체들은 과도한 위험에 노출될 수 있다. 환율이나 주가 등 경제 변수가 단기에 지나치게 상승 또는 하락하는 현상을 오버슈팅(overshooting)이라고 한다. 이러한 오버슈팅은 물가 경직성 또는 금융 시장 변동에 따른 불안 심리 등에 의해 촉발되는 것으로 알려져 있다. 여기서 물가 경직성은 시장에서 가격이 조정되기 어려운 정도를 의미한다.
>
> 물가 경직성에 따른 환율의 오버슈팅을 이해하기 위해 통화를 금융 자산의 일종으로 보고 경제 충격에 대해 장기와 단기에 환율이 어떻게 조정되는지 알아보자. 경제에 충격이 발생할 때 물가나 환율은 충격을 흡수하는 조정 과정을 거치게 된다. 물가는 단기에는 장기 계약 및 공공요금 규제 등으로 인해 경직적이지만 장기에는 신축적으로 조정된다. 반면 환율은 단기에서도 신축적인 조정이 가능하다. 이러한 물가와 환율의 조정 속도 차이가 오버슈팅을 초래한다. 물가와 환율이 모두 신축적으로 조정되는 장기에서의 환율은 구매력 평가설에 의해 설명되는데, 이에 의하면 장기의 환율은 자국 물가 수준을 외국 물가 수준으로 나눈 비율로 나타나며, 이를 균형 환율로 본다. 가령 국내 통화량이 증가하여 유지될 경우 장기에서는 자국 물가도 높아져 장기의 환율은 상승한다. 이때 통화량을 물가로 나눈 실질 통화량은 변하지 않는다.
>
> 그런데 단기에는 물가의 경직성으로 인해 구매력 평가설에 기초한 환율과는 다른 움직임이 나타나면서 오버슈팅이 발생할 수 있다. 가령 국내 통화량이 증가하여 유지될 경우, 물가가 경직적이어서 실질 통화량은 증가하고 이에 따라 시장 금리는 하락한다. 국가 간 자본 이동이 자유로운 상황에서, 시장 금리 하락은 투자의 기대 수익률 하락으로 이어져, 단기성 외국인 투자 자금이 해외로 빠져나가거나 신규 해외 투자 자금 유입을 위축시키는 결과를 초래한다. 이 과정에서 자국 통화의 가치는 하락하고 환율은 상승한다. 통화량의 증가로 인한 효과는 물가가 신축적인 경우에 예상되는 환율 상승에, 금리 하락에 따른 자금의 해외 유출이 유발하는 추가적인 환율 상승이 더해진 것으로 나타난다. 이러한 추가적인 상승 현상이 환율의 오버슈팅인데, 오버슈팅의 정도 및 지속성은 물가 경직성이 클수록 더 크게 나타난다. 시간이 경과함에 따라 물가가 상승하여 실질 통화량이 원래 수준으로 돌아오고 해외로 유출되었던 자금이 시장 금리의 반등으로 국내로 복귀하면서, 단기에 과도하게 상승했던 환율은 장기에는 구매력 평가설에 기초한 환율로 수렴된다.

① 환율의 오버슈팅이 발생한 상황에서 물가 경직성이 클수록 구매력 평가설에 기초한 환율로 수렴되는 데 걸리는 기간이 길어질 것이다.

② 환율의 오버슈팅이 발생한 상황에서 외국인 투자 자금이 국내 시장 금리에 민감하게 반응할수록 오버슈팅 정도는 커질 것이다.

③ 물가 경직성에 따른 환율의 오버슈팅은 물가의 조정 속도보다 환율의 조정 속도가 빠르기 때문에 발생하는 것이다.

④ 국내 통화량이 증가하여 유지될 경우 장기에는 실질 통화량이 변하지 않으므로 장기의 환율도 변함이 없을 것이다.

10. 다음 서식을 보고 ⊙과 ⓒ에 들어갈 내용을 바르게 짝지은 것은?

〈거래명세표〉

견적명	컴퓨터 / 주변기기 납품	공급자	등록번호	123-45-67890	
견적일자	2018년 8월 1일		상호	㈜서원각 **성명** 다파라	
㈜WK엔터테인먼트 (귀하)			주소	경기 고양시 일산서구 가좌동 123	
			(⊙)	도매 및 소매업	
			업종	컴퓨터 및 주변장치, 소프트웨어 도매업	

아래와 같이 견적합니다.

공급가액 합계		일금 육백십이만원정(₩6,120,000)			
품명	규격	수량	단가	공급가액	비고
모니터	A형	5	360,000	1,800,000	
본체	B형	5	(ⓒ)	2,600,000	
프린터	C형	2	360,000	720,000	
주변기기	D형	5	200,000	1,000,000	
합계		17	1,440,000	6,120,000	

특기사항
1. 부가세 포함
2. 계약금 10%
3. 본 견적서는 견적일부터 30일간 유효합니다.

① ⊙ 종목, ⓒ 280,000

② ⊙ 사업, ⓒ 320,000

③ ⊙ 업체, ⓒ 450,000

④ ⊙ 업태, ⓒ 520,000

11. 귀하는 한전KDN 채용관리팀에 근무하고 있다. 2017년 공채로 채용된 사무직, 연구직, 기술직, 고졸사원은 모두 2,000명이었고, 인원 현황은 다음과 같다. 2018년도에도 2,000명이 채용되는데, 사무직, 연구직, 기술직, 고졸사원의 채용 비율을 19 : 10 : 6 : 4로 변경할 방침이다. 다음 중 귀하가 판단하기에 공채로 배정되는 직무별 사원수의 변화에 대한 설명으로 적절한 것은?

구분	사무직	연구직	기술직	고졸사원
인원수	1,100명	200명	400명	300명

① 2018년 기술직 사원수는 2017년 기술직 사원수보다 늘어날 것이다.

② 2018년 사무직 사원수는 전체 채용 인원의 절반 이하로 줄어들 것이다.

③ 2018년 연구직 사원수는 전년대비 3배 이상 증가할 것이다.

④ 2018년 고졸사원수는 2017년 채용된 고졸사원수보다 늘어날 것이다.

12. 원이가 5%의 설탕물을 가지고 와 지민이가 가지고 있는 10%의 설탕물에 섞어 농도가 8%인 설탕물 300g을 만들려고 한다. 이때 원이가 가지고 와야 할 설탕물의 양은 몇 g인가?

① 110

② 115

③ 120

④ 125

13. ○○전기 A지역본부의 작년 한 해 동안의 송전과 배전 설비 수리 건수는 총 238건이다. 설비를 개선하여 올해의 송전과 배전 설비 수리 건수가 작년보다 각각 40%, 10%씩 감소하였다. 올해 수리 건수의 비가 5 : 3일 경우, 올해의 송전 설비 수리 건수는 몇 건인가?

① 102건

② 100건

③ 98건

④ 95건

14. 다음은 한 통신사의 요금제별 요금 및 할인 혜택에 관한 표이다. 이번 달에 전화통화와 함께 100건 이상의 문자메시지를 사용하였는데, A요금제를 이용했을 경우 청구되는 요금은 14,000원, B요금제를 이용했을 경우 청구되는 요금은 16,250원이다. 이번 달에 사용한 문자메시지는 모두 몇 건인가?

요금제	기본료	통화요금	문자메시지 요금	할인 혜택
A	없음	5원/초	10원/건	전체 요금의 20% 할인
B	5,000원/월	3원/초	15원/건	문자메시지 월 100건 무료

① 125건

② 150건

③ 200건

④ 250건

15. 다음 표는 A지역 전체 가구를 대상으로 원자력발전소 사고 전·후 식수 조달원 변경에 대해 사고 후 설문조사한 결과이다. 사고 전에 비해 사고 후에 이용 가구 수가 감소한 식수 조달원의 수는 몇 개인가? (단, A지역 가구의 식수 조달원은 수돗물, 정수, 약수, 생수로 구성되며, 각 가구는 한 종류의 식수 조달원만 이용한다.)

〈원자력발전소 사고 전·후 A지역 조달원별 가구 수〉

(단위 : 가구)

사고 전 조달원 \ 사고 후 조달원	수돗물	정수	약수	생수
수돗물	40	30	20	30
정수	10	50	10	30
약수	20	10	10	40
생수	10	10	10	40

① 0개

② 1개

③ 2개

④ 3개

16. 다음은 A 공사의 연도별 임직원 현황에 관한 자료이다. 이에 대한 설명 중 옳은 것을 모두 고르면?

구분	연도	2013	2014	2015
국적	한국	9,566	10,197	9,070
	중국	2,636	3,748	4,853
	일본	1,615	2,353	2,749
	대만	1,333	1,585	2,032
	기타	97	115	153
	계	15,247	17,998	18,857
고용형태	정규직	14,173	16,007	17,341
	비정규직	1,074	1,991	1,516
	계	15,247	17,998	18,857
연령	20대 이하	8,914	8,933	10,947
	30대	5,181	7,113	6,210
	40대 이상	1,152	1,952	1,700
	계	15,247	17,998	18,857
직급	사원	12,365	14,800	15,504
	간부	2,801	3,109	3,255
	임원	81	89	98
	계	15,247	17,998	18,857

> ㉠ 매년 일본, 대만 및 기타 국적 임직원 수의 합은 중국 국적 임직원 수보다 많다.
> ㉡ 매년 전체 임직원 중 20대 이하 임직원이 차지하는 비중은 50% 이상이다.
> ㉢ 2014년과 2015년에 전년대비 임직원수가 가장 많이 증가한 국적은 모두 중국이다.
> ㉣ 2014년에 국적이 한국이면서 고용형태가 정규직이고 직급이 사원인 임직원은 5,000명 이상이다.

① ㉠, ㉡
② ㉠, ㉢
③ ㉡, ㉣
④ ㉠, ㉢, ㉣

17. 다음은 갑국의 최종에너지 소비량에 대한 자료이다. 이에 대한 설명으로 옳은 것들로만 바르게 짝지어진 것은?

〈2015~2017년 유형별 최종에너지 소비량 비중〉

(단위 : %)

연도	석탄 무연탄	석탄 유연탄	석유 제품	도시 가스	전력	기타
2015	2.7	11.6	53.3	10.8	18.2	3.4
2016	2.8	10.3	54.0	10.7	18.6	3.6
2017	2.9	11.5	51.9	10.9	19.1	3.7

〈2017년 부문별 유형별 최종에너지 소비량〉

(단위 : 천TOE)

부문	석탄 무연탄	석탄 유연탄	석유 제품	도시 가스	전력	기타	합
산업	4,750	15,317	57,451	9,129	23,093	5,415	115,155
가정·상업	901	4,636	6,450	11,105	12,489	1,675	37,256
수송	0	0	35,438	188	1,312	0	36,938
기타	0	2,321	1,299	669	152	42	4,483
계	5,651	22,274	100,638	21,091	37,046	7,132	193,832

※ TOE는 석유 환산 톤수를 의미

> ㉠ 2015~2017년 동안 전력소비량은 매년 증가한다.
> ㉡ 2017년에는 산업부문의 최종에너지 소비량이 전체 최종에너지 소비량의 50% 이상을 차지한다.
> ㉢ 2015~2017년 동안 석유제품 소비량 대비 전력 소비량의 비율이 매년 증가한다.
> ㉣ 2017년에는 산업부문과 가정·상업부문에서 유연탄 소비량 대비 무연탄 소비량의 비율이 각각 25% 이하이다.

① ㉠, ㉡
② ㉠, ㉣
③ ㉡, ㉢
④ ㉡, ㉣

18. 3개월의 인턴기간 동안 업무평가 점수가 가장 높았던 甲, 乙, 丙, 丁 네 명의 인턴에게 성과급을 지급했다. 제시된 조건에 따라 성과급은 甲 인턴부터 丁 인턴까지 차례로 지급되었다고 할 때, 네 인턴에게 지급된 성과급 총액은 얼마인가?

- 甲 인턴은 성과급 총액의 1/3보다 20만 원 더 받았다.
- 乙 인턴은 甲 인턴이 받고 남은 성과급의 1/2보다 10만 원 더 받았다.
- 丙 인턴은 乙 인턴이 받고 남은 성과급의 1/3보다 60만 원 더 받았다.
- 丁 인턴은 丙 인턴이 받고 남은 성과급의 1/2보다 70만 원 더 받았다.

① 860만 원   ② 900만 원
③ 940만 원   ④ 960만 원

19. 다음은 우리나라의 경제활동 참가율 및 실업률에 대한 자료이다. 바르게 해석하지 못한 사람은?

(단위 : %)

연도	전체		여성		남성	
	경제활동 참가율	실업률	경제활동 참가율	실업률	경제활동 참가율	실업률
1970	57.6	4.4	39.3	2.8	77.9	5.3
1995	61.9	2.1	48.4	1.7	76.4	2.3
1996	62.1	2.0	48.9	1.6	76.2	2.4
1997	62.5	2.6	49.8	2.3	76.1	2.8
1998	60.6	7.0	47.1	5.7	75.1	7.8
1999	60.6	6.3	47.6	5.1	74.4	7.2
2000	61.0	4.1	48.6	3.3	74.2	4.7
2001	61.3	3.8	49.2	3.1	74.2	4.3
2002	61.9	3.1	49.7	2.5	74.8	3.5
2003	61.4	3.4	49.9	3.1	74.6	3.6

① 1998년의 남성 실업률은 7.8%로 전년대비 5%p 증가했는데, 이는 기간 중 가장 큰 폭의 변화이다.
② 전체 실업률이 가장 높은 해에 여성 실업률도 가장 높다.
③ 전체 경제활동참가율은 1970년 이후 증감을 거듭하고 있다.
④ 여성 실업률과 남성 실업률 증감의 추이는 동일하다.

20. 다음은 인천공항의 2018년 6월 항공사별 항공통계이다. 자료를 잘못 분석한 것은?

(단위 : 편, 명, 톤)

항공사	운항		여객		화물	
	도착	출발	도착	출발	도착	출발
대한항공	3,912	3,908	743,083	725,524	51,923	50,722
델타항공	90	90	24,220	23,594	159	694
아시아나항공	2,687	2,676	514,468	504,773	29,220	26,159
에어프랑스	43	43	14,069	14,445	727	751
에어서울	406	406	67,037	67,949	36	53
에어캐나다	60	60	16,885	17,176	630	601
이스타항공	515	514	82,409	84,567	139	53
제주항공	1,305	1,301	224,040	223,959	444	336
진에어	894	893	175,967	177,879	498	422
티웨이항공	672	673	109,497	110,150	106	134
합계	10,584	10,564	1,971,675	1,950,016	83,882	79,925

① 2018년 6월 인천공항에 도착한 대한항공 항공기 수는 같은 기간 인천공항에 도착한 아시아나항공 항공기 수와 제주항공 항공기 수의 합보다 적다.
② 2018년 6월 이스타항공을 이용하여 인천공항에 도착한 여객 수는 같은 기간 인천공항에 도착한 전체 여객 수의 5% 이상이다.
③ 에어프랑스, 에어서울, 에어캐나다를 이용하여 2018년 6월 인천공항에서 출발한 화물의 양은 1,400톤 이상이다.
④ 2018년 6월 제주항공을 이용하여 인천공항에서 출발한 여객 수는 같은 기간 티웨이항공을 이용하여 인천공항에서 출발한 여객 수의 2배 이상이다.

21. 김 사원, 이 사원, 박 사원, 정 사원, 최 사원은 신입사원 오리엔테이션을 받으며 왼쪽부터 순서대로 앉아 강의를 들었다. 각기 다른 부서로 배치된 이들은 4년 후 신규 대리 진급자 시험을 보기 위해 다시 같은 강의실에 모이게 되었다. 다음의 〈조건〉을 모두 만족할 때, 어떤 경우에도 바로 옆에 앉는 두 사람은 누구인가?

〈조건〉
A. 신규 대리 진급자 시험에 응시하는 사람은 김 사원, 이 사원, 박 사원, 정 사원, 최 사원뿐이다.
B. 오리엔테이션 당시 앉았던 위치와 같은 위치에 앉아서 시험을 보는 직원은 아무도 없다.
C. 김 사원과 박 사원 사이에는 1명이 앉아 있다.
D. 이 사원과 정 사원 사이에는 2명이 앉아 있다.

① 김 사원, 최 사원
② 이 사원, 박 사원
③ 김 사원, 이 사원
④ 정 사원, 최 사원

22. 다음 조건을 바탕으로 할 때, 김 교수의 연구실 위치한 건물과 오늘 갔던 서점이 위치한 건물을 순서대로 올바르게 짝지은 것은?

• 최 교수, 김 교수, 정 교수의 연구실은 경영관, 문학관, 홍보관 중 한 곳에 있으며 서로 같은 건물에 있지 않다.
• 이들은 오늘 각각 자신의 연구실이 있는 건물이 아닌 다른 건물에 있는 서점에 갔었으며, 서로 같은 건물의 서점에 가지 않았다.
• 정 교수는 홍보관에 연구실이 있으며, 최 교수와 김 교수는 오늘 문학관 서점에 가지 않았다.
• 김 교수는 정 교수가 오늘 갔던 서점이 있는 건물에 연구실이 있다.

① 문학관, 경영관
② 경영관, 홍보관
③ 홍보관, 경영관
④ 문학관, 홍보관

|23~24| 다음 명제가 참일 때, 항상 참인 것을 고르시오.

23.

• 오 대리가 출장을 가면 정 사원은 야근을 해야 한다.
• 남 대리가 교육을 받지 못하면 진급 시험 자격을 얻지 못한다.
• 정 사원이 야근을 하면 남 대리가 교육을 받으러 가지 못한다.

① 남 대리가 교육을 받지 못하면 오 대리가 출장을 가야 한다.
② 정 사원가 야근을 하면 오 대리가 출장을 가야 한다.
③ 남 대리가 진급 시험 자격을 얻으려면 오 대리가 출장을 가면 안 된다.
④ 남 대리가 진급 시험 자격을 얻지 못하면 오 대리가 출장을 가지 않은 것이다.

24.

• 자동차 수리를 잘하는 사람은 자전거도 잘 고친다.
• 자동차 수리를 잘하지 못하는 사람은 가전제품도 잘 고치치 못한다.

① 자동차 수리를 잘하지 못하는 사람은 자전거도 잘 고치지 못한다.
② 자전거를 잘 고치는 사람은 가전제품을 잘 고친다.
③ 가전제품을 잘 고치지 못하는 사람은 자동차 수리도 잘하지 못한다.
④ 가전제품을 잘 고치는 사람은 자전거도 잘 고친다.

25. 다음에 제시되는 두 개의 명제를 전제로 할 때, 결론 A, B에 대한 주장으로 알맞은 것은?

명제 1. 등산을 좋아하는 사람 중에는 낚시를 좋아하는 사람도 있다.
명제 2. 골프를 좋아하는 사람은 등산을 좋아하지만, 낚시는 좋아하지 않는다.
결론 A. 등산을 좋아하는 사람 모두가 골프를 좋아하는 사람일 수 있다.
결론 B. 낚시를 좋아하는 사람 모두가 등산을 좋아하는 사람일 수 있다.

① A만 옳다.
② B만 옳다.
③ A, B 모두 옳다.
④ A, B 모두 옳지 않다.

26. R사는 공작기계를 생산하는 업체이다. 이번 주 R사에서 월요일~토요일까지 생산한 공작기계가 다음과 같을 때, 월요일에 생산한 공작기계의 수량이 될 수 있는 수를 모두 더하면 얼마인가? (단, 1대도 생산하지 않은 날은 없었다.)

- 화요일에 생산된 공작기계는 금요일에 생산된 수량의 절반이다.
- 이 공장의 최대 하루 생산 대수는 9대이고, 이번 주에는 요일별로 생산한 공작기계의 대수가 모두 달랐다.
- 목요일부터 토요일까지 생산한 공작기계는 모두 15대이다.
- 수요일에는 9대의 공작기계가 생산되었고, 목요일에는 이보다 1대가 적은 공작기계가 생산되었다.
- 월요일과 토요일에 생산된 공작기계를 합하면 10대가 넘는다.

① 10   ② 11

③ 12   ④ 13

27. 다음 글을 근거로 유추할 경우 옳은 내용만을 바르게 짝지은 것은?

- 9명의 참가자는 1번부터 9번까지의 번호 중 하나를 부여 받고, 동시에 제비를 뽑아 3명은 범인, 6명은 시민이 된다.
- '1번의 오른쪽은 2번, 2번의 오른쪽은 3번, …, 8번의 오른쪽은 9번, 9번의 오른쪽은 1번'과 같이 번호 순서대로 동그랗게 앉는다.
- 참가자는 본인과 바로 양 옆에 앉은 사람이 범인인지 시민인지 알 수 있다.
- "옆에 범인이 있다."라는 말은 바로 양 옆에 앉은 2명 중 1명 혹은 2명이 범인이라는 뜻이다.
- "옆에 범인이 없다."라는 말은 바로 양 옆에 앉은 2명 모두 범인이 아니라는 뜻이다.
- 범인은 거짓말만 하고, 시민은 참말만 한다.

㉠ 1, 4, 6, 7, 8번의 진술이 "옆에 범인이 있다."이고, 2, 3, 5, 9번의 진술이 "옆에 범인이 없다."일 때, 8번이 시민임을 알면 범인들을 모두 찾아낼 수 있다.
㉡ 만약 모두가 "옆에 범인이 있다."라고 진술한 경우, 범인이 부여받은 번호의 조합은 (1, 4, 7) / (2, 5, 8) / (3, 6, 9) 3가지이다.
㉢ 한 명만이 "옆에 범인이 없다."라고 진술한 경우는 없다.

① ㉡

② ㉢

③ ㉠, ㉡

④ ㉠, ㉢

28. 신입사원 A는 상사로부터 아직까지 '올해의 K인상' 투표에 참여하지 않은 사원들에게 투표 참여 안내 문자를 발송하라는 지시를 받았다. 다음에 제시된 내용을 바탕으로 할 때, A가 문자를 보내야 하는 사원은 몇 명인가?

'올해의 K인상' 후보에 총 5명(甲~戊)이 올랐다. 수상자는 120명의 신입사원 투표에 의해 결정되며 투표규칙은 다음과 같다.
- 투표권자는 한 명당 한 장의 투표용지를 받고, 그 투표용지에 1순위와 2순위 각 한 명의 후보자를 적어야 한다.
- 투표권자는 1순위와 2순위로 동일한 후보자를 적을 수 없다.
- 투표용지에 1순위로 적힌 후보자에게는 5점이, 2순위로 적힌 후보자에게는 3점이 부여된다.
- '올해의 K인상'은 개표 완료 후, 총 점수가 가장 높은 후보자가 수상하게 된다.
- 기권표와 무효표는 없다.
현재 투표까지 중간집계 점수는 다음과 같다.

후보자	중간집계 점수
甲	360점
乙	15점
丙	170점
丁	70점
戊	25점

① 50명   ② 45명

③ 40명   ④ 35명

▌29~30▐ 다음은 블루투스 이어폰을 구매하기 위하여 전자제품 매장을 찾은 K씨가 제품 설명서를 보고 점원과 나눈 대화와 설명서 내용의 일부이다. 다음을 보고 이어지는 물음에 답하시오.

> K씨 : "블루투스 이어폰을 좀 사려고 합니다."
> 점원 : "네 고객님, 어떤 조건을 원하시나요?"
> K씨 : "제 것과 친구에게 선물할 것 두 개를 사려고 하는데요, 두 개 모두 가볍고 배터리 사용시간이 좀 길었으면 합니다. 무게는 42g까지가 적당할 거 같고요, 저는 충전시간이 짧으면서도 통화시간이 긴 제품을 원해요. 선물하려는 제품은요, 일주일에 한 번만 충전해도 통화시간이 16시간은 되어야 하고, 음악은 운동하면서 매일 하루 1시간씩만 들을 수 있으면 돼요. 스피커는 고감도인 게 더 낫겠죠."
> 점원 : "그럼 고객님께는 (   )모델을, 친구 분께 드릴 선물로는 (   )모델을 추천해 드립니다."

〈제품 사양서〉

구분	무게	충전 시간	통화 시간	음악 재생시간	스피커 감도
A모델	40.0g	2.2H	15H	17H	92db
B모델	43.5g	2.5H	12H	14H	96db
C모델	38.4g	3.0H	12H	15H	94db
D모델	42.0g	2.2H	13H	18H	85db

※ A, B모델 : 통화시간 1시간 감소 시 음악재생시간 30분 증가
※ C, D모델 : 음악재생시간 1시간 감소 시 통화시간 30분 증가

29. 다음 중 위 네 가지 모델에 대한 설명으로 옳은 것을 〈보기〉에서 모두 고르면?

〈보기〉
㈎ 충전시간 당 통화시간이 긴 제품일수록 음악재생시간이 길다.
㈏ 충전시간 당 통화시간이 5시간 이상인 것은 A, D모델이다.
㈐ A모델은 통화에, C모델은 음악재생에 더 많은 배터리가 사용된다.
㈑ B모델의 통화시간을 10시간으로 제한하면 음악재생시간을 C모델과 동일하게 유지할 수 있다.

① ㈎, ㈏
② ㈏, ㈑
③ ㈐, ㈑
④ ㈎, ㈐

30. 다음 중 점원이 K씨에게 추천한 빈칸의 제품이 순서대로 올바르게 짝지어진 것은 어느 것인가?

	K씨	선물
①	C모델	A모델
②	C모델	D모델
③	A모델	C모델
④	A모델	B모델

31. 다음 상황에서 총 순이익 200억 중에 Y사가 150억을 분배 받았다면 Y사의 연구개발비는 얼마인가?

> X사와 Y사는 신제품을 공동개발하여 판매한 총 순이익을 다음과 같은 기준에 의해 분배하기로 약정하였다.
> • 1번째 기준 : X사와 Y사는 총 순이익에서 각 회사 제조원가의 10%에 해당하는 금액을 우선 각자 분배 받는다.
> • 2번째 기준 : 총 순수익에서 위의 1번째 기준에 의해 분배 받은 금액을 제외한 나머지 금액에 대한 분배는 각 회사가 연구개발을 지출한 비용에 비례하여 분배액을 정한다.

〈신제품 개발과 판례에 따른 연구개발비용과 총 순이익〉
(단위 : 억 원)

구분	X사	Y사
제조원가	200	600
연구개발비	100	( )
총 순이익		200

① 200억 원
② 250억 원
③ 300억 원
④ 350억 원

32. 다음은 ○○회사 직원들 갑, 을, 병, 정, 무의 국외 출장 현황과 출장 국가별 여비 기준을 나타낸 자료이다. 이 자료를 근거로 출장 여비를 지급받을 때, 출장 여비를 가장 많이 지급받는 출장자부터 순서대로 바르게 나열한 것은?

〈갑, 을, 병, 정, 무의 국외 출장 현황〉

출장자	출장 국가	출장 기간	숙박비 지급 유형	1박 실지출 비용 ($/박)	출장 시 개인 마일리지 사용여부
갑	A	3박 4일	실비지급	145	미사용
을	A	3박 4일	정액지급	130	사용
병	B	3박 5일	실비지급	110	사용
정	C	4박 6일	정액지급	75	미사용
무	D	5박 6일	실비지급	75	사용

※ 각 출장자의 출장 기간 중 매박 실지출 비용은 변동 없음

〈출장 국가별 1인당 여비 지급 기준액〉

출장국가 \ 구분	1일 숙박비 상한액 ($/박)	1일 식비($/일)
A	170	72
B	140	60
C	100	45
D	85	35

㉠ 출장 여비($) = 숙박비 + 식비
㉡ 숙박비는 숙박 실지출 비용을 지급하는 실비지급 유형과 출장국가 숙박비 상한액의 80%를 지급하는 정액지급 유형으로 구분
  • 실비지급 숙박비($) = (1박 실지출 비용) × ('박 수)
  • 정액지급 숙박비($) = (출장국가 1일 숙박비 상한액) × ('박 수) × 0.8
㉢ 식비는 출장 시 개인 마일리지 사용여부에 따라 출장 중 식비의 20% 추가지급
  • 개인 마일리지 미사용 시 지급 식비($) = (출장국가 1일 식비) × ('일 수)
  • 개인 마일리지 사용 시 지급 식비($) = (출장국가 1일 식비) × ('일 수) × 1.2

① 갑, 을, 병, 정, 무
② 갑, 을, 병, 무, 정
③ 을, 갑, 정, 병, 무
④ 을, 갑, 병, 무, 정

33. 다음과 같이 예산이 소요되는 다섯 개의 프로젝트가 있다. 이 프로젝트들은 향후 5년간 모두 완수되어야 한다. 연도별 가용 예산과 규정은 다음과 같다. 이 내용을 해석하여 바르게 설명한 것은?

〈프로젝트별 기간 및 소요 예산〉
• A 프로젝트 – 총 사업기간 2년, 1차년도 1억 원, 2차년도 4억 원 소요
• B 프로젝트 – 총 사업기간 3년, 1차년도 15억 원, 2차년도 18억 원, 3차년도 21억 원 소요
• C 프로젝트 – 총 사업기간 1년, 15억 원 소요
• D 프로젝트 – 총 사업기간 2년, 1차년도 15억 원, 2차년도 8억 원 소요
• E 프로젝트 – 총 사업기간 3년, 1차년도 6억 원, 2차년도 12억 원, 3차년도 24억 원 소요

〈연도별 가용 예산〉
• 1차년도 – 20억 원
• 2차년도 – 24억 원
• 3차년도 – 28억 원
• 4차년도 – 35억 원
• 5차년도 – 40억 원

〈규정〉
• 모든 사업은 시작하면 연속적으로 수행하여 끝내야 한다.
• 모든 사업은 5년 이내에 반드시 완료하여야 한다.
• 5개 프로젝트에 할당되는 예산은 남는 것은 상관없으나 부족해서는 안 되며, 남은 예산은 이월되지 않는다.

① A, D 프로젝트를 첫 해에 동시에 시작해야 한다.
② E 프로젝트를 세 번째 해에 시작하고, C 프로젝트는 최종 연도에 시행한다.
③ 첫 해에는 B 프로젝트를 수행해야 한다.
④ 첫 해에는 E 프로젝트만 수행해야 한다.

34. 다음은 영업사원인 윤석씨가 오늘 미팅해야 할 거래처 직원들과 방문해야 할 업체에 관한 정보이다. 다음의 정보를 모두 반영하여 하루의 일정을 짠다고 할 때 순서가 올바르게 배열된 것은? (단, 장소 간 이동 시간은 없는 것으로 가정한다)

〈거래처 직원들의 요구 사항〉
- A거래처 과장 : 회사 내부 일정으로 인해 미팅은 10시~12시 또는 16~18시까지 2시간 정도 가능합니다.
- B거래처 대리 : 12시부터 점심식사를 하거나, 18시부터 저녁 식사를 하시죠. 시간은 2시간이면 될 것 같습니다.
- C거래처 사원 : 외근이 잡혀서 오전 9시부터 10시까지 1시간만 가능합니다.
- D거래처 부장 : 외부일정으로 18시부터 저녁식사만 가능합니다.

〈방문해야 할 장소와 가능시간〉
- E서점 : 14~18시, 소요시간은 2시간
- F은행 : 12~16시, 소요시간은 1시간
- G미술관 관람 : 하루 3회(10시, 13시, 15시), 소요시간은 1시간

① C거래처 사원 - A거래처 과장 - B거래처 대리 - E서점 - G미술관 - F은행 - D거래처 부장

② C거래처 사원 - A거래처 과장 - F은행 - B거래처 대리 - G미술관 - E서점 - D거래처 부장

③ C거래처 사원 - G미술관 - F은행 - B거래처 대리 - E서점 - A거래처 과장 - D거래처 부장

④ C거래처 사원 - A거래처 과장 - B거래처 대리 - F은행 - G미술관 - E서점 - D거래처 부장

35. 다음 표와 보기는 대중교통 환승유형과 환승정책에 관한 자료이다. 신규 환승정책 시행 전과 후를 비교할 때 환승유형 종류 중 연간 총 교통요금 절감액이 큰 순서대로 바르게 나열한 것은?

〈표〉 연간 환승유형별 이용건수

환승유형	환승내용	연간 환승유형 이용건수
A	버스→버스	1,650
B	버스→지하철	1,700
C	지하철→버스	1,150
D	버스→버스→버스	800
E	버스→지하철→버스	600

〈보기〉
- 모든 승객은 교통카드만 이용하고, 교통카드를 통해서 환승 유형이 확인되었다.
- 신규 환승정책 시행 전후, 지하철과 버스의 기본요금은 각각 950원이고, 기본요금에 대한 할인요금은 없다.
- 신규 환승정책 시행 전에는 대중교통 수단을 이용할 때마다 각각의 기본요금을 지불하였다.
- 신규 환승정책 시행 후에는 환승유형 이용 1건당 지불요금은 다음과 같다.
  - 최초 탑승 시 기본요금
  - 동일 교통수단으로 환승 시 마다 150원의 환승요금
  - 다른 교통수단으로 환승 시 마다 200원의 환승요금

① A - B - D - C - E

② A - D - B - E - C

③ B - A - D - C - E

④ D - A - B - E - C

36. 다음은 ISBN 코드와 13자리 번호체계를 설명하는 자료이다. 다음 내용을 참고로 할 때, 빈칸 'A'에 들어갈 마지막 '체크기호'의 숫자는 무엇인가?

국가번호   서명식별번호
↓   ↓
ISBN 978 - 3 - 16 - 148410 - 0
              ↑   ↑
          접두부 발행자번호   체크기호

〈체크기호 계산법〉
- 1단계 - ISBN 처음 12자리 숫자에 가중치 1과 3을 번갈아 가며 곱한다.
- 2단계 - 각 가중치를 곱한 값들의 합을 계산한다.
- 3단계 - 가중치의 합을 10으로 나눈다.
- 4단계 - 3단계의 나머지 값을 10에서 뺀 값이 체크기호가 된다. 단 나머지가 0인 경우의 체크기호는 0이다.

ISBN 938 - 15 - 93347 - 12 - A

① 5   ② 6

③ 7   ④ 8

37. 다음에서 알 수 있는 슈펭글러의 사례가 우리 사회에 발생하지 않도록 하기 위한 적절한 제도적 장치로 가장 거리가 먼 것은?

2000년대 초, 독일 카셀의 폭스바겐 공장에서 근무하던 슈펭글러는 믿을 수 없는 장면을 목격했다. 폭스바겐 내에서 공금 유용과 비용 부풀리기를 이용한 착복 등이 일어나고 있었던 것이다. 슈펭글러가 확인한 바에 따르면 이는 일부 몇몇 직원의 일탈이 아니라 노조까지 연루된 부패 사건이었다. 그는 이 사실을 직속 상사와 감사담당관, 경영진에게 알렸으나, 몇 해가 지나도록 그들은 묵묵부답이었다.

2003년, 회사에 알리는 것만으로는 이를 해결할 수 없다는 걸 깨달은 슈펭글러는 주주들과 감독이사회에 편지를 보내기에 이른다. 하지만 며칠 뒤 그가 받은 답변은 슈펭글러 자신의 해고 통지였다. 부정행위로 회사의 공금이 새고 있음을 고발한 대가는 가혹했다. 슈펭글러는 긴 시간 동안 법정 투쟁 속에 힘든 싸움을 이어가야 했으며, 수년 후에야 검찰 수사를 통해 슈펭글러가 고발한 사내 부패문제가 밝혀졌다.

① 직원의 신원은 확실히 보호되고 모든 제보가 진지하게 다루어지며 제기된 문제는 적절하게 조사된다는 내용이 명확하게 명시된 정책을 운영해야 한다.

② 개인의 불평불만과도 관련될 수 있으므로 인사부 직원을 중심으로 한 '고충신고라인' 등의 제도와 연계시키는 정책을 추진하여야 한다.

③ 조직 내의 모든 관리자와 직원은 물론 외부 이해관계자까지 포함하는 포괄적인 정책이 마련되어야 한다.

④ 고발 행위는 자발적인 행동이 아니라 의무가 돼야 하고 이 의무는 정책에서 분명하게 설명되어야 한다.

38. 다음은 채용비리와 관련한 실태와 문제점을 제기한 글이다. 다음 글에서 제기된 문제점을 보완할 수 있는 방안으로 적절한 것을 〈보기〉에서 모두 고른 것은?

공직 유관단체 채용비리 특별점검 결과 272개 대상 기관 중 200개 기관에서 적발 건이 발생되었다. 적발 건수의 합계는 무려 946건으로 기관 당 평균 5건에 육박하는 수치이다. 그러나 채용비리 연루자 및 부정합격자 등에 대한 제재 근거 미흡하다는 지적이 제기되고 있다. 공직유관단체 대다수의 기관이 채용비리 연루 직원 업무배제, 면직, 부정합격자 채용취소 등에 관한 내부 규정 미비로 인하여 연루 기관장 등 임원에 대한 해임 이외의 다른 제재수단이 없는 것을 드러났다. 채용비리 연루자 중 수사의뢰(징계요구)된 기관의 임직원에 대해 근거규정이 없어 업무배제가 불가하며, 범죄사실과 징계여부가 확정되기까지는 최소 3개월의 시간이 소요된다는 것 또한 문제점을 해소하는 데 걸림돌이 되고 있다.

〈보기〉
㉮ 채용비리 예방을 위해 부정청탁 또는 비리 내용을 홈페이지 등에 공개한다.
㉯ 채용비리로 수사의뢰 되거나 징계 의결 요구된 경우 해당 직원을 즉시 업무 배제할 수 있는 근거를 마련한다.
㉰ 채용비리의 징계시효를 연장하는 규정을 마련한다.
㉱ 채용 관리 및 면접 위원 구성의 투명성과 평가 기준의 공정성을 확보한다.

① ㉮, ㉯, ㉰, ㉱
② ㉯, ㉰, ㉱
③ ㉮, ㉰, ㉱
④ ㉮, ㉯, ㉱

39. 다음은 어느 해의 산업재해로 인한 사망사고 건수이다. 다음 중 산업재해 사망건수에 가장 큰 영향을 끼치는 산업재해의 기본적 원인은?

〈표〉 20XX년도 산업재해 사망사고 원인별 분석

산업재해 발생원인	건수
작업준비 불충분	162
유해·위험작업 교육 불충분	76
건물·기계·장치의 설계 불량	61
안전 지식의 불충분	46
안전관리 조직의 결함	45
생산 공정의 부적당	43

① 기술적 원인
② 교육적 원인
③ 작업 관리상 원인
④ 불안전한 상태

40. 다음 C그룹의 사례는 무엇에 대한 설명인가?

올 하반기에 출시한 C그룹의 스마트폰에 대한 매출 증대는 전 세계 스마트폰 시장에 새로운 계기를 마련할 것으로 기대된다. 앞서 C그룹의 올해 상반기 매출은 전년 대비 약 23% 줄어든 것으로 밝혀진 반면 같은 경쟁사인 B그룹의 올 상반기 매출은 전년 대비 약 35% 늘어 같은 업종에서도 기업별 실적 차이가 뚜렷이 나타난 것을 볼 수 있었다. 이는 C그룹이 최근 치열해진 스마트폰 경쟁에서 새로운 기술을 개발하지 못한 반면 B그룹은 작년 말 인수한 외국의 소프트웨어 회사를 토대로 새로운 기술을 선보인 결과라 할 수 있다. 뒤늦게 이러한 사실을 깨달은 C그룹은 B그룹의 신기술 개발을 응용해 자사만의 독특한 제품을 올 하반기에 선보여 스마트폰 경쟁에서 재도약을 꾀할 목표를 세웠고 이를 위해 기존에 있던 다수의 계열사들 중 실적이 저조한 일부 계열사를 매각하는 대신 외국의 경쟁력을 갖춘 소프트웨어 회사들을 잇달아 인수하여 새로운 신기술 개발에 박차를 가했다. 그 결과 C그룹은 세계 최초로 스마트폰을 이용한 결제시스템인 ○○페이와 더불어 홍채인식 보안프로그램을 탑재한 스마트폰을 출시하게 된 것이다.

① 글로벌 벤치마킹

② 내부 벤치마킹

③ 비경쟁적 벤치마킹

④ 경쟁적 벤치마킹

41. 다음은 어느 회사의 사원 입사월일을 정리한 자료이다. 아래 워크시트에서 [C4] 셀에 수식 ‘=EOMONTH(C3,1)’를 입력하였을 때 결과 값은? (단, [C4] 셀에 설정되어 있는 표시형식은 ‘날짜’이다)

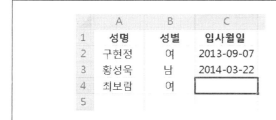

① 2014-04-30

② 2014-03-31

③ 2014-02-28

④ 2013-09-31

42. 다음 워크시트에서 [A1:B2] 영역을 선택한 후 채우기 핸들을 사용하여 드래그 했을 때 [A5:B5]영역 값으로 바르게 짝지은 것은?

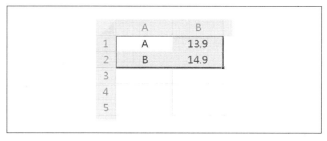

① A, 15.9

② B, 17.9

③ A, 17.9

④ C, 14.9

43. 다음 워크시트에서 수식 ‘=POWER(A3, A2)’의 결괏값은 얼마인가?

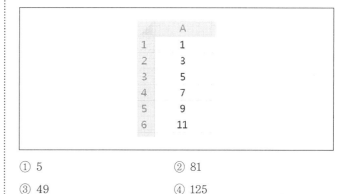

① 5

② 81

③ 49

④ 125

44. 다음 워크시트에서처럼 주민등록번호가 입력되어 있을 때, 이 셀의 값을 이용하여 [C1] 셀에 성별을 ‘남’ 또는 ‘여’로 표시하고자 한다. [C1] 셀에 입력해야 하는 수식은? (단, 주민등록번호의 8번째 글자가 1이면 남자, 2이면 여자이다)

	A	B	C
1	임나라	870808-2235672	
2	정현수	850909-1358527	
3	김동하	841010-1010101	
4	노승진	900202-1369752	
5	은봉미	890303-2251547	

① =CHOOSE(MID(B1,8,1), “여”, “남”)

② =CHOOSE(MID(B1,8,2), “남”, “여”)

③ =CHOOSE(MID(B1,8,1), “남”, “여”)

④ =IF(RIGHT(B1,8)=“1”, “남”, “여”)

45. 다음은 H회사의 승진후보들의 1차 고과 점수 및 승진시험 점수이다. "생산부 사원"의 승진시험 점수의 평균을 알기 위해 사용해야 하는 함수는 무엇인가?

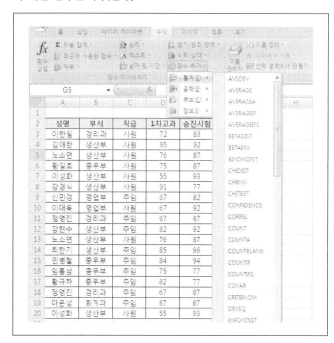

① AVERAGE

② AVERAGEA

③ AVERAGEIF

④ AVERAGEIFS

┃46~47┃ 다음은 H사의 물품 재고 창고에 적재되어 있는 제품 보관 코드 체계이다. 다음 표를 보고 이어지는 질문에 답하시오.

〈예시〉

2010년 12월에 중국 '2 Stars' 사에서 생산된 아웃도어 신발의 15번째 입고 제품
→ 1012 − 1B − 04011 − 00015

생산 연월	공급처			입고 분류				입고품 수량
	원산지 코드		제조사 코드	용품 코드		제품별 코드		
2012년 9월 −1209	1	중국	A All-8	01	캐주얼	001	청바지	00001 부터 다섯 자리 시리얼 넘버가 부여됨.
			B 2 Stars			002	셔츠	
			C Facai			003	원피스	
	2	베트남	D Nuyen	02	여성	004	바지	
			E N-sky			005	니트	
	3	멕시코	F Bratos			006	블라우스	
			G Fama			007	점퍼	
2010년 11월 −1011	4	한국	H 혁진사	03	남성	008	카디건	
			I K상사			009	모자	
			J 영스타	04	아웃 도어	010	용품	
	5	일본	K 왈러스			011	신발	
			L 토까이			012	래쉬가드	
			M 히스모	05	베이비	013	내복	
	6	호주	N 오즈본			014	바지	
			O Island					
	7	독일	P Kunhe					
			Q Boyer					

46. 2011년 10월에 생산된 '왈러스' 사의 여성용 블라우스로 10,215번째 입고된 제품의 코드로 알맞은 것은 무엇인가?

① 1010 − 5K − 02006 − 00215

② 1110 − 5K − 02060 − 10215

③ 1110 − 5K − 02006 − 10215

④ 1110 − 5L − 02005 − 10215

47. 제품 코드 0810 − 3G − 04011 − 00910에 대한 설명으로 옳지 않은 것은 무엇인가?

① 해당 제품의 입고 수량은 적어도 910개 이상이다.

② 중남미에서 생산된 제품이다.

③ 여름에 생산된 제품이다.

④ 캐주얼 제품이 아니다.

48. 다음 두 조직의 특성을 참고할 때, '갈등관리' 차원에서 본 두 조직에 대한 설명으로 적절하지 않은 것은?

감사실은 늘 조용하고 직원들 간의 업무적 대화도 많지 않아 전화도 큰소리로 받기 어려운 분위기다. 다들 무언가를 열심히 하고 있지만 직원들끼리의 교류나 상호작용은 찾아보기 힘들고 왠지 활기찬 느낌은 없다. 그렇지만 직원들끼리 반목과 불화가 있는 것은 아니며, 부서장과 부서원들 간의 관계도 나쁘지 않아 큰 문제없이 맡은 바 임무를 수행해 나가기는 하지만 실적이 좋지는 않다.

반면, 빅데이터 운영실은 하루 종일 떠들썩하다. 한쪽에선 시끄러운 전화소리와 고객과의 마찰로 빚어진 언성이 오가며 여기저기 조직원들끼리의 대화가 끊임없이 이어진다. 일부 직원은 부서장에게 꾸지람을 듣기도 하고 한쪽에선 직원들 간의 의견 충돌을 해결하느라 열띤 토론도 이어진다. 어딘가 어수선하고 집중력을 요하는 일은 수행하기 힘든 분위기처럼 느껴지지만 의외로 업무 성과는 우수한 조직이다.

① 감사실은 조직 내 갈등이나 의견 불일치 등의 문제가 거의 없어 이상적인 조직으로 평가될 수 있다.

② 빅데이터 운영실에서는 갈등이 새로운 해결책을 만들어 주는 기회를 제공한다.

③ 감사실은 갈등수준이 낮아 의욕이 상실되기 쉽고 조직성과가 낮아질 수 있다.

④ 빅데이터 운영실은 생동감이 넘치고 문제해결 능력이 발휘될 수 있다.

49. 다음에 예시된 인물 중 리더십을 갖춘 리더의 자질이 보이는 사람을 모두 고른 것은?

- A부장 : 사내 윤리 규정과 행동 강령에 맞지 않는 행위를 적발하고 관리하기 위해서 조직원들이 자발적으로 노력할 수 있도록 직간접적인 영향력을 준다.
- B부장 : 불합리한 사내 성과급 지급 시스템에 대한 자신의 소신을 거침없이 제안하고 직원들에 대한 격려를 아끼지 않는다.
- C부장 : 조금이라도 리스크가 예상되는 프로젝트는 사전에 찾아내어 착수를 금지하며, 항상 리스크 제로 원칙을 유지해 나간다.
- D부장 : 대국민 홍보를 위해 고안한 홍보대사 운영, 청년 인턴제 실시 등의 방안이 이루어지도록 기획이사와 임원진들을 설득하여 최종 승인을 얻어내었다.

① A부장, B부장

② B부장, C부장

③ A부장, B부장, C부장

④ A부장, B부장, D부장

50. 다음 조직의 경영자에 대한 정의를 참고할 때, 경영자의 역할로 적절하지 않은 것은?

조직의 경영자는 조직의 전략, 관리 및 운영활동을 주관하며, 조직구성원들과 의사결정을 통해 조직이 나아갈 방향을 제시하고 조직의 유지와 발전에 대해 책임을 지는 사람이며, 조직의 변화방향을 설정하는 리더이며, 조직구성원들이 조직의 목표에 부합된 활동을 할 수 있도록 이를 결합시키고 관리하는 관리자이다.

① 대외 협상을 주도하기 위한 자문위원을 선발한다.

② 외부환경 변화를 주시하며 조직의 변화 방향을 설정한다.

③ 우수한 인재를 뽑기 위한 구체적이고 개선된 채용 기준을 마련한다.

④ 미래전략을 연구하기 위해 기획조정실과의 회의를 주도한다.

1. 시스템 소프트웨어에 포함되지 않는 것은?

① 스프레드시트(spreadsheet)

② 로더(loader)

③ 링커(linker)

④ 운영체제(operating system)

2. 데이터베이스 설계 과정에서 목표 DBMS의 구현 데이터 모델로 표현된 데이터베이스 스키마가 도출되는 단계는?

① 요구사항 분석 단계

② 개념적 설계 단계

③ 논리적 설계 단계

④ 물리적 설계 단계

3. OSI 7계층 중 브리지(bridge)가 복수의 LAN을 결합하기 위해 동작하는 계층은?

① 물리 계층

② 데이터 링크 계층

③ 네트워크 계층

④ 전송 계층

4. 객체지향 프로그래밍의 특징 중 상속 관계에서 상위 클래스에 정의된 메소드(method) 호출에 대해 각 하위 클래스가 가지고 있는 고유한 방법으로 응답할 수 있도록 유연성을 제공하는 것은?

① 재사용성(reusability)

② 추상화(abstraction)

③ 다형성(polymorphism)

④ 캡슐화(encapsulation)

5. 다음 논리회로의 부울식으로 옳은 것은?

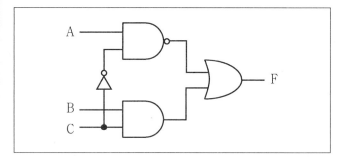

① $F = AC' + BC$

② $F(A, B, C) = \sum m(0, 1, 2, 3, 6, 7)$

③ $F = (AC')'$

④ $F = (A' + B' + C)(A + B' + C')$

6. 이더넷(Ethernet)의 매체 접근 제어(MAC) 방식인 CSMA/CD에 대한 설명으로 옳지 않은 것은?

① CSMA/CD 방식은 CSMA 방식에 충돌 검출 기법을 추가한 것으로 IEEE 802.11b의 MAC 방식으로 사용된다.

② 충돌 검출을 위해 전송 프레임의 길이를 일정 크기 이상으로 유지해야 한다.

③ 전송 도중 충돌이 발생하면 임의의 시간 동안 대기하기 때문에 지연시간을 예측하기 어렵다.

④ 여러 스테이션으로부터의 전송 요구량이 증가하면 회선의 유효 전송률은 단일 스테이션에서 전송할 때 얻을 수 있는 유효 전송률보다 낮아지게 된다.

7. 프로토콜에 대한 설명으로 옳지 않은 것은?

① ARP는 데이터 링크 계층의 프로토콜로 MAC 주소에 대해 해당 IP 주소를 반환해 준다.

② UDP를 사용하면 일부 데이터의 손실이 발생할 수 있지만 TCP에 비해 전송 오버헤드가 적다.

③ MIME는 텍스트, 이미지, 오디오, 비디오 등의 멀티미디어 전자우편을 위한 규약이다.

④ DHCP는 한정된 개수의 IP 주소를 여러 사용자가 공유할 수 있도록 동적으로 가용한 주소를 호스트에 할당해준다.

8. 해싱(hashing)에 대한 설명으로 옳지 않은 것은?

① 검색 속도가 빠르며 삽입, 삭제의 빈도가 높을 때 유리한 방식이다.

② 해싱기법에는 숫자 분석법(digit analysis), 제산법(division), 제곱법(mid-square), 접지법(folding) 등이 있다.

③ 충돌 시 오버플로(overflow) 해결의 부담이 과중하나, 충돌해결에 필요한 기억공간이 필요하지는 않다.

④ 오버플로(overflow)가 발생했을 때 해결기법으로 개방 주소법(open addressing)과 폐쇄 주소법(close addressing)이 있다.

9. 다음 데이터베이스에 관한 설명 중 옳은 것은?

① 개념스키마는 개체 간의 관계와 제약 조건을 정의한다.

② 데이터베이스는 응용프로그램의 네트워크 종속성을 해결한다.

③ 데이터의 논리적 구조가 변경되어도 응용프로그램은 변경되지 않는 속성을 물리적 데이터 독립성이라고 한다.

④ 외부스키마는 물리적 저장장치와 밀접한 계층이다.

10. 데이터 통신의 표준참조모델인 OSI모델의 각 계층에 대한 설명으로 옳지 않은 것은?

① 물리 계층은 송수신 시스템의 연결에서 전송 매체의 종류, 송수신되는 신호의 전압 레벨 등을 정의한다.

② 네트워크 계층은 송수신 컴퓨터의 응용프로그램 간 송수신되는 데이터의 구문과 의미에 관련된 기능으로 변환, 암호화, 압축을 수행한다.

③ 전송 계층은 연결된 네트워크의 기능이나 특성에 영향을 받지 않고 오류제어와 흐름제어 기능을 수행하여 신뢰성 있는 데이터 전송을 보장하는 것으로, 프로토콜은 TCP, UDP 등이 있다.

④ 응용 계층은 최상위 계층으로 프로토콜은 FTP, HTTP 등이 있다.

11. IoT(Internet of Things)기기의 확산 등으로 예상되는 인터넷 주소의 고갈 문제를 해결하기 위한 것은?

① HTTPS

② IPv4

③ IPv6

④ Common Gateway Interface

12. TCP/IP 프로토콜에서 TCP 및 UDP에 대한 설명으로 옳지 않은 것은?

① TCP와 UDP는 전송 계층(transport layer)의 프로토콜이다.

② UDP는 중복 전달 및 전송 오류를 허용한다.

③ TELNET, SNMP, TFTP는 TCP 서비스를 이용하는 응용 계층(application layer) 프로토콜이다.

④ TCP는 신뢰성 있는 통신을 제공하기 위한 연결형 프로토콜이다.

13. 주소 변환을 위한 ARP(Address Resolution Protocol)에 대한 설명으로 옳지 않은 것은?

① ARP는 같은 네트워크 상에 있는 상대 호스트나 라우터의 논리 주소인 IP 주소를 획득하기 위해 사용된다.

② ARP 요청은 해당 네트워크 상의 모든 호스트와 라우터에게 브로드캐스트 된다.

③ ARP 응답은 ARP 요청을 전송한 요청자에게 유니캐스트 된다.

④ ARP 요청과 응답을 통해 획득한 주소 값을 ARP 캐시 테이블에 저장하여 통신 효율성을 높일 수 있다.

14. 3개의 page를 수용할 수 있는 메모리가 있으며, 현재 완전히 비어 있다. 어느 프로그램이 〈보기〉와 같이 page 번호를 요청했을 때, LRU(Least-Recently-Used)를 사용할 경우 몇 번의 page-fault가 발생하는가?

〈보기〉
요청하는 번호순서 : 2 3 2 1 5 2 4 5

① 6번
② 5번
③ 4번
④ 3번

15. 공개키 암호화 방법을 사용하여 철수가 영희에게 메시지를 보내는 것에 대한 설명으로 옳지 않은 것은?

① 공개키는 누구에게나 공개된다.
② 공개키의 위조 방지를 위해 인증기관은 인증서를 발급한다.
③ 철수는 자신의 공개키를 사용하여 평문을 암호화한다.
④ 영희는 자신의 개인키를 사용하여 암호문을 복호화한다.

16. 다음에서 설명하는 보안공격방법은?

공격자는 여러 대의 좀비 컴퓨터를 분산 배치하여 가상의 접속자를 만든 후 처리할 수 없을 정도로 매우 많은 양의 패킷을 동시에 발생시켜 시스템을 공격한다. 공격받은 컴퓨터는 사용자가 정상적으로 접속할 수 없다.

① 키로거(Key Logger)
② DDoS(Distributed Denial of Service)
③ XSS(Cross Site Scripting)
④ 스파이웨어(Spyware)

17. 데이터 전송 기법인 DMA(Direct Memory Access)에 대한 설명으로 옳지 않은 것은?

① DMA는 프로세서의 개입을 최소화하면서 주기억장치와 입출력장치 사이에 데이터를 전송하는 기술이다.
② 주기억장치와 입출력장치 사이에 대량의 데이터를 고속으로 전송 시, 인터럽트 방식이 DMA 방식보다 효율적이다.
③ 주기억장치와 입출력장치 사이에 DMA에 의한 데이터 전송 시, DMA 제어기는 버스 마스터(master)로 동작한다.
④ 단일 컴퓨터 시스템에 여러 개의 DMA 제어기가 존재할 수 있다.

18. 통신 S/W 구조에서 제2계층인 데이터 링크 계층의 주기능이 아닌 것은?

① 데이터 링크 계층에서 전송할 프레임(Frame) 제작 기능
② 점대점(Point to Point) 링크 간의 오류제어 기능
③ 종단(End to End) 간 경로설정 기능
④ 점대점(Point to Point) 링크 간의 흐름제어 기능

19. 빅데이터에 대한 설명으로 옳은 것은?

① 빅데이터는 정형데이터로만 구성되며, 소셜 미디어 데이터는 해당되지 않는다.
② 빅데이터를 구현하기 위한 대표적인 프레임워크는 하둡이 있으며, 하둡의 필수 핵심 구성 요소는 맵리듀스(MapReduce)와 하둡분산파일시스템(Hadoop Distributed File System)이다.
③ 빅데이터 처리과정은 크게 수집 → 저장 → 처리 → 시각화(표현) → 분석 순서대로 수행된다.
④ NoSQL은 관계 데이터 모델을 사용하는 RDBMS 중 하나이다.

20. 다음 SQL 명령어에서 DDL(Data Definition Language) 명령어만을 모두 고른 것은?

㉠ ALTER	㉡ DROP
㉢ INSERT	㉣ UPDATE

① ㉠, ㉡

② ㉡, ㉢

③ ㉡, ㉣

④ ㉢, ㉣

21. 파일구조에 대한 설명으로 옳지 않은 것은?

① VSAM은 B+ 트리 인덱스 구조를 사용한다.

② 히프 파일은 레코드들을 키 순서와 관계없이 저장할 수 있다.

③ ISAM은 레코드 삽입을 위한 별도의 오버플로우 영역을 필요로 하지 않는다.

④ 순차 파일에서 일부 레코드들이 키 순서와 다르게 저장된 경우, 파일 재구성 과정을 통해 키 순서대로 저장될 수 있다.

22. 전자메일의 송신 또는 수신을 목적으로 하는 응용 계층 프로토콜에 해당하지 않는 것은?

① IMAP

② POP3

③ SMTP

④ SNMP

23. 질의 최적화를 위한 질의문의 내부 형태 변화에 대한 규칙으로 가장 옳지 않은 것은?

① 셀렉트(select) 연산은 교환적이다 : $\sigma_{c1}(\sigma_{c2}(R)) \equiv \sigma_{c2}(\sigma_{c1}(R))$

② 연속적인 프로젝트(project) 연산은 첫 번째 것을 실행하면 된다. : $\Pi_{List1}(\Pi_{List2}(\cdots(\Pi_{Listn}(R))\cdots)) \equiv \Pi_{Listn}(R)$

③ 합집합(∪)과 관련된 프로젝트(project) 연산은 다음과 같이 변환된다. : $\Pi(A \cup B) \equiv \Pi(A) \cup \Pi(B)$

④ 셀렉트의 조건 c가 프로젝트 속성만 포함하고 있다면 교환적이다 : $\sigma_c(\Pi(R)) \equiv \Pi(\sigma_c(R))$

24. Go-Back-N 프로토콜에서 6번째 프레임까지 전송한 후 4번째 프레임에서 오류가 있음을 알았을 때, 재전송 대상이 되는 프레임의 개수는?

① 1개

② 2개

③ 3개

④ 6개

25. 다음에서 설명하는 네트워크 구조는?

- 구축 비용이 저렴하고 새로운 노드를 추가하기 쉽다.
- 네트워크의 시작과 끝에는 터미네이터(Terminator)가 붙는다.
- 연결된 노드가 많거나 트래픽이 증가하면 네트워크 성능이 크게 저하된다.

① 링(Ring)형

② 망(Mesh)형

③ 버스(Bus)형

④ 성(Star)형

26. 인터넷 서비스 관련 용어들에 대한 설명으로 가장 옳지 않은 것은?

① ASP는 동적 맞춤형 웹페이지의 구현을 위해 사용된다.

② URL은 인터넷상에서 문서나 파일의 위치를 나타낸다.

③ HTML은 웹문서의 전달을 위한 통신 규약이다.

④ SSL은 안전한 웹통신을 위한 암호화를 위해 사용된다.

27. 전화번호의 마지막 네 자리를 3으로 나눈 나머지를 해싱(hashing)하여 데이터베이스에 저장하고자 한다. 나머지 셋과 다른 저장 장소에 저장되는 것은?

① 010-4021-6718

② 010-9615-4815

③ 010-7290-6027

④ 010-2851-5232

28. SET(Secure Electronic Transaction)의 설명으로 옳은 것은?

① SET 참여자들이 신원을 확인하지 않고 인증서를 발급한다.

② 오프라인상에서 금융거래 안전성을 보장하기 위한 시스템이다.

③ 신용카드 사용을 위해 상점에서 소프트웨어를 요구하지 않는다.

④ SET는 신용카드 트랜젝션을 보호하기 위해 인증, 기밀성 및 메시지 무결성 등의 서비스를 제공한다.

29. 데이터 소유자가 다른 사용자의 식별자에 기초하여 자신의 의지대로 데이터에 대한 접근 권한을 부여하는 것은?

① 강제적 접근 제어(MAC)

② 임의적 접근 제어(DAC)

③ 규칙 기반 접근 제어(Rule-based AC)

④ 역할 기반 접근 제어(RBAC)

30. 커버로스(Kerberos)에 대한 설명으로 옳지 않은 것은?

① 네트워크 기반 인증 시스템으로 공개키 기반구조를 이용하여 사용자 인증을 수행한다.

② 인증 서버는 사용자를 인증하며 TGS(Ticket Granting Server)를 이용하기 위한 티켓을 제공한다.

③ TGS는 클라이언트가 서버로부터 서비스를 받을 수 있도록 티켓을 발급한다.

④ 인증 서버나 TGS로부터 받은 티켓은 클라이언트가 그 내용을 볼 수 없도록 암호화되어 있다.

31. 무선랜에서의 인증 방식에 대한 설명 중 옳지 않은 것은?

① WPA 방식은 48비트 길이의 초기벡터(IV)를 사용한다.

② WPA2 방식은 AES 암호화 알고리즘을 사용하여 좀 더 강력한 보안을 제공한다.

③ WEP 방식은 DES 암호화 방식을 이용한다.

④ WEP 방식은 공격에 취약하며 보안성이 약하다.

32. 윈도우즈용 네트워크 및 시스템 관리 명령어에 대한 설명으로 옳은 것은?

① ping - 원격 시스템에 대한 경로 및 물리 주소 정보를 제공한다.

② arp - IP 주소에서 물리 주소로의 변환 정보를 제공한다.

③ tracert - IP 주소, 물리 주소 및 네트워크 인터페이스 정보를 제공한다.

④ ipconfig - 원격 시스템의 동작 여부 및 RTT(Round Trip Time) 정보를 제공한다.

33. 다음 Java 프로그램은 3의 배수를 제외한 1부터 10까지 정수의 누적 합이 10을 초과하는 최초 시점에서의 합을 출력하는 프로그램이다. ㉠과 ㉡에 들어가는 내용으로 적절한 것은?

```
public class JavaApplication {
    public static void main(String[] args) {
        int i = 0, sum = 0;
        while(i < 10) {
            i++;
            if(i % 3 == 0) ㉠          ;
            if(sum > 10)   ㉡          ;
            sum += i;
        }
        System.out.println("sum=" + sum);
    }
}
```

	㉠	㉡
①	break	goto
②	continue	break
③	final	continue
④	return	break

34. 다음 Java 프로그램의 출력 결과는?

```java
public class Foo {
    public static void main(String[] args) {
        int i, j, k;
        for (i = 1, j = 1, k = 0; i < 5; i++ ) {
            if ((i % 2) == 0)
                continue;
            k += i * j++;
        }
        System.out.println(k);
    }
}
```

① 5

② 7

③ 11

④ 15

35. 다음 C 언어로 작성된 프로그램의 실행 결과에서 세 번째 줄에 출력되는 것은?

```c
#include <stdio.h>
int func(int num) {
    if(num == 1)
        return 1;
    else
        return  num * func(num - 1);
}
int main() {
    int i;
    for(i = 5; i >= 0; i--) {
        if(i % 2 == 1)
            printf("func(%d) : %d\n", i, func(i));
    }
    return 0;
}
```

① func(3) : 6

② func(2) : 2

③ func(1) : 1

④ func(0) : 0

36. 무선 통신 보안 기술에 대한 설명으로 가장 옳지 않은 것은?

① 무선 네트워크 보안 기술에 사용되는 WPA2 기술은 AES/CCMP를 사용한다.

② 무선 네트워크에서는 인증 및 인가, 과금을 위해 RADIUS 프로토콜을 사용할 수 있다.

③ 무선 AP의 SSID값 노출과 MAC 주소 기반 필터링 기법은 공격의 원인이 된다.

④ 무선 네트워크 보안 기술인 WEP(Wired Equivalent Privacy) 기술은 유선 네트워크 수준의 보안성을 제공하므로 기존의 보안 취약성 문제를 극복했다.

37. 블록체인에 대한 설명으로 옳지 않은 것은?

① 금융 분야에만 국한되지 않고 분산원장으로 각 분야에 응용할 수 있다.

② 블록체인의 한 블록에는 앞의 블록에 대한 정보가 포함되어 있다.

③ 앞 블록의 내용을 변경하면 뒤에 이어지는 블록은 변경할 필요가 없다.

④ 하나의 블록은 트랜잭션의 집합과 헤더(header)로 이루어져 있다.

38. 다음 중 데이터베이스 관리자(Database Administrator)가 부여할 수 있는 SQL기반 접근권한 관리 명령어로 옳지 않은 것은?

① REVOKE

② GRANT

③ DENY

④ DROP

39. 응용 계층 프로토콜에서 동작하는 서비스에 대한 설명으로 옳지 않은 것은?

① FTP : 파일전송 서비스를 제공한다.

② DNS : 도메인 이름과 IP 주소 간 변환 서비스를 제공한다.

③ POP3 : 메일 서버로 전송된 메일을 확인하는 서비스를 제공한다.

④ SNMP : 메일전송 서비스를 제공한다.

40. ISO 27001의 ISMS(Information Security Management System) 요구사항에 대한 내용으로 옳지 않은 것은?

① 자산 관리 : 정보 보호 관련 사건 및 취약점에 대한 대응

② 보안 정책 : 보안 정책, 지침, 절차의 문서화

③ 인력 자원 보안 : 인력의 고용 전, 고용 중, 고용 만료 후 단계별 보안의 중요성 강조

④ 준거성 : 조직이 준수해야 할 정보 보호의 법적 요소

41. 다음에서 설명하는 웹 서비스 공격은?

> 공격자가 사용자의 명령어나 질의어에 특정한 코드를 삽입하여 DB 인증을 우회하거나 데이터를 조작한다.

① 직접 객체 참조

② Cross Site Request Forgery

③ Cross Site Scripting

④ SQL Injection

42. 〈보기 1〉의 테이블 R에 대해 〈보기 2〉의 SQL을 수행한 결과로 옳은 것은?

〈보기 1〉

A	B
3	1
2	4
3	2
2	5
3	3
1	5

〈보기 2〉

SELECT SUM(B) FROM R GROUP BY A
HAVING COUNT(B) = 2;

① 2

② 5

③ 6

④ 9

43. 보이스 코드 정규형(BCNF: Boyce-Codd Normal Form)을 만족하기 위한 조건에 해당하지 않는 것은?

① 조인(join) 종속성이 없어야 한다.

② 모든 속성 값이 원자 값(atomic value)을 가져야 한다.

③ 이행적 함수 종속성이 없어야 한다.

④ 기본 키가 아닌 속성이 기본 키에 완전 함수 종속적이어야 한다.

44. 파일 처리 시스템(File Process System)과 비교한 데이터 베이스관리 시스템(DBMS)에 대한 설명으로 가장 옳지 않은 것은?

① 응용 프로그램과 데이터 간의 상호 의존성이 크다.

② 데이터 중복을 최소화한다.

③ 응용 프로그램의 요청을 수행한다.

④ 데이터 공유를 수월하게 한다.

45. 직원 테이블 emp의 모든 레코드를 근무연수 wyear에 대해서는 내림차순으로, 동일 근무연수에 대해서는 나이 age의 오름차순으로 정렬한 결과를 얻기 위한 SQL 질의문은?

① SELECT * FROM emp ORDER BY age, wyear DESC;

② SELECT * FROM emp ORDER BY age ASC, wyear;

③ SELECT * FROM emp ORDER BY wyear DESC, age;

④ SELECT * FROM emp ORDER BY wyear, age ASC;

46. 결정 명령문 내의 각 조건식이 참, 거짓을 한 번 이상 갖도록 조합하여 테스트 케이스를 설계하는 방법은?

① 문장 검증 기준(Statement Coverage)

② 조건 검증 기준(Condition Coverage)

③ 분기 검증 기준(Branch Coverage)

④ 다중 조건 검증 기준(Multiple Condition Coverage)

47. 다음 시나리오에서 괄호 안에 들어갈 가장 적합한 정보 서비스 유형은?

회사원 갑이 출장지로 자동차를 운전하여 가던 중, 휘발유가 부족한 것을 알았다. 그래서 (   ) 유형의 앱을 실행하여 주변 주유소를 검색하고 가장 가까운 주유소를 선택하였다.

---

① 빅데이터 서비스

② 클라우드 서비스

③ 가상현실 서비스

④ 위치기반 서비스

48. 통신 시스템에서 아날로그 신호를 디지털 신호로 변환하는 과정 중 시간적으로 연속적인 아날로그 신호로부터 신호 값을 일정한 시간 간격으로 추출하는 단계는?

① 표본화(sampling)

② 부호화(encoding)

③ 복호화(decoding)

④ 양자화(quantization)

49. 서브넷 마스크(subnet mask)가 255.255.255.192인 서브넷의 IP 주소에서 호스트 식별자(hostid)의 비트 수는?

① 5

② 6

③ 7

④ 8

50. 브라우저가 웹 서버로부터 정보를 읽어 오기 위해 사용하는 응용 계층 프로토콜은?

① SMTP

② HTTP

③ IMAP

④ RTP

한전 KDN

전산직

기출동형 모의고사

	영 역	직업기초능력평가 직무수행능력평가
제 2 회	문항수	100문항
	시 간	120분
	비 고	객관식 4지선다형

SEOWONGAK

(주)서원각

✏️ **직업기초능력평가**

1. 다음은 '공공 데이터를 활용한 앱 개발'에 대한 보고서 작성 개요와 이에 따라 작성한 보고서 초안이다. 개요에 따라 작성한 보고서 초안의 결론 부분에 들어갈 내용으로 가장 적절한 것은?

■ 보고서 작성 개요
• 서론
– 앱을 개발하려는 사람들의 특성 서술
– 앱 개발 시 부딪히는 난점 언급
• 본론
– 공공 데이터의 개념 정의
– 공공 데이터의 제공 현황 제시
– 앱 개발 분야에서 공공 데이터가 갖는 장점 진술
– 공공 데이터를 활용한 앱 개발 사례 제시
• 결론
– 공공 데이터 활용의 장점을 요약적으로 진술
– 공공 데이터가 앱 개발에 미칠 영향 언급

■ 보고서 초고
앱을 개발하려는 사람들은 아이디어가 넘친다. 사람들이 여행 준비를 위해 많은 시간을 허비하는 것을 보면 한 번에 여행 코스를 짜 주는 앱을 만들어 보고 싶어 한다. 도심에서 주차장을 못 찾아 헤매는 사람들을 보면 주차장을 쉽게 찾아 주는 앱을 만들어 보고 싶어 한다. 그러나 막상 앱을 개발하려 할 때 부딪히는 여러 난관이 있다. 여행지나 주차장에 대한 정보를 모으는 것도 문제이고, 정보를 지속적으로 갱신하는 것도 문제이다. 이런 문제 때문에 결국 아이디어를 포기하는 경우가 많다. 그러나 이제는 아이디어를 포기하지 않아도 된다. 바로 공공 데이터가 있기 때문이다. 공공 데이터는 공공 기관에서 생성, 취득하여 관리하고 있는 정보 중, 전자적 방식으로 처리되어 누구나 이용할 수 있도록 국민들에게 제공된 것을 말한다. 현재 정부에서는 공공 데이터 포털 사이트를 개설하여 국민들이 쉽게 이용할 수 있도록 하고 있다. 공공 데이터 포털 사이트에서는 800여 개 공공 기관에서 생성한 15,000여 건의 공공 데이터를 제공하고 있으며, 제공하는 공공 데이터의 양을 꾸준히 늘리고 있다.

공공 데이터가 가진 앱 개발 분야에서의 장점은 크게 두 가지를 들 수 있다. 먼저 공공 데이터는 공공 기관이 국민들에게 편의를 제공하기 위해 시행한 정책의 산출물이기 때문에 실생활과 밀접하게 관련된 정보가 많다는 점이다. 앱 개발자들의 아이디어는 대개 앞에서 언급한 것처럼 사람들의 실생활에 편의를 제공하기 위한 것들이다. 그래서 만약 여행 앱을 만들고자 한다면 한국관광공사의 여행 정보에서, 주차장 앱을 만들고자 한다면 지방 자치 단체의 주차장 정보에서 필요한 정보를 얻을 수 있다. 두 번째로 공공 데이터를 이용하는 데에는 비용이 거의 들지 않기 때문에, 정보를 수집하고 갱신할 때 소요되는 비용을 줄일 수 있다는 점이다. 그래서 개인들도 비용에 대한 부담 없이 쉽게 앱을 만들 수 있다.

〈결론〉
---

① 공공 데이터는 앱 개발을 할 때 부딪히는 자료 수집의 문제와 시간 부족 문제를 해결하여 쉽게 앱을 만들 수 있게 해 준다. 이런 장점에도 불구하고 국민들의 공공 데이터 이용에 대한 인식이 낮은 것은 문제라고 할 수 있다.

② 공공 데이터는 앱 개발에 필요한 실생활 관련 정보를 담고 있으며 앱 개발 비용의 부담을 줄여 준다. 그러므로 앱 개발 시 공공 데이터 이용이 활성화되면 실생활에 편의를 제공하는 다양한 앱이 개발될 것이다.

③ 공공 데이터를 이용하여 앱 개발을 하는 사람들은 시간과 비용의 문제를 극복하고 경제적 가치를 창출하는 사람들이다. 앞으로 공공 데이터의 양이 증가하면 그들이 만들어 내는 앱도 더 다양해질 것이다.

④ 공공 데이터는 자본과 아이디어가 부족해 앱을 개발하지 못 하는 사람들이 유용하게 이용할 수 있다. 앱 개발을 통한 창업이 활성화되면 우리 경제에도 큰 도움이 될 것이다.

2. 다음은 항공보안 자율신고제도의 FAQ이다. 잘못 이해한 사람은?

Q 누가 신고하나요?

A 누구든지 신고할 수 있습니다.

- 승객(공항이용자) : 여행 중에 항공보안에 관한 불편사항 및 제도 개선에 필요한 내용 등을 신고해 주세요.
- 보안업무 종사자 : 업무 수행 중에 항공보안 위해요인 및 항공보안을 해칠 우려가 있는 사항 등을 신고해 주세요.
- 일반업무 종사자 : 공항 및 항공기 안팎에서 업무 수행 중에 항공보안 분야에 도움이 될 사항 등을 신고해 주세요.

Q 무엇을 신고하나요?

A 항공보안 관련 내용은 무엇이든지 가능합니다.

- 항공기내 반입금지 물품이 보호구역(보안검색대 통과 이후 구역) 또는 항공기 안으로 반입된 경우
- 승객과 승객이 소지한 휴대물품 등에 대해 보안검색이 미흡하게 실시된 경우
- 상주직원과 그 직원이 소지한 휴대물품 등에 대해 보안검색이 미흡하게 실시된 경우
- 검색 받은 승객과 받지 않은 승객이 섞이는 경우
- X-ray 및 폭발물흔적탐지장비 등 보안장비가 정상적으로 작동이 되지 않은 상태로 검색이 된 경우
- 공항운영자의 허가를 받지 아니하고 보호구역에 진입한 경우
- 항공기 안에서의 소란·흡연·폭언·폭행·성희롱 등 불법행위가 발생된 경우
- 항공보안 기준 위반사항을 인지하거나 국민불편 해소 및 제도개선이 필요한 경우

Q 신고자의 비밀은 보장되나요?

A 「항공보안법」 제33의2에 따라 다음과 같이 신고자와 신고내용이 철저히 보호됩니다.

- 누구든지 자율신고 내용 등을 이유로 신고자에게 불이익한 조치를 하는 경우 1천만 원 이하 과태료 부과
- 신고자의 의사에 반하여 개인정보를 공개할 수 없으며, 신고내용은 보안사고 예방 및 항공보안 확보 목적 이외의 용도로 사용금지

Q 신고한 내용은 어디에 활용되나요?

A 신고내용은 위험분석 및 평가와 개선대책 마련을 통해 국가항공보안 수준을 향상시키는데 활용됩니다.

Q 마시던 음료수는 보안검색대를 통과할 수 있나요?

A 국제선을 이용하실 때에는 100ml 이하 용기에 한해 투명지퍼백(1L)에 담아야 반입이 가능합니다.

---

① 甲 : 공항직원이 아니라도 공항이용자라면 누구든지 신고가 가능하군.
② 乙 : 기내에서 담배를 피우는 사람을 발견하면 신고해야겠네.
③ 丙 : 자율신고자에게 불이익한 조치를 하면 1천만 원 이하의 과태료에 처해질 수 있군.
④ 丁 : 500ml 물병에 물이 100ml 이하로 남았을 경우 1L 투명지퍼백에 담으면 국제선에 반입이 가능하네.

3. 다음은 K방송국 신입사원 甲이 모니터링 업무를 하던 중 문제가 될 수 있는 보도 자료들을 수집한 것이다. 다음 중 그 문제의 성격이 다른 하나는?

(가) 2004년 성매매특별법이 도입되었다. 한 지방경찰청의 범죄 통계에 따르면 특별법 도입 직후 한 달 동안 성폭력 범죄 신고 및 강간사건의 수치가 지난 5년 동안의 월 평균보다 약간 높게 나타났다. 성범죄 수치는 계절과 주기별로 다르게 나타난다. K방송국 이 통계에 근거해 "성매매특별법 시행 이후 성범죄 급속히 늘어"라는 제목의 기사를 내었다.

(나) 1994~1996년 사이 항공 사고로 인한 사망자가 적은 해에는 10명 미만, 많은 해에는 200~300명 발생하였다. 같은 기간 산업재해로 인한 사망자는 매년 5,000명 이상, 상해자는 700만 명 가량 발생하였다. 이 시기 K방송국은 항공 사고에 대한 보도를 50편 가량 발표했다. 반면, 위험한 장비와 관련한 안전사고, 비위생적 노동조건으로 인한 질병 등 산업재해로 인한 사망사건에 대한 보도는 거의 없었다.

(다) 1996~1997년 사이 통계를 보면 미국 사회 전체에서 폭력 사건으로 인한 사망자 수는 5,400명이었다. 이 가운데 학교에서 발생한 폭력사건으로 인한 사망자 수는 19명이었으며 10개 공립학교에서 발생했다. 이로부터 K방송국은 "시한폭탄 같은 10대들"이라는 제하에 헤드라인 기사로 청소년 폭력문제를 다루었고, 뉴스 프로그램을 통해 청소년들의 흉악한 행동이 미국 전역의 학교와 도시에서 만연하고 있다고 보도했다.

(라) 1990~1997년 사이 교통사고로 인한 사망자 25만 명 중 난폭 운전에 의해 사망한 사람은 218명이었다. 그리고 같은 시기 부상을 당한 2,000만 명의 자동차 운전자들 가운데 난폭 운전자에 의해 사고를 당했다고 추정되는 사람은 전체 부상자의 0.1% 미만이었다. 이에 대해 K방송국은 "교통사고의 주범 난폭운전"이란 제하에 난폭운전으로 인한 인명 피해가 최근 전국적으로 넘쳐나고 있다고 보도했다.

---

① (가)
② (나)
③ (다)
④ (라)

4. 다음 중 통일성을 해치는 문장으로 적절한 것은?

> 목조 건축물에서 지붕의 하중을 떠받치고 있는 수직 부재(部材)는 기둥이다. 이 기둥이 안정되게 수직 방향으로서 있도록 기둥과 기둥의 상부 사이에 설치하는 수평 부재를 창방이라고 한다. 이때, ㉠기둥을 연결한 창방들이 만들어 내는 수평선은 눈높이보다 높은 곳에 위치하고 있어 양쪽 끝이 아래로 처져 보이는 착시 현상이 발생한다. 이러한 ㉡착시 현상을 교정하기 위해 건물의 중앙에서 양쪽 끝으로 가면서 기둥이 점차 높아지도록 만드는데, 이것을 귀솟음 기법이라고 한다.
>
> 귀솟음 기법은 착시 현상을 교정하는 효과 외에 구조적인 측면에서의 장점도 지닌다. ㉢안쏠림 기법은 귀솟음 기법과 달리 착시 현상을 교정하는 효과는 그리 크지 않다. 전통 구조물의 일반적인 지붕 형태인 팔작지붕의 경우, 건물 끝부분의 기둥이 건물 중간에 위치한 기둥보다 지붕의 하중을 더 많이 받게 된다. 건물 끝부분 기둥이 오랫동안 지속적으로 많은 하중을 받으면 중간 기둥보다 더 많이 침하되는 부동(不同) 침하 현상이 발생하기도 한다. ㉣귀솟음 기법은 부동 침하 현상에 의한 구조적 변형에도 끝기둥이 중간 기둥보다 높거나 동일한 높이를 유지할 수 있는 장점을 가지고 있다.

① ㉠
② ㉡
③ ㉢
④ ㉣

5. 다음 글의 내용과 일치하지 않는 것은??

> 우리는 흔히 나무와 같은 식물이 대기 중에 이산화탄소로 존재하는 탄소를 처리해 주는 것으로 알고 있지만, 바다 또한 중요한 역할을 한다. 예를 들어 수없이 많은 작은 해양생물들은 빗물에 섞인 탄소를 흡수한 후에 다른 것들과 합쳐서 껍질을 만드는 데 사용한다. 결국 해양생물들은 껍질에 탄소를 가두어 둠으로써 탄소가 대기 중으로 다시 증발해서 위험한 온실가스로 축적되는 것을 막아 준다. 이들이 죽어서 바다 밑으로 가라앉으면 압력에 의해 석회석이 되는데, 이런 과정을 통해 땅속에 저장된 탄소의 양은 대기 중에 있는 것보다 수만 배나 되는 것으로 추정된다. 그 석회석 속의 탄소는 화산 분출로 다시 대기 중으로 방출되었다가 빗물과 함께 땅으로 떨어진다. 이 과정은 오랜 세월에 걸쳐 일어나는데, 이것이 장기적인 탄소 순환과정이다. 특별한 다른 장애 요인이 없다면 이 과정은 원활하게 일어나 지구의 기후는 안정을 유지할 수 있다.
>
> 그러나 불행하게도 인간의 산업 활동은 자연이 제대로 처리할 수 없을 정도로 많은 양의 탄소를 대기 중으로 방출한다. 영국 기상대의 피터 쿡스에 따르면, 자연의 생물권이 우리가 방출하는 이산화탄소의 영향을 완충할 수 있는 데에는 한계가 있기 때문에, 그 한계를 넘어서면 이산화탄소의 영향이 더욱 증폭된다. 지구 온난화가 걷잡을 수 없이 일어나게 되는 것은 두려운 일이다. 지구 온난화에 적응을 하지 못한 식물들이 한꺼번에 죽어 부패해서 그 속에 가두어져 있는 탄소가 다시 대기로 방출되면 문제는 더욱 심각해질 것이기 때문이다.

① 식물이나 해양생물은 기후 안정성을 유지하는 데에 기여한다.
② 생명체가 지니고 있던 탄소는 땅속으로 가기도 하고 대기로 가기도 한다.
③ 탄소는 화산 활동, 생명체의 부패, 인간의 산업 활동 등을 통해 대기로 방출된다.
④ 극심한 오염으로 생명체가 소멸되면 탄소의 순환 고리가 끊겨 대기 중의 탄소도 사라진다.

6. 다음 문서의 목적으로 적절한 것은?

> －○○공사, 싱가포르서 대한민국 물 관리 역량 선보인다－
>
> ■ ○○공사는 싱가포르 마리나베이샌즈호텔에서 열리는 '싱가포르 국제물주간'에 참가한다.
> • 2008년 싱가포르 정부 주도로 시작한 '싱가포르 국제 물주간'은 2년마다 개최되는 국제적인 물 행사다. 2016년엔 129개 국, 1천여 개 기업이 참가했으며, 올해에도 130개 국, 1천여 개 기업의 참가가 예상된다.
> ■ ○○공사는 이번 행사 참여를 계기로 우리나라의 우수한 물 관리 역량을 비롯해 아시아물위원회 주관으로 2020년 인도네시아 발리에서 열릴 예정인 '제2차 아시아국제물주간'을 국제사회에 알리기 위한 다양한 활동을 펼친다.
> • 먼저, 7월 10일에는 아시아물위원회와 함께 우리나라와 중국, 싱가포르, 필리핀 등 국내외 스마트 물 관리 기술 사례를 공유하는 '스마트 물 관리 특별 세션'을 개최한다.
> • 스마트 물 관리는 물 관리에 최첨단 정보통신기술을 접목해 실시간으로 수질과 수량을 관리하는 기술이며, 미래 물 산업 유망기술로 주목받고 있다.
> ■ ○○○공사는 7월 9일부터 11일까지 국내 10개 중소 물기업과 함께 전 세계 물 산업 교류의 장인 '워터 엑스포'에 참여한다.
> • ○○공사는 스마트 물 관리를 비롯한 최신 물 관리 기술과 아시아물위원회 활동을 소개하는 홍보관을 운영하며, 중소기업은 자사의 우수 제품과 기술을 전시한 개별 홍보관을 운영한다.

① 특정한 업무에 관한 현황이나 진행 상황, 연구・검토 결과 등을 보고하고자 할 때 작성한다.
② 업무에 대한 협조를 구하거나 의견을 전달할 때 작성한다.
③ 아이디어를 바탕으로 기획한 프로젝트에 대해 상대방에게 전달하여 시행하도록 설득한다.
④ 언론을 상대로 자신들의 정보를 기사화 되도록 하기 위해 보내는 자료이다.

7. 다음 중 필자의 생각과 다른 것은?

강화 학습 시스템은 현실의 다양한 문제를 자기 주도적으로 해결하는 프로그램을 실현하고자 한다. 대부분의 현실 문제는 매우 복잡하므로 정형화된 규칙에 한정되지 않는 방식으로 대처하는 매우 큰 유연성을 필요로 한다. 그런 유연성이 없는 프로그램은 결국 특정한 목적에만 사용된다. 강화 학습 시스템의 목적은 궁극적으로 자신의 목표를 유연하고도 창의적으로 성취할 수 있는, 다시 말해 자가프로그래밍적인 시스템에 도달하는 것이다.

1980년대까지 강화 학습 시스템은 실제 세계의 문제를 해결하기에 너무 느렸고 이로 인해 이 시스템에 대한 연구를 지속할 필요가 있는지 의문이 제기되었다. 하지만 이 평가는 적절하지 않다. 그 어떤 학습 시스템도 아무런 가정 없이 학습을 시작할 수는 없는 법이다. 자신이 어떤 문제에 부딪히게 될지, 그 문제로부터 어떻게 학습할 수 있을지 등의 가정도 없는 시스템이라면 그 시스템은 결국 아무 것도 배울 수 없다. 생물계는 그런 가정을 가진 학습 시스템을 가장 잘 보여주는 사례이다. 생명체 모두는 각자의 DNA에 암호화된 생물학적 정보를 가지고 학습을 시작한다. 강화 학습 시스템이 가정을 거의 갖지 않은 상태로 문제를 해결하려고 할 경우, 그 시스템은 매우 느리게 학습하고 아주 간단한 문제조차 풀지 못하게 된다. 이는 생물학적 유기체인 경우에도 마찬가지다. 쥐의 경우 물 밑에 있는 조개를 어떻게 사냥해야 할지에 관해서는 아는 바가 거의 없지만, 어둡고 특히 공간적으로 복잡한 장소에서 먹이를 구하는 데 있어서는 행동에 관한 엄청난 정보를 지니고 있다. 따라서 쥐는 생존에 필수적인 문제들에 대해 풍부한 내적 모형을 사전에 갖고 있다고 봐야 한다. 이를 통해 볼 때 강화 학습 시스템에 대한 연구가 진행되어야 할 이유는 분명하다.

① 강화 학습 시스템의 목적은 자신의 목표를 유연하고도 창의적으로 성취할 수 있는 자가프로그래밍적인 시스템에 도달하는 것이다.

② 자신이 어떤 문제에 부딪히게 될지, 그 문제로부터 어떻게 학습할 수 있을지 등의 가정이 없는 시스템은 창의적인 학습효과를 불러일으킨다.

③ 대부분의 현실 문제는 매우 복잡하므로 정형화된 규칙에 한정되지 않는 방식으로 대처하는 매우 큰 유연성을 필요로 한다.

④ 1980년대까지 강화 학습 시스템은 실제 세계의 문제를 해결하기에 적합하지 않아 시스템에 대한 연구를 지속할 필요가 있는지 의문이 제기되었다.

|8~9| 다음은 승강기의 검사와 관련된 안내문이다. 이를 보고 물음에 답하시오.

❑ 근거법령
『승강기시설 안전관리법』제13조 및 제13조의2에 따라 승강기 관리주체는 규정된 기간 내에 승강기의 검사 또는 정밀안전검사를 받아야 합니다.

❑ 검사의 종류

종류	처리 기한	내용
완성 검사	15일	승강기 설치를 끝낸 경우에 실시하는 검사
정기 검사	20일	검사유효기간이 끝난 이후에 계속하여 사용하려는 경우에 추가적으로 실시하는 검사
수시 검사	15일	승강기를 교체·변경한 경우나 승강기에 사고가 발생하여 수리한 경우 또는 승강기 관리 주체가 요청하는 경우에 실시하는 검사
정밀 안전 검사	20일	설치 후 15년이 도래하거나 결함 원인이 불명확한 경우, 중대한 사고가 발생하거나 또는 그 밖에 행정안전부장관이 정한 경우

❑ 검사의 주기
승강기 정기검사의 검사주기는 1년이며, 정밀안전검사는 완성검사를 받은 날부터 15년이 지난 경우 최초 실시하며, 그 이후에는 3년마다 정기적으로 실시합니다.

❑ 적용범위
"승강기"란 건축물이나 고정된 시설물에 설치되어 일정한 경로에 따라 사람이나 화물을 승강장으로 옮기는 데에 사용되는 시설로서 엘리베이터, 에스컬레이터, 휠체어리프트 등 행정안전부령으로 정하는 것을 말합니다.

• 엘리베이터

용도	종류	분류기준
승객용	승객용 엘리베이터	사람의 운송에 적합하게 제작된 엘리베이터
	침대용 엘리베이터	병원의 병상 운반에 적합하게 제작된 엘리베이터
	승객·화물용 엘리베이터	승객·화물겸용에 적합하게 제작된 엘리베이터
	비상용 엘리베이터	화재 시 소화 및 구조활동에 적합하게 제작된 엘리베이터
	피난용 엘리베이터	화재 등 재난 발생 시 피난활동에 적합하게 제작된 엘리베이터
	장애인용 엘리베이터	장애인이 이용하기에 적합하게 제작된 엘리베이터
	전망용 엘리베이터	엘리베이터 안에서 외부를 전망하기에 적합하게 제작된 엘리베이터
	소형 엘리베이터	단독주택의 거주자를 위한 승강행정이 12m 이하인 엘리베이터

화물용	화물용 엘리베이터	화물 운반 전용에 적합하게 제작된 엘리베이터
	덤웨이터	적재용량이 300kg 이하인 소형 화물 운반에 적합한 엘리베이터
	자동차용 엘리베이터	주차장의 자동차 운반에 적합하게 제작된 엘리베이터

• 에스컬레이터

용도	종류	분류기준
승객 및 화물용	에스컬레이터	계단형의 디딤판을 동력으로 오르내리게 한 것
	무빙워크	평면의 디딤판을 동력으로 이동시키게 한 것

• 휠체어리프트

용도	종류	분류기준
승객용	장애인용 경사형 리프트	장애인이 이용하기에 적합하게 제작된 것으로서 경사진 승강로를 따라 동력으로 오르내리게 한 것
	장애인용 수직형 리프트	장애인이 이용하기에 적합하게 제작된 것으로서 수직인 승강로를 따라 동력으로 오르내리게 한 것

❑ 벌칙 및 과태료
• 벌칙 : 1년 이하의 징역 또는 1천만 원 이하의 벌금
• 과태료 : 500만 원 이하, 300만 원 이하

8. 다음에 제시된 상황에서 받아야 하는 승강기 검사의 종류가 잘못 연결된 것은?

① 1년 전 정기검사를 받은 승객용 엘리베이터를 계속해서 사용하려는 경우 → 정기검사

② 2층 건물을 4층으로 증축하면서 처음 소형 엘리베이터 설치를 끝낸 경우 → 완성검사

③ 에스컬레이터에 쓰레기가 끼이는 단순한 사고가 발생하여 수리한 경우 → 정밀안전검사

④ 7년 전 설치한 장애인용 경사형 리프트를 신형으로 교체한 경우 → 수시검사

9. ○○승강기 신입사원 甲는 승강기 검사와 관련하여 고객의 질문을 받아 응대해 주는 과정에서 상사로부터 고객에게 잘못된 정보를 제공하였다는 지적을 받았다. 甲이 응대한 내용 중 가장 옳지 않은 것은?

① 고객 : 승강기 검사유효기간이 끝나가서 정기검사를 받으려고 합니다. 오늘 신청하면 언제쯤 검사를 받을 수 있나요?
甲 : 정기검사의 처리기한은 20일입니다. 오늘 신청하시면 20일 안에 검사를 받으실 수 있습니다.

② 고객 : 비상용 엘리베이터와 피난용 엘리베이터의 차이는 뭔가요?
甲 : 비상용 엘리베이터는 화재 시 소화 및 구조활동에 적합하게 제작된 엘리베이터를 말합니다. 이에 비해 피난용 엘리베이터는 화재 등 재난 발생 시 피난활동에 적합하게 제작된 엘리베이터입니다.

③ 고객 : 판매 전 자동차를 대놓는 주차장에 자동차 운반을 위한 엘리베이터를 설치하려고 합니다. 덤웨이터를 설치해도 괜찮을까요?
甲 : 덤웨이터는 적재용량이 300kg 이하인 소형 화물 운반에 적합한 엘리베이터입니다. 자동차 운반을 위해서는 자동차용 엘리베이터를 설치하시는 것이 좋습니다.

④ 고객 : 고객들이 쇼핑카트나 유모차, 자전거 등을 가지고 층간 이동을 쉽게 할 수 있도록 에스컬레이터나 무빙워크를 설치하려고 합니다. 뭐가 더 괜찮을까요?
甲 : 말씀하신 상황에서는 무빙워크보다는 에스컬레이터 설치가 더 적합합니다.

10. 다음 밑줄 친 단어의 의미와 동일하게 쓰인 것을 고르시오.

> 김동연 경제부총리 겸 기획재정부 장관은 26일 최근 노동이슈 관련 "다음 주부터 시행되는 노동시간 단축 관련 올해 말까지 계도기간을 설정해 단속보다는 제도 정착에 초점을 두고 추진할 것"이라고 밝혔다.
>
> 김동연 부총리는 이날 정부서울청사에서 노동현안 관련 경제현안간담회를 주재하고 "7월부터 노동시간 단축제도가 시행되는 모든 기업에 대해 시정조치 기간을 최장 6개월로 늘리고, 고소·고발 등 법적인 문제의 처리 과정에서도 사업주의 단축 노력이 충분히 참작될 수 있도록 하겠다."라며 이같이 말했다.
>
> 김 부총리는 "노동시간 단축 시행 실태를 면밀히 조사해 탄력 근로단위기간 확대 등 제도개선 방안도 조속히 마련하겠다."라며 "불가피한 경우 특별 연장근로를 인가받아 활용할 수 있도록 구체적인 방안을 강구할 것"이라고 밝혔다.

① 우리는 10년 만에 넓은 평수로 늘려 이사했다.

② 그 집은 알뜰한 며느리가 들어오더니 금세 재산을 늘려 부자가 되었다.

③ 적군은 세력을 늘린 후 다시 침범하였다.

④ 대학은 학생들의 건의를 받아들여 쉬는 시간을 늘리는 방안을 추진 중이다.

11. 경기장을 청소하는데 갑 혼자 8시간이 걸린다. 처음부터 3시간까지는 갑과 을이 같이 청소하고, 그 이후에는 갑 혼자 3시간이 걸려 청소를 마쳤다. 다음 중 을의 작업량이 전체 작업량에서 차지하는 비율은?

① 10% ② 15%
③ 20% ④ 25%

12. 직장인 B씨는 재작년에 받은 기본급은 1,800만 원이고, 작년 기본급은 재작년 기본급보다 20%가 많았다. 작년 성과급은 재작년 성과급보다 10%가 적었다. 재작년 성과급이 그 해 기본급의 1/5에 해당할 때, 작년 연봉의 인상률은? (단, 연봉은 기본급과 성과급의 합으로 한다.)

① 5% ② 10%
③ 15% ④ 20%

13. 다음 중 연도별 댐 저수율 변화의 연도별 증감 추이가 동일한 패턴을 보이는 수계로 짝지어진 것은 어느 것인가?

〈4대강 수계 댐 저수율 변화 추이〉
(단위 : %)

수계	2011	2012	2013	2014	2015
평균	59.4	60.6	57.3	48.7	43.6
한강수계	66.5	65.1	58.9	51.6	37.5
낙동강수계	48.1	51.2	43.4	41.5	40.4
금강수계	61.1	61.2	64.6	48.8	44.6
영·섬강수계	61.8	65.0	62.3	52.7	51.7

① 낙동강수계, 영·섬강수계

② 한강수계, 금강수계

③ 낙동강수계, 금강수계

④ 영·섬강수계, 한강수계

14. 다음은 2018년 7월 20일 오전 인천공항 제1여객터미널의 공항 예상 혼잡도에 대한 자료이다. 자료를 잘못 분석한 것은?

(단위 : 명)

시간	입국장				출국장			
	A/B	C	D	E/F	1/2	3	4	5/6
0~1시	0	714	0	0	0	0	471	0
1~2시	0	116	0	0	0	0	350	0
2~3시	0	0	0	0	0	0	59	0
3~4시	0	0	0	0	0	0	287	0
4~5시	0	998	0	0	0	0	1,393	0
5~6시	0	1,485	1,298	0	0	0	3,344	0
6~7시	1,573	1,327	1,081	542	714	488	2,261	739
7~8시	3,126	549	132	746	894	1,279	1,166	1,778
8~9시	978	82	82	1,067	1,110	1,432	1,371	1,579
9~10시	1,187	376	178	1,115	705	955	1,374	1,156
10~11시	614	515	515	140	724	911	1,329	1,344
11~12시	1,320	732	1,093	420	747	851	1,142	1,024
합계	8,798	6,894	4,379	4,030	4,894	5,916	14,547	7,620

① 이날 오전 가장 많은 사람이 이용한 곳은 출국장 4이다.

② 이날 오전 출국장을 이용한 사람은 입국장을 이용한 사람보다 많다.

③ 9~12시 사이에 출국장 1/2를 이용한 사람 수는 이날 오전 출국장 1/2를 이용한 사람 수의 50% 이상이다.

④ 입국장 A/B와 출국장 5/6은 가장 혼잡한 시간대가 동일하다.

15. 다음은 X공기업의 팀별 성과급 지급 기준이다. Y팀의 성과평가 결과가 〈보기〉와 같다면 3/4 분기에 지급되는 성과급은?

- 성과급 지급은 성과평가 결과와 연계함
- 성과평가는 유용성, 안전성, 서비스 만족도의 총합으로 평가함. 단, 유용성, 안전성, 서비스 만족도의 가중치를 각각 0.4, 0.4, 0.2로 부여함
- 성과평가 결과를 활용한 성과급 지급 기준

성과평가 점수	성과평가 등급	분기별 성과급 지급액	비고
9.0 이상	A	100만 원	성과평가 등급이 A이면 직전 분기 차감액의 50%를 가산하여 지급
8.0 이상 9.0 미만	B	90만 원(10만 원 차감)	
7.0 이상 8.0 미만	C	80만 원(20만 원 차감)	
7.0 미만	D	40만 원(60만 원 차감)	

〈보기〉				
구분	1/4 분기	2/4 분기	3/4 분기	4/4 분기
유용성	8	8	10	8
안전성	8	6	8	8
서비스 만족도	6	8	10	8

① 130만 원   ② 120만 원

③ 110만 원   ④ 100만 원

16. 35명 이상 50명 미만인 직원들이 지방에 연수를 떠났다. 참가비는 1인당 50만원이고, 단체 입장 시 35명 이상은 1할 2푼을 할인해 주고, 50명 이상은 2할을 할인해 준다고 한다. 몇 명 이상일 때, 50명의 단체로 입장하는 것이 유리한가?

① 37명   ② 42명

③ 45명   ④ 46명

17. 회사에서 최근 실시한 1차 폐휴대폰 수거 캠페인에 참여한 1~3년차 직원 중 23%가 1년 차 직원이었다. 2차 캠페인에서는 1차 캠페인에 참여한 직원들이 모두 참여하고 1년차 직원 20명이 새롭게 더 참여하여 1년차 직원들의 비중이 전체 인원의 30%가 되었다. 1차 캠페인에 참여한 1~3년 차 직원 수를 구하면?

① 180명   ② 200명

③ 220명   ④ 240명

18. 김 과장은 이번에 뽑은 신입사원을 대상으로 교육을 실시하려고 한다. 인원 파악을 해야 하는데 몇 명인지는 모르겠지만 긴 의자에 8명씩 앉으면 5명이 남는다는 것을 알았고, 또한 10명씩 앉으면 의자가 1개 남고 마지막 의자에는 7명만 앉게 된다. 의자의 수를 구하면?

① 6   ② 7

③ 8   ④ 9

19. 아래의 자료는 A 지역의 2017~2018년 상반기 대비 5대 범죄의 발생을 분석한 표이다. 이를 참조하여 예측 및 분석한 내용으로 가장 거리가 먼 것을 고르면?

〈17년~18년 상반기 대비 5대 범죄 발생 분석〉

구분	계	살인	강도	강간	절도	폭력
18년	934	2	6	46	360	520
17년	1,211	2	8	39	601	561
대비	−277 (−22.9%)	0	−2 (−25%)	+7 (7.9%)	−241 (−40.1%)	−41 (−7.3%)

① 살인의 경우에는 2017~2018 동기간 동안 동일한 건수를 기록하고 있다.

② 강간의 경우에는 2017년 대비 2018년에는 7건 정도가 증가하였으며, 폭력의 경우에는 41건 정도가 감소함을 알 수 있다.

③ 자료를 보면 치안 담당자들이 전반적으로 해당 지역의 정보를 공유하지 않고 범죄 검거에 대한 의지가 약함을 알 수 있다.

④ 표를 보면 5대 범죄 중 가장 괄목할만한 것은 민생치안 및 체감안전도와 직결되는 절도의 경우에 2018년에 360건이 발생하여 전년 601건 대비 240건 정도 감소했다.

20. 아래의 글을 읽고 판단할 시에 1단계에서 A가 나눈 두 묶음의 구슬의 개수는?

> A는 다음 세 가지의 단계를 순서대로 거쳐서 16개의 구슬을 네 묶음으로 나누었다. 이렇게 나타난 네 묶음의 구슬 개수는 각각 1개, 5개, 5개, 5개이다.
> - 1단계 : 16개의 구슬을 두 개의 묶음으로 나누어, 한 묶음의 구슬 개수가 다른 묶음의 구슬 개수의 n배(n은 자연수)가 되도록 하였다.
> - 2단계 : 5개 이상의 구슬이 있던 한 묶음에서 다른 묶음으로 5개의 구슬을 옮겼다.
> - 3단계 : 두 가지의 묶음을 각각 두 묶음씩으로 다시 나누어 총 네 가지 묶음이 되도록 했다.

① 15개, 1개

② 10개, 2개

③ 8개, 4개

④ 6개, 6개

21. 고 대리, 윤 대리, 염 사원, 서 사원 중 1명은 갑작스런 회사의 사정으로 인해 오늘 당직을 서야 한다. 이들은 논의를 통해 당직자를 결정하였으나, 동료인 최 대리에게 다음 〈보기〉와 같이 말하였고, 이 중 1명만이 진실을 말하고, 3명은 거짓말을 하였다. 당직을 서게 될 사람과 진실을 말한 사람을 순서대로 알맞게 나열한 것은 어느 것인가?

> 〈보기〉
> 고 대리 : "윤 대리가 당직을 서겠다고 했어."
> 윤 대리 : "고 대리는 지금 거짓말을 하고 있어."
> 염 사원 : "저는 오늘 당직을 서지 않습니다. 최 대리님."
> 서 사원 : "당직을 서는 사람은 윤 대리님입니다."

① 고 대리, 서 사원

② 염 사원, 고 대리

③ 서 사원, 윤 대리

④ 염 사원, 윤 대리

22. 영업부 직원 8명의 자리는 그림과 같다. 제시된 조건에 따라 자리를 이동하였을 경우에 대한 설명으로 올바른 것은 어느 것인가?

김 사원	오 대리	임 대리	박 사원
최 대리	민 사원	나 대리	양 사원

- 자리는 8명이 모두 이동하였다.
- 같은 라인에서 이동한 직원은 각 라인 당 2명이다.('라인'은 그림 상의 좌우 한 줄을 의미한다. 예를 들어 위의 그림에서 김 사원~박 사원은 한 라인에 위치한다.)
- 이동 후 양 사원의 자리와 나 대리의 자리, 오 대리의 자리와 김 사원의 자리는 각각 가장 멀리 떨어진 곳에 위치하게 되었다.
- 박 사원의 좌우측에는 각각 최 대리와 나 대리가 앉게 되었다.

① 양 사원의 옆 자리에는 민 사원이 앉게 된다.

② 김 사원의 옆 자리에는 어떤 경우에도 최 대리가 앉게 된다.

③ 임 대리는 최 대리와 마주보고 앉게 된다.

④ 민 사원은 오 대리와 마주보고 앉게 된다.

23. 다음 조건이 모두 참일 때, 매출액을 구하면?

> ㉠ 영업이익은 매출액에서 매출원가와 감가상각비를 차감한 값이다.
> ㉡ 세후순이익은 세전순이익에서 세금을 차감한 금액이다.
> ㉢ 세전순이익에서 이자비용을 더한 값은 영업이익이다.
> ㉣ 세금은 세전순이익의 20%에 해당한다.
> ㉤ 매출액의 80%는 매출원가이다.
> ㉥ 이자비용은 5, 세후순이익은 8이다.
> ㉦ 감가상각비는 이자비용의 3배에 해당한다.

① 130

② 140

③ 150

④ 160

24. 다음은 신용 상태가 좋지 않은 일반인들을 상대로 운용되고 있는 국민행복기금의 일종인 '바꿔드림론'의 지원대상자에 관한 내용이다. 다음 내용을 참고할 때, 바꿔드림론의 대상이 되지 않는 사람은 누구인가? (단, 보기에서 언급되지 않은 사항은 자격요건을 충족하는 것으로 가정한다)

구분		자격요건	비고
신용등급		6~10등급	연소득 3.5천만 원 이하인 분 또는 특수채무자는 신용등급 제한 없음
연소득	급여소득자 등	4천만 원 이하	부양가족 2인 이상인 경우에는 5천만 원 이하
	자영업자	4.5천만 원 이하	사업자등록 된 자영업자
지원대상 고금리 채무 (연 20% 이상 금융채무)	채무총액 1천만 원↑	6개월 이상 정상상환	보증채무, 담보대출, 할부금융, 신용카드 사용액(신용구매, 현금서비스, 리볼빙 등)은 제외 ※ 상환기간은 신용보증신청일 기준으로 산정됩니다.
	채무총액 1천만 원↓	3개월 이상 정상상환	

※ 제외대상
• 연 20% 이상 금융채무 총액이 3천만 원을 초과하는 분
• 소득에 비해 채무액이 과다한 분(연소득 대비 채무상환액 비율이 40%를 초과하는 분)
• 현재 연체중이거나 과거 연체기록 보유자, 금융채무 불이행자 등

① 법정 최고 이자를 내고 있으며 금융채무액이 2.5천만 원인 A씨
② 2명의 자녀와 아내를 부양가족으로 두고 연 근로소득이 4.3천만 원인 B씨
③ 신용등급이 4등급으로 연체 이력이 없는 C씨
④ 저축은행으로부터 받은 신용대출금에 대해 연 28%의 이자를 내며 8개월 째 매달 원리금을 상환하고 있는 D씨

25. 다음 글과 〈설립위치 선정 기준〉을 근거로 판단할 때, A사가 서비스센터를 설립하는 방식과 위치로 옳은 것은?

• 휴대폰 제조사 A는 B국에 고객서비스를 제공하기 위해 1개의 서비스센터 설립을 추진하려고 한다.
• 설립방식에는 (가) 방식과 (나) 방식이 있다.
• A사는 {(고객만족도 효과의 현재가치) – (비용의 현재가치)}의 값이 큰 방식을 선택한다.
• 비용에는 규제비용과 로열티비용이 있다.

구분		(가) 방식	(나) 방식
고객만족도 효과의 현재가치		5억 원	4.5억 원
비용의 현재가치	규제 비용	3억 원 (설립 당해 년도만 발생)	없음
	로열티 비용	없음	- 3년간 로열티비용을 지불함 - 로열티비용의 현재가치 환산액 : 설립 당해년도는 2억 원, 그 다음 해부터는 직전년도 로열티비용의 1/2씩 감액한 금액

※ 고객만족도 효과의 현재가치는 설립 당해년도를 기준으로 산정된 결과이다.

〈설립위치 선정 기준〉
• 설립위치로 B국의 甲, 乙, 丙 3곳을 검토 중이며, 각 위치의 특성은 다음과 같다.

위치	유동인구(만 명)	20~30대 비율(%)	교통혼잡성
甲	80	75	3
乙	100	50	1
丙	75	60	2

• A사는 {(유동인구) × (20~30대 비율) / (교통혼잡성)} 값이 큰 곳을 선정한다. 다만 A사는 제품의 특성을 고려하여 20~30대 비율이 50% 이하인 지역은 선정대상에서 제외한다.

	설립방식	설립위치
①	(가)	甲
②	(가)	丙
③	(나)	甲
④	(나)	乙

26. H공사에 다니는 乙 대리는 우리나라 근로자의 근로 시간에 관한 다음의 보고서를 작성하였는데 이 보고서를 검토한 甲 국장이 〈보기〉와 같은 추가사항을 요청하였다. 乙 대리가 추가로 작성해야 할 자료로 적절한 것은?

우리나라의 법정근로시간은 1953년 제정된 근로기준법에서는 주당 48시간이었지만, 이후 1989년 44시간으로, 그리고 2003년에는 40시간으로 단축되었다. 주당 40시간의 법정근로시간은 산업 및 근로자 규모별로 경과규정을 두어 연차적으로 실시하였지만, 2011년 7월 1일 이후는 모든 산업의 5인 이상 근로자에게로 확대되었다. 실제 근로시간은 법정근로시간에 주당 12시간까지 가능한 초과근로시간을 더한 시간을 의미한다.

2000년 이후 우리나라 근로자의 근로시간은 지속적으로 감소되어 2016년 5인 이상 임금근로자의 주당 근로시간이 40.6시간으로 감소했다. 이 기간 동안 2004년, 2009년, 2015년 비교적 큰 폭으로 증가했으나 전체적으로는 뚜렷한 감소세를 보인다. 사업체규모별·근로시간별로 살펴보면, 정규직인 경우 5~29인, 300인 이상 사업장의 근로시간이 42.0시간으로 가장 짧고, 비정규직의 경우 시간제 근로자의 비중의 영향으로 5인 미만 사업장의 근로시간이 24.8시간으로 가장 짧다. 산업별로는 광업, 제조업, 부동산업 및 임대업의 순으로 근로시간이 길고, 건설업과 교육서비스업의 근로시간이 가장 짧다.

국제비교에 따르면 널리 알려진 바와 같이 한국의 연간 근로시간은 2,113시간으로 멕시코의 2,246시간 다음으로 길다. 이는 OECD 평균의 1.2배, 근로시간이 가장 짧은 독일의 1.54배에 달한다.

〈보기〉

"乙 대리, 보고서가 너무 개괄적이군. 이번 안내 자료 작성을 위해서는 2016년 사업장 규모에 따른 정규직과 비정규직 근로자의 주당 근로시간을 비교할 수 있는 자료가 필요한데, 쉽게 알아볼 수 있는 별도 자료를 도표로 좀 작성해 주겠나?"

① (단위 : 시간)

구분	근로형태(2016년)			
	정규직	비정규직	재택	파견
주당 근로시간	42.5	29.8	26.5	42.7

② (단위 : 시간)

구분	2012	2013	2014	2015	2016
주당 근로시간	42.0	40.6	40.5	42.4	40.6

③ (단위 : 시간)

구분	산업별 근로시간(2016년)			
	광업	제조업	부동산업	운수업
주당 근로시간	43.8	43.6	43.4	41.8

④ (단위 : 시간)

구분		사업장 규모(2016년)			
		5인 미만	5~29인	30~299인	300인 이상
주당 근로시간	정규직	42.8	42.0	43.2	42.0
	비정규직	24.8	30.2	34.7	35.8

27. 다음 글과 〈선거 결과〉를 근거로 판단할 때 옳은 것은?

○○국 의회의원은 총 8명이며, 4개의 선거구에서 한 선거구당 2명씩 선출된다. 선거제도는 다음과 같이 운용된다.

각 정당은 선거구별로 두 명의 후보 이름이 적힌 명부를 작성한다. 유권자는 해당 선거구에서 모든 정당의 후보 중 한 명에게만 1표를 행사하며, 이를 통해 개별 후보자의 득표율이 집계된다.

특정 선거구에서 각 정당의 득표율은 그 정당의 해당 선거구 후보자 2명의 득표율의 합이다. 예를 들어 한 정당의 명부에 있는 두 후보가 각각 30%, 20% 득표를 했다면 해당 선거구에서 그 정당의 득표율은 50%가 된다. 그리고 각 후보의 득표율에 따라 소속 정당 명부에서의 순위(1번, 2번)가 결정된다.

다음으로 선거구별 2개의 의석은 다음과 같이 배분한다. 먼저 해당 선거구에서 득표율 1위 정당의 1번 후보에게 1석이 배분된다. 그리고 만약 1위 정당의 정당 득표율이 2위 정당의 정당 득표율의 2배 이상이라면, 정당 득표율 1위 정당의 2번 후보에게 나머지 1석이 돌아간다. 그러나 1위 정당의 정당 득표율이 2위 정당의 정당 득표율의 2배 미만이라면 정당 득표율 2위 정당의 1번 후보에게 나머지 1석을 배분한다.

〈선거 결과〉

○○국의 의회의원선거 제1~4선거구의 선거 결과를 요약하면 다음과 같다. 수치는 선거구별 득표율(%)이다.

구분	제1선거구	제2선거구	제3선거구	제4선거구
A정당	41	50	16	39
1번 후보	30	30	12	20
2번 후보	11	20	4	19
B정당	39	30	57	28
1번 후보	22	18	40	26
2번 후보	17	12	17	2
C정당	20	20	27	33
1번 후보	11	11	20	18
2번 후보	9	9	7	15

① A정당은 모든 선거구에서 최소 1석을 차지했다.

② B정당은 모든 선거구에서 최소 1석을 차지했다.

③ C정당 후보가 당선된 곳은 제3선거구이다.

④ 가장 많은 당선자를 낸 정당은 B정당이다.

28. 다음 〈휴양림 요금규정〉과 〈조건〉에 근거할 때, 〈상황〉에서 甲, 乙, 丙일행이 각각 지불한 총요금 중 가장 큰 금액과 가장 작은 금액의 차이는?

〈휴양림 요금규정〉
• 휴양림 입장료(1인당 1일 기준)

구분	요금(원)	입장료 면제
어른	1,000	• 동절기 (12월~3월) • 다자녀 가정
청소년(만 13세 이상~19세 미만)	600	
어린이(만 13세 미만)	300	

※ '다자녀 가정'은 만 19세 미만의 자녀가 3인 이상 있는 가족을 말한다.

• 야영시설 및 숙박시설(시설당 1일 기준)

구분		요금(원)		비고
		성수기 (7~8월)	비수기 (성수기 외)	
야영시설 (10인 이내)	황토데크(개)	10,000		휴양림 입장료 별도
	캐빈(동)	30,000		
숙박시설	3인용(실)	45,000	24,000	휴양림 입장료 면제
	5인용(실)	85,000	46,000	

※ 일행 중 '장애인'이 있거나 '다자녀 가정'인 경우 비수기에 한해 야영시설 및 숙박시설 요금의 50%를 할인한다.

〈조건〉
• 총요금 = (휴양림 입장료) + (야영시설 또는 숙박시설 요금)
• 휴양림 입장료는 머문 일수만큼, 야영시설 및 숙박시설 요금은 숙박 일수만큼 계산함. (예 : 2박 3일의 경우 머문 일수는 3일, 숙박 일수는 2일)

〈상황〉
• 甲(만 45세)은 아내(만 45세), 자녀 3명(각각 만 17세, 15세, 10세)과 함께 휴양림에 7월 중 3박 4일간 머물렀다. 甲일행은 5인용 숙박시설 1실을 이용하였다.
• 乙(만 25세)은 어머니(만 55세, 장애인), 아버지(만 58세)를 모시고 휴양림에서 12월 중 6박 7일간 머물렀다. 乙일행은 캐빈 1동을 이용하였다.
• 丙(만 21세)은 동갑인 친구 3명과 함께 휴양림에서 10월 중 9박 10일 동안 머물렀다. 丙일행은 황토데크 1개를 이용하였다.

① 40,000원　　　② 114,000원
③ 125,000원　　　④ 165,000원

29. 甲그룹은 A~G의 7개 지사를 가지고 있다. 아래에 제시된 조건에 따라, A에서 가장 멀리 떨어진 지사는? (단, 모든 지사는 동일 평면상에 있으며, 지사의 크기는 고려하지 않는다)

• E, F, G는 순서대로 정남북 방향으로 일직선상에 위치하며, B는 C로부터 정동쪽으로 250km 떨어져 있다.
• C는 A로부터 정남쪽으로 150km 떨어져 있다.
• D는 B의 정북쪽에 있으며, B와 D 간의 거리는 A와 C 간의 거리보다 짧다.
• E와 F 간의 거리는 C와 D 간의 직선거리와 같다.
• G는 D로부터 정동쪽으로 350km 거리에 위치해 있으며, A의 정동쪽에 위치한 지사는 F가 유일하다.

① B　　　　　　② D
③ E　　　　　　④ F

30. 주식회사 한국에 다니고 있는 김○○ 대리는 거래처 VIP 명단을 바탕으로 연말에 있을 회사 송년회에 초청장을 작성하고 있다. 다음의 VIP 명단과 작성방법 따라 우편라벨을 작성한다고 할 때, 바르게 작성한 것을 고르면? (단, 초청장에 대한 회신은 요하지 않는다)

❑ 거래처 VIP 명단

거래처	주소(지번주소)	우편번호	담당자명 (소속/직위)
㈜ G.M.	파주시 산업단지길 139 (문발동 472번지)	10878 (487-451)	김철수 (홍보팀/대리)
혜민상사	대전광역시 유성구 가정로 306-6(도룡동 391번지)	34130 (745-400)	이혜림 (영업부/부장)
마인＋	서울특별시 마포구 양화로 106 S빌딩 3층 (서교동 31-13번지)	04038 (125-144)	박소정 (대외협력팀/ 차장)
N디자인	광주광역시 북구 양일로 70 (연제동 1007번지)	61091 (547-201)	이영은 (영업팀/팀장)
㈜ 장&김	인천광역시 남구 경인로 256 (심곡동 73-20번지)	14750 (312-666)	장윤서 (관리과/과장)

❑ 우편라벨 작성방법
• 우편번호는 〈보내는 사람〉 가장 윗부분 첫머리에 5자리로 작성한다.
• 주소를 작성할 때에는 우편번호와 한 줄 정도의 간격을 두고 작성하며, 주소를 먼저 쓰고 그 아래에 회사명을 적는다. 주소는 지번주소 또는 도로명주소로 쓸 수 있다.
• 발신자 명은 회사명과 한 줄 정도의 간격을 두고 작성하며, 회사명이 끝나는 위치에서 시작하여 소속, 직위, 이름순으로 작성하고 뒤에 '보냄' 또는 '드림'을 붙인다.

- 우편라벨에 동봉한 우편물에 대한 메모를 적을 경우, 우편번호와 같은 줄에 앞뒤 간격을 두고 간단히 작성하며 생략 가능하다. 단, 회신이 필요한 경우에 한하여 반드시 '회신 요망'을 기재한다.
- 〈받는 사람〉 작성방법은 〈보내는 사람〉 작성 방법과 동일하며, 수신자 명 뒤에 '보냄', '드림' 대신 '님', '귀하'를 쓴다.

① 〈받는 사람〉
10878   회신 요망

파주시 산업단지길 139
㈜G.M.

                    홍보팀 대리 김철수 귀하

② 〈받는 사람〉
745-400

대전광역시 유성구 도룡동 391번지
혜민상사

                    영업부 부장 이혜림 님

③ 〈받는 사람〉
04038   초청장 재중

서울특별시 마포구 양화로 106 S빌딩 3층
마인+
                    대회협력팀 차장 박소정 귀하

④ 〈받는 사람〉
61091

광주광역시 북구 양일로 70
N디자인

                    영업팀 팀장 이영은 님

31. 다음은 D사에서 판매하는 사무용품에 관한 자료이다. 다음 사례 중 가장 지출이 적은 사람은?

〈사무용품 가격〉

	개수	정가
프린터 토너	1통	50,000원
A4 용지	1박스	30,000원
볼펜	1다스	5,000원
수정액	1개	3,000원
테이프	1개	2,000원
메모지	1개	1,000원

※ 20,000원 이상 구매 시 정가의 20% 할인
※ A카드로 20,000원 이상 결제 시 2,000원 추가 할인
※ 할인 혜택은 중복 적용 가능
※ 배송 지연 시 하루에 5,000원씩 추가 비용이 발생

〈사무용품 지출 사례〉
㉠ 운재 : 볼펜 3다스, 테이프 10개의 금액을 무통장 입금하였고, 배송이 하루 지연
㉡ 성운 : A4용지 1박스, 메모지 5개의 금액을 A카드로 결제하였고, 배송이 이틀 지연
㉢ 영주 : 프린터 토너 1통, 수정액 2개, 메모지 4개의 금액을 현금으로 지불하였고, 배송 당일 수령
㉣ 준하 : 볼펜 2다스, 수정액 4개, 메모지 2개의 금액을 B카드로 결제하였고, 배송 하루 지연

① 운재
② 성운
③ 영주
④ 준하

32. 다음은 시간관리 매트릭스를 도식화한 자료이다. 다음 중 문주씨가 해야 할 일을 시간관리 매트릭스 4단계로 구분한 것으로 잘못된 것은?

〈시간관리 매트릭스〉

	긴급함	긴급하지 않음
중요함	제1사분면	제2사분면
중요하지 않음	제3사분면	제4사분면

- 제1사분면 : 중요하고 긴급한 일로 위기사항이나 급박한 문제, 기간이 정해진 프로젝트 등이 해당
- 제2사분면 : 긴급하지는 않지만 중요한 일로 인간관계 구축이나 새로운 기회의 발굴, 중장기 계획 등이 포함
- 제3사분면 : 긴급하지만 중요하지 않은 일로 잠깐의 급한 질문, 일부 보고서, 눈 앞의 급박한 사항이 해당
- 제4사분면 : 중요하지 않고 긴급하지 않은 일로 하찮은 일이나 시간낭비거리, 즐거운 활동 등이 포함

〈문주씨가 해야 할 일〉
- ㉠ 한동안 못 본 드라마 시청하기
- ㉡ 마감이 가까운 업무 마무리하기
- ㉢ 모임에서 인간관계 구축하기
- ㉣ 말장난으로 시간 때우기
- ㉤ 자기개발하기
- ㉥ 상사에게 급하게 질문하기

① 제1사분면 : ㉢
② 제2사분면 : ㉤
③ 제3사분면 : ㉥
④ 제4사분면 : ㉣

33. 사내 냉방 효율을 위하여 층별 에어컨 수와 종류를 조정하려고 한다. 버리는 구형 에어컨과 구입하는 신형 에어컨을 최소화할 때, A상사는 신형 에어컨을 몇 대 구입해야 하는가?

사내 냉방 효율 조정 방안		
적용순서	조건	미충족 시 조정 방안
1	층별 월 전기료 60만 원 이하	구형 에어컨을 버려 조건 충족
2	구형 에어컨 대비 신형 에어컨 비율 1/2 이상 유지	신형 에어컨을 구입해 조건 충족

※ 구형 에어컨 1대의 월 전기료는 4만 원이고, 신형 에어컨 1대의 월 전기료는 3만 원이다.

사내 냉방시설 현황						
	1층	2층	3층	4층	5층	6층
구형	9	15	12	8	13	10
신형	5	7	6	3	4	5

① 1대
② 2대
③ 3대
④ 4대

34. 다음은 A그룹 근처의 〈맛집 정보〉이다. 주어진 평가 기준에 따라 가장 높은 평가를 받은 곳으로 신년회를 예약하라는 지시를 받았다. A그룹의 신년회 장소는?

〈맛집 정보〉

음식점 \ 평가항목	음식 종류	이동 거리	가격 (1인 기준)	맛 평점 (★ 5개 만점)	방 예약 가능 여부
자금성	중식	150m	7,500원	★★☆	○
샹젤리제	양식	170m	8,000원	★★★	○
경복궁	한식	80m	10,000원	★★★★	○
도쿄타워	일식	350m	9,000원	★★★★☆	×

※ ☆은 ★의 반 개이다.

〈평가 기준〉
- 평가항목 중 이동거리, 가격, 맛 평점에 대하여 각 항목별로 4, 3, 2, 1점을 각각의 음식점에 하나씩 부여한다.
  - 이동거리가 짧은 음식점일수록 높은 점수를 준다.
  - 가격이 낮은 음식점일수록 높은 점수를 준다.
  - 맛 평점이 높은 음식점일수록 높은 점수를 준다.
- 평가항목 중 음식종류에 대하여 일식 5점, 한식 4점, 양식 3점, 중식 2점을 부여한다.
- 방 예약이 가능한 경우 가점 1점을 부여한다.
- 총점은 음식종류, 이동거리, 가격, 맛 평점의 4가지 평가항목에서 부여 받은 점수와 가점을 합산하여 산출한다.

① 자금성
② 샹젤리제
③ 경복궁
④ 도쿄타워

35. S호텔 연회부에 근무하는 A는 연회장 예약일정 관리를 담당하고 있다. 다음과 같이 예약이 되어있는 상황에서 "12월 첫째 주 또는 둘째 주에 회사 송년의 밤 행사를 위해서 연회장을 예약하려고 합니다. 총 인원은 250명이고 월, 화, 수요일은 피하고 싶습니다. 예약이 가능할까요?"라는 고객의 전화를 받았을 때, A의 판단으로 옳지 않은 것은?

〈12월 예약 일정〉

※ 예약 : 연회장 이름(시작시간)

월	화	수	목	금	토	일
1	2	3	4	5	6	7
실버(13)	레드(16)	블루(13)	골드(13)	골드(14)	실버(13)	레드(10)
블루(14)		골드(14)	블루(17)	실버(17)	골드(15)	블루(16)
8	9	10	11	12	13	14
실버(13)	레드(16)	골드(14)	레드(13)	골드(13)	실버(10)	
블루(16)		블루(17)	블루(17)		레드(15)	

〈호텔 연회장 현황〉

연회장 구분	수용 가능 인원	최소 투입인력	연회장 이용시간
레드	200명	25명	3시간
블루	300명	30명	2시간
실버	200명	30명	3시간
골드	300명	40명	3시간

※ 오후 9시에 모든 업무를 종료함
※ 연회부의 동 시간대 투입 인력은 총 70명을 넘을 수 없음
※ 연회시작 전, 후 1시간씩 연회장 세팅 및 정리

① 인원을 고려했을 때 블루 연회장과 골드 연회장이 적합하겠군.

② 송년의 밤 행사이니 저녁 시간대 중 가능한 일자를 확인해야 해.

③ 목요일부터 일요일까지 일정을 확인했을 때 평일은 예약이 불가능해.

④ 모든 조건을 고려했을 때 가능한 연회장은 13일 블루 연회장뿐이구나.

36. 다음 그림과 같은 형태의 조직체계를 유지하고 있는 기업에 대한 설명으로 적절한 것은?

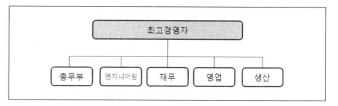

① 다양한 프로젝트를 수행해야 할 필요성이 커짐에 따라 조직 간의 유기적인 협조체제를 구축하였다.

② 의사결정 권한이 분산되어 더욱 전문적인 업무 처리가 가능하다.

③ 각 부서 간 내부 경쟁을 유발할 수 있다.

④ 조직 내 내부 효율성을 확보할 수 있는 조직 구조이다.

37. 다음 조직의 경영자에 대한 정의를 참고할 때, 경영자의 역할로 적절하지 않은 것은?

조직의 경영자는 조직의 전략, 관리 및 운영활동을 주관하며, 조직구성원들과 의사결정을 통해 조직이 나아갈 방향을 제시하고 조직의 유지와 발전에 대해 책임을 지는 사람이며, 조직의 변화방향을 설정하는 리더이며, 조직구성원들이 조직의 목표에 부합된 활동을 할 수 있도록 이를 결합시키고 관리하는 관리자이다.

① 대외 협상을 주도하기 위한 자문위원을 선발한다.

② 외부환경 변화를 주시하며 조직의 변화 방향을 설정한다.

③ 우수한 인재를 뽑기 위한 구체적이고 개선된 채용 기준을 마련한다.

④ 미래전략을 연구하기 위해 기획조정실과의 회의를 주도한다.

38. 다음과 같은 전결사항에 관한 사내 규정을 보고 내린 판단으로 적절하지 않은 것은?

<전결규정>

업무내용	결재권자			
	사장	부사장	본부장	팀장
주간업무보고				○
팀장급 인수인계		○		
백만 불 이상 예산집행	○			
백만 불 이하 예산집행		○		
이사회 위원 위촉	○			
임직원 해외 출장	○(임원)		○(직원)	
임직원 휴가	○(임원)		○(직원)	
노조관련 협의사항		○		

☞ 결재권자가 출장, 휴가 등 사유로 부재중일 경우에는 결재권자의 차상급 직위자의 전결사항으로 하되, 반드시 결재권자의 업무 복귀 후 후결로 보완한다.

① 팀장의 휴가는 본부장의 결재를 얻어야 한다.
② 강 대리는 계약 관련 해외 출장을 위하여 본부장의 결재를 얻어야 한다.
③ 최 이사와 노 과장의 동반 해외 출장 보고서는 본부장이 최종 결재권자이다.
④ 예산집행 결재는 금액에 따라 결재권자가 달라진다.

39. 甲은 다음과 같이 직장 상사의 지시사항을 전달받았다. 이를 순서대로 모두 수행하기 위하여 업무 협조가 필요한 조직의 명칭이 순서대로 올바르게 나열된 것은 어느 것인가?

"甲 씨, 내가 내일 하루 종일 외근을 해야 해서 몇 가지 업무 처리를 좀 도와줘야겠습니다. 이 서류는 팀장님 결재가 끝난 거니까 내일 아침 출근과 동시에 바로 유관부서로 넘겨서 비용 집행이 이루어질 수 있도록 해 주세요. 그리고 지난 번 퇴사한 우리 팀 오 부장님 퇴직금 정산이 좀 잘못 되었나 봅니다. 오 부장님이 관계 서류를 나한테 보내주신 게 있는데 그것도 확인 좀 해 주고 결재를 다시 요청해 줘야할 것 같고요. 다음 주 바이어들 방문 일정표 다시 한 번 확인해 보고 누락된 사항 있으면 잘 준비 좀 해 주세요. 특히 공항 픽업 관련 배차 결재 서류 올린 건 처리가 되었는지 확인 바랍니다. 지난번에 차량 배차에 문제가 생겼던 적이 있으니 반드시 재점검 해주셔야합니다. 부탁 좀 하겠습니다."

① 회계팀 → 인사팀 → 총무팀
② 인사팀 → 홍보팀 → 회계팀
③ 인사팀 → 총무팀 → 마케팅팀
④ 총무팀 → 회계팀 → 마케팅팀

40. 리더는 조직원들에게 지속적으로 자신의 잠재력을 발휘하도록 만들기 위한 외적인 동기유발제 그 이상을 제공해야 한다. 이러한 리더의 역량이라고 볼 수 없는 것은?

① 높은 성과를 달성한 조직원에게는 곧바로 따뜻한 말이나 칭찬으로 보상해 준다.
② 직원들이 자신의 업무에 책임을 지도록 하는 환경 속에서 일할 수 있게 해 준다.
③ 직원 자신이 권한과 목적의식을 가지고 있는 중요한 사람이라는 사실을 느낄 수 있도록 이끌어 준다.
④ 조직을 위험에 빠지지 않도록 리스크 관리를 철저히 하여 안심하고 근무할 수 있도록 해 준다.

41. 다음 글에서와 같이 노조와의 갈등에 있어 최 사장이 보여 준 갈등해결방법은 어느 유형에 속하는가?

노조위원장은 임금 인상안이 받아들여지지 않자 공장의 중간관리자급들을 동원해 전격 파업을 단행하기로 하였고, 이들은 임금 인상과 더불어 자신들에게 부당한 처우를 강요한 공장장의 교체를 요구하였다. 회사의 창립 멤버로 회사 발전에 기여가 큰 공장장을 교체한다는 것은 최 사장이 단 한 번도 상상해 본 적 없는 일인지라 오히려 최 사장에게는 임금 인상 요구가 하찮게 여겨질 정도로 무거운 문제에 봉착하게 되었다. 1시간 뒤 가진 노조 대표와의 협상 테이블에서 최 사장은 임금과 부당한 처우 관련 모든 문제는 자신에게 있으니 공장장을 볼모로 임금 인상을 요구하지는 말 것을 노조 측에 부탁하였고, 공장장 교체 요구를 철회한다면 임금 인상안을 매우 긍정적으로 검토하겠다는 약속을 하게 되었다. 또한, 노조원들의 처우 관련 개선안이나 불만사항은 자신에게 직접 요청하여 합리적인 사안의 경우 즉시 수용할 것임을 전달하기도 하였다. 결국 이러한 최 사장의 노력을 받아들인 노조는 파업을 중단하고 다시 업무에 복귀하게 되었다.

① 수용형
② 경쟁형
③ 타협형
④ 통합형

42. 다음 글에서 엿볼 수 있는 우리나라 기업 문화의 비윤리적인 악습을 지칭하는 말로 적절한 것은?

근대 이전으로 거슬러 올라갈수록 사회적 강자의 약자에 대한 지배는 인신예속적 양상을 보인다. 봉건적 신분 제도가 가진 중요한 특징은 개인이 사회에서 차지하는 직분이 단순한 기능적 차원을 넘어 인신예속적 성격을 띤다는 점이다. 예를 들어 지주와 소작농의 관계는 토지 임대인-임차인의 관계를 넘어 주인-머슴의 관계와 동일시되었다. 따라서 지주는 토지 임대인으로서 가지는 법적 권리를 넘어 주인 또는 상전으로서 무한한 권리를 향유할 수 있었으며, 소작농은 토지 임차인으로서 가지는 법적 의무를 넘어 머슴이나 상놈으로서 무한한 의무를 걸머지지 않으면 안 되었다.

① 성희롱   ② 갑질
③ 무책임   ④ 상하관계

43. 다음과 같은 직업윤리의 덕목을 참고할 때, 빈칸에 공통으로 들어갈 알맞은 말은 무엇인가?

사회시스템은 구성원 서로가 신뢰하는 가운데 운영이 가능한 것이며, 그 신뢰를 형성하고 유지하는 데 필요한 가장 기본적이고 필수적인 규범이 바로 (　　)인 것이다.
그러나 우리 사회의 (　　)은(는) 아직까지 완벽하지 못하다. 거센 역사의 소용돌이 속에서 여러 가지 부당한 핍박을 받은 경험이 있어서 그럴 수도 있지만, 원칙보다는 집단 내의 정과 의리를 소중히 하는 문화적 정서도 그 원인이라 할 수 있다

① 성실   ② 정직
③ 인내   ④ 희생

44. 다음 (가)와 (나)에 해당하는 직업윤리 덕목을 순서대로 바르게 짝지은 것은?

(가) 자신의 일이 자신의 능력과 적성에 꼭 맞는다 여기고 그 일에 열성을 가지고 성실히 임하는 태도
(나) 자신의 일이 누구나 할 수 있는 것이 아니라 해당 분야의 지식과 교육을 밑바탕으로 성실히 수행해야만 가능한 것이라 믿고 수행하는 태도

① 책임의식, 천직의식
② 전문가의식, 소명의식
③ 천직의식, 전문가의식
④ 직분의식, 소명의식

【45~46】 다음은 선택정렬에 관한 설명과 예시이다. 이를 보고 물음에 답하시오.

선택정렬(Selection sort)는 주어진 데이터 중 최솟값을 찾고 최솟값을 정렬되지 않은 데이터 중 맨 앞에 위치한 값과 교환한다. 교환은 두 개의 숫자가 서로 자리를 맞바꾸는 것을 말한다. 정렬된 데이터를 제외한 나머지 데이터를 같은 방법으로 교환하여 반복하면 정렬이 완료된다.

〈예시〉
68, 11, 3, 82, 7을 정렬하려고 한다.
• 1회전 (최솟값 3을 찾아 맨 앞에 위치한 68과 교환)

68	11	3	82	7

3	11	68	82	7

• 2회전 (정렬이 된 3을 제외한 데이터 중 최솟값 7을 찾아 11과 교환)

3	11	68	82	7

3	7	68	82	11

• 3회전 (정렬이 된 3, 7을 제외한 데이터 중 최솟값 11을 찾아 68과 교환)

3	7	68	82	11

3	7	11	82	68

• 4회전 (정렬이 된 3, 7, 11을 제외한 데이터 중 최솟값 68을 찾아 82와 교환)

3	7	11	82	68

3	7	11	68	82

45. 다음 수를 선택정렬을 이용하여 오름차순으로 정렬하려고 한다. 2회전의 결과는?

5, 3, 8, 1, 2

① 1, 2, 8, 5, 3
② 1, 2, 5, 3, 8
③ 1, 2, 3, 5, 8
④ 1, 2, 3, 8, 5

46. 다음 수를 선택정렬을 이용하여 오름차순으로 정렬하려고 한다. 3회전의 결과는?

55, 11, 66, 77, 22

① 11, 22, 66, 55, 77

② 11, 55, 66, 77, 22

③ 11, 22, 66, 77, 55

④ 11, 22, 55, 77, 66

47. 다음 시트처럼 한 셀에 두 줄 이상 입력하려는 경우 줄을 바꿀 때 사용하는 키는?

① ⟨Shift⟩ + ⟨Ctrl⟩ + ⟨Enter⟩

② ⟨Alt⟩ + ⟨Enter⟩

③ ⟨Alt⟩ + ⟨Shift⟩ + ⟨Enter⟩

④ ⟨Shift⟩ + ⟨Enter⟩

48. 다음 제시된 워크시트에서 과일의 금액 합계를 나타내는 '=SUM(B2:B7)' 수식에서 '=SUM(B2B7)'와 같이 범위 참조의 콜론(:)이 빠졌을 경우 나타나는 오류 메시지는?

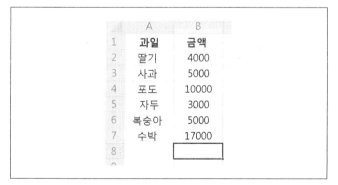

① # NAME?   ② # REF!

③ # VALUE!   ④ # DIV/0

49. 다음 워크시트는 학생들의 수리영역 성적을 토대로 순위를 매긴 것이다. 다음 중 [C2] 셀의 수식으로 옳은 것은?

	A	B	C
1		수리영역	순위
2	이순자	80	3
3	이준영	95	2
4	정소이	50	7
5	금나라	65	6
6	윤민준	70	5
7	도성민	75	4
8	최지애	100	1

① =RANK(B2,$B$2:$B$8)

② =RANK(B2,$B$2:$B$8,1)

③ =RANK(C2,$B$2:$B$8)

④ =RANK(C2,$B$2:$B$8,0)

50. 한컴오피스 흔글 프로그램에서 단축키 Alt + V는 어떤 작업을 실행하는가?

① 불러오기

② 모두 선택

③ 저장하기

④ 다른 이름으로 저장하기

1. 관계형 모델(relational model)의 릴레이션(relation)에 대한 설명으로 옳지 않은 것은?

① 릴레이션의 한 행(row)을 투플(tuple)이라고 한다.

② 속성(attribute)은 릴레이션의 열(column)을 의미한다.

③ 한 릴레이션에 존재하는 모든 투플들은 상이해야 한다.

④ 한 릴레이션의 속성들은 고정된 순서를 갖는다.

2. 서브넷 마스크(subnet mask)를 255.255.255.224로 하여 한 개의 C클래스 주소 영역을 동일한 크기의 8개 하위 네트워크로 나누었다. 분할된 네트워크에서 브로드캐스트를 위한 IP 주소의 오른쪽 8비트에 해당하는 값으로 옳은 것은?

① 0

② 64

③ 159

④ 207

3. 데이터 링크 계층에서 전송 오류를 해결하는 과정에서 사용하는 프레임(frame)의 종류가 아닌 것은?

① 부정 응답 프레임

② 비트 프레임

③ 긍정 응답 프레임

④ 정보 프레임

4. 다음 웹 캐시에 대한 설명 중 옳은 것은?

① 웹에서 사용자의 상태 정보를 보관하기 위한 것이다.

② 캐시 정보를 찾기 위한 방법으로 iterative와 recursive 방법이 있다.

③ 웹 사용자에게 데이터를 더 빠르게 전달할 수 있다.

④ 인터넷을 이용한 전자상거래에서 쇼핑카트나 추천 등에 사용할 수 있다.

5. 다음 내용에 적합한 매체 접근 제어(MAC) 방식은?

- IEEE 802.11 무선 랜에서 널리 사용된다.
- 채널이 사용되지 않는 상태임을 감지하더라도 스테이션은 임의의 백오프 값을 선택하여 전송을 지연시킨다.
- 수신 노드는 오류 없이 프레임을 수신하면 수신 확인 ACK 프레임을 전송한다.

① GSM

② CSMA/CA

③ CSMA/CD

④ LTE

6. 네트워크의 전송 데이터 오류 검출에 대한 설명으로 옳지 않은 것은?

① 체크섬(checksum)은 1의 보수 방법을 사용한다.

② 순환중복검사(CRC)는 모듈로 −2 연산을 주로 사용한다.

③ 전송할 데이터에 대한 중복 정보를 활용하여 오류를 검출한다.

④ 단일 패리티 비트를 사용하는 패리티 검사는 홀수 개의 비트에 오류가 발생하면 오류를 발견할 수 없다.

7. 다음 데이터베이스 스키마에 대한 설명으로 옳지 않은 것은? (단, 밑줄이 있는 속성은 그 릴레이션의 기본키를 화살표는 외래키 관계를 의미한다)

① 외래키는 동일한 릴레이션을 참조할 수 있다.

② 사원 릴레이션의 부서번호는 부서 릴레이션의 부서번호 값 중 하나 혹은 널이어야 한다는 제약조건은 참조무결성을 의미한다.

③ 신입사원을 사원 릴레이션에 추가할 때 그 사원의 사원번호는 반드시 기존 사원의 사원번호와 같지 않아야 한다는 제약 조건은 제1정규형의 원자성과 관계있다.

④ 부서 릴레이션의 책임자부임날짜는 반드시 그 부서책임자의 입사연도 이후이어야 한다는 제약조건을 위해 트리거(trigger)와 주장(assertion)을 사용할 수 있다.

8. 데이터베이스 데이터 모델에 대한 설명으로 옳지 않은 것은?

① 계층 데이터 모델은 트리 형태의 데이터 구조를 가진다.

② 관계 데이터 모델은 테이블로 데이터베이스를 나타낸다.

③ 네트워크 데이터 모델은 그래프 형태로 데이터베이스 구조를 표현한다.

④ 계층 데이터 모델, 관계 데이터 모델, 네트워크 데이터 모델은 개념적 데이터 모델이다.

9. 인터넷에서 사용되는 경로배정(routing) 프로토콜 중에서 자율 시스템(autonomous system) 내부에서의 경로배정을 위해 사용되는 것만을 모두 고른 것은?

㉠ OSPF
㉡ BGP
㉢ RIP

① ㉠, ㉡

② ㉠, ㉢

③ ㉡, ㉢

④ ㉠, ㉡, ㉢

10. 2진 부동소수점 수를 표현하기 위한 표준 형식의 요소가 아닌 것은?

① 지수(exponent)

② 가수(fraction 또는 mantissa)

③ 기수(base)

④ 부호(sign)

11. 다음의 부울함수와 같은 논리식이 아닌 것은?

$$F(x, y, z) = \sum m(1, 3, 4, 5, 6)$$

① $\bar{x}\bar{y}z + \bar{x}yz + x\bar{y}\bar{z} + x\bar{y}z + xy\bar{z}$

② $(x+y+z)(x+\bar{y}+z)(\bar{x}+\bar{y}+\bar{z})$

③ $\bar{x}z + x\bar{z} + xy$

④ $\bar{x}z + x\bar{z} + \bar{y}z$

12. 다음 중 유효한 SQL 문장이 아닌 것은?

① SELECT * FROM Lawyers WHERE firmName LIKE '% and %';

② SELECT firmLoc, COUNT(*) FROM Firms WHERE employees < 100;

③ SELECT COUNT(*) FROM Firms WHERE employees < 100;

④ SELECT firmLoc, SUM(employees) FROM Firms GROUP BY firmLoc WHERE SUM (employees) < 100;

13. 〈보기〉 중 우리가 흔히 인터넷을 통해 비용을 지불하거나 혹은 무료로 사용하는, 클라우드 저장 서버에 대한 분류로 옳은 것을 모두 고르면?

〈보기〉
㉠ Public cloud
㉡ Private cloud
㉢ Software as a service(Saas)
㉣ Platform as a service(Paas)
㉤ Infrastructure as a service(Iaas)

① ㉠, ㉢

② ㉠, ㉤

③ ㉡, ㉢

④ ㉡, ㉣

14. 디스크 헤드의 위치가 55이고 0의 방향으로 이동할 때, C-SCAN 기법으로 디스크 대기 큐 25, 30, 47, 50, 63, 75, 100을 처리한다면 제일 마지막에 서비스 받는 트랙은?

① 50

② 63

③ 75

④ 100

15. 이동 애드혹 네트워크(MANET)에 대한 설명으로 옳지 않은 것은?

① 전송 거리와 전송 대역폭에 제약을 받는다.

② 노드는 호스트 기능과 라우팅 기능을 동시에 가진다.

③ 보안 및 라우팅 지원이 여러 노드 간의 협력에 의해 분산 운영된다.

④ 동적인 네트워크 토폴로지를 효율적으로 구성하기 위해 액세스 포인트(AP)와 같은 중재자를 필요로 한다.

16. 네트워크 프로토콜에 대한 설명으로 옳지 않은 것은?

① TCP와 UDP는 전송 계층에 속하는 프로토콜로서 데이터 전송의 신뢰성을 보장한다.

② IP는 네트워크 호스트의 주소 지정과 경로 설정을 담당하는 네트워크 계층 프로토콜이다.

③ SMTP는 전자메일 전송을 위한 응용 계층 프로토콜이다.

④ IPv4에서 예상되는 IP 주소의 고갈 문제 해결을 주요 목적으로 IPv6가 제안되었다.

17. 빅데이터에 대한 설명으로 옳지 않은 것은?

① 빅데이터의 특성을 나타내는 3V는 규모(Volume), 속도(Velocity), 가상화(Virtualization)를 의미한다.

② 빅데이터는 그림, 영상 등의 비정형 데이터를 포함한다.

③ 자연어 처리는 빅데이터 분석기술 중의 하나이다.

④ 시각화(visualization)는 데이터 분석 결과를 쉽게 이해할 수 있도록 표현하는 기술이다.

18. 데이터통신에서 에러 복구를 위해 사용되는 Go-back-N ARQ에 대한 설명으로 옳지 않은 것은?

① Go-back-N ARQ는 여러 개의 프레임들을 순서번호를 붙여서 송신하고, 수신 측은 이 순서번호에 따라 ACK 또는 NAK를 보낸다.

② Go-back-N ARQ는 송신 측은 확인응답이 올 때까지 전송된 모든 프레임의 사본을 갖고 있어야 한다.

③ Go-back-N ARQ는 재전송 시 불필요한 재전송 프레임들이 존재하지 않는다.

④ Go-back-N ARQ는 송신 측은 n개의 Sliding Window를 가지고 있어야 한다.

19. 네트워크 토폴로지(Topology) 중 버스(Bus) 방식에 대한 설명으로 옳지 않은 것은?

① 버스 방식은 네트워크 구성이 간단하고 작은 네트워크에 유용하며 사용이 용이하다.

② 버스 방식은 네트워크 트래픽이 많을 경우 네트워크 효율이 떨어진다.

③ 버스 방식은 통신 채널이 단 한 개이므로 버스 고장이 발생하면 네트워크 전체가 동작하지 않으므로 여분의 채널이 필요하다.

④ 버스 방식은 노드의 추가 · 삭제가 어렵다.

20. 다음은 그래프 순회에서 깊이 우선 탐색 방법에 대한 수행순서를 설명한 것이다. (ㄱ)~(ㄹ)에 알맞은 내용으로 짝지어진 것은?

(1) 시작 정점 v를 결정하고 방문한다.
(2) 정점 v에 인접한 정점 중에서
   (2-1) 방문하지 않은 정점 w가 있으면 정점 v를 (ㄱ)에 (ㄴ)하고 w를 방문한다. 그리고 w를 v로 하여 (2)를 수행한다.
   (2-2) 방문하지 않은 정점이 없으면 (ㄱ)을/를 (ㄷ)하여 받은 가장 마지막 방문 정점을 v로 설정한 뒤 다시 (2)를 수행한다.
(3) (ㄹ)이/가 공백이 될 때까지 (2)를 반복한다.

	(ㄱ)	(ㄴ)	(ㄷ)	(ㄹ)
①	Stack	push	pop	Stack
②	Stack	pop	push	Queue
③	Queue	enQueue	deQueue	Queue
④	Queue	enQueue	deQueue	Stack

21. OSI 참조 모델에서 데이터 링크 계층의 프로토콜 데이터 단위(PDU : Protocol Data Unit)는?

① 비트(bit)

② 프레임(frame)

③ 패킷(packet)

④ 메시지(message)

22. 다음에서 설명하는 해킹 공격 방법은?

> 공격자는 사용자의 합법적 도메인을 탈취하거나 도메인 네임 시스템(DNS) 또는 프락시 서버의 주소를 변조하여, 사용자가 진짜 사이트로 오인하여 접속하도록 유도한 후 개인정보를 훔친다.

① 스니핑(Sniffing)

② 파밍(Pharming)

③ 트로이 목마(Trojan Horse)

④ 하이재킹(Hijacking)

23. IEEE 802.11 무선 랜에 대한 설명으로 옳은 것은?

① IEEE 802.11a는 5 GHz 대역에서 5.5Mbps의 전송률을 제공한다.

② IEEE 802.11b는 직교 주파수 분할 다중화(OFDM) 방식을 사용하여 최대 22Mbps의 전송률을 제공한다.

③ IEEE 802.11g는 5 GHz 대역에서 직접 순서 확산 대역(DSSS) 방식을 사용한다.

④ IEEE 802.11n은 다중입력 다중출력(MIMO) 안테나 기술을 사용한다.

24. TCP 프로토콜에 대한 설명으로 옳지 않은 것은?

① 전이중(full duplex) 연결 서비스를 제공한다.

② 3-way 핸드셰이크(handshake)를 사용하여 연결을 설정한다.

③ 흐름제어(flow control)와 혼잡제어(congestion control)를 제공한다.

④ TCP 세그먼트(segment)에서 검사합(checksum)의 포함은 선택 사항이다.

25. 서로 다른 시스템 간의 통신을 위한 표준을 제공함으로써 통신에 방해가 되는 기술적인 문제점을 제거하고 상호 인터페이스를 정의한 OSI 참조 모델의 계층에 대한 설명으로 가장 옳지 않은 것은?

① 네트워크 계층은 물리 계층에서 전달받은 데이터에 대한 동기를 확인하는 기능, 데이터의 원활한 전송을 제어하는 흐름제어(Flow Control) 기능, 안전한 데이터 전송을 위한 에러 제어(Error Control) 기능을 수행한다.

② 물리 계층은 상위 계층으로부터 전달받은 데이터의 물리적인 링크를 설정하고 유지, 해제하는 기능을 담당한다.

③ 전송 계층은 통신하고 있는 두 사용자 사이에서 데이터 전송의 종단 간(end-to-end) 서비스 질을 높이고 신뢰성을 제어하는 기능을 담당한다.

④ 응용 계층은 사용자가 직접 접하는 부분이며 전자 메일 서비스, 파일 전송 서비스, 네트워크 관리 등이 있다.

26. 〈보기〉 잘 알려진 포트번호(well-known port)와 TCP 프로토콜이 바르게 연결된 것을 모두 고른 것은?

> 〈보기〉
> ㉠ : 21번 포트 : FTP
> ㉡ : 53번 포트 : TELNET
> ㉢ : 23번 포트 : SMTP
> ㉣ : 80번 포트 : HTTP

① ㉠, ㉡

② ㉠, ㉣

③ ㉡, ㉢

④ ㉡, ㉣

27. 이메일, ERP, CRM 등 다양한 응용 프로그램을 서비스 형태로 제공하는 클라우드 서비스는?

① IaaS(Infrastructure as a Service)

② NaaS(Network as a Service)

③ PaaS(Platform as a Service)

④ SaaS(Software as a Service)

28. CSMA/CD(Carrier Sense Multiple Access with Collision Detection)에 대한 설명으로 옳은 것만을 고르면?

> ㉠ 버스형 토폴로지에 많이 사용한다.
> ㉡ 데이터 전송 시간 및 충돌에 의한 데이터 지연 시간을 정확히 예측할 수 있다.
> ㉢ 데이터를 전송하기 전에 통신회선의 사용 여부를 확인하고 전송하는 방식이다.
> ㉣ 전송할 데이터가 없을 때에도 토큰이 통신회선을 회전하면서 점유하는 단점이 있다.

① ㉠, ㉢

② ㉠, ㉣

③ ㉡, ㉢

④ ㉡, ㉣

29. 〈보기〉 C프로그램의 실행 결과로 화면에 출력되는 숫자가 아닌 것은?

```
〈보기〉
#include 〈stdio.h〉

int my(int I, int j) {
    if (i〈3) I=j=1;
    else {
        i=i-1
        j=j-i;
        printf("%d, %d,", i, j);
        return my(i,j);
    }
}

int main(void)
{
    my(5,14);
    return 0;
}
```

① 1

② 3

③ 5

④ 7

30. 다음 Java 프로그램의 출력 값은?

```java
class Super {
    Super() {
        System.out.print('A');
    }

    Super(char x) {
        System.out.print(x);
    }
}

class Sub extends Super {
    Sub() {
        super();
        System.out.print('B');
    }

    Sub(char x) {
        this();
        System.out.print(x);
    }
}

public class Test {
    public static void main(String[] args) {
        Super s1 = new Super('C');
        Super s2 = new Sub('D');
    }
}
```

① ABCD

② ACBD

③ CABD

④ CBAD

31. 다음 논리회로에서 A = 1010, B = 0010일 때, S에 출력되는 값은?

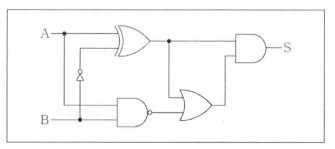

① 1011

② 1101

③ 0111

④ 1110

32. 아래의 지문은 신문에서 발췌한 기사이다. 빈칸에 들어갈 단어로 적절한 것은?

> 취업준비생 김다정(28)씨는 지난 5월 7일 ☐☐☐ 공격으로 취업을 위해 모아뒀던 학습 및 준비 자료가 모두 암호화돼 버렸다.
>
> 컴퓨터 화면에는 암호를 알려주는 대가로 100달러(약 11만 5000원)를 요구하는 문구가 떴지만, 결제해도 데이터를 되찾을 수 없다는 지인의 조언에 데이터복구 업체를 통해 일부 자료만 복구해 보기로 했다. 그런데 업체를 통해 데이터 일부를 복구한지 하루 만인 지난 10일 또 다시 ☐☐☐ 공격을 받아 컴퓨터가 먹통이 돼 버렸다.

① 하트블리드(Heart bleed)
② 랜섬웨어(Ransomware)
③ 백오리피스(Back Orifice)
④ 스턱스넷(Stuxnet)

33. 데이터베이스 보안의 요구사항이 아닌 것은?

① 데이터 무결성 보장
② 기밀 데이터 관리 및 보호
③ 추론 보장
④ 사용자 인증

34. 다음 〈보기〉에서 설명하는 것은 무엇인가?

> 〈보기〉
> IP 데이터그램에서 제공하는 선택적 인증과 무결성, 기밀성 그리고 재전송 공격 방지 기능을 한다. 터널 종단 간에 협상된 키와 암호화 알고리즘으로 데이터그램을 암호화한다.

① AH(Authentication Header)
② ESP(Encapsulation Security Payload)
③ MAC(Message Authentication Code)
④ ISAKMP(Internet Security Association & Key Management Protocol)

35. 사용자와 인증 서버 간 대칭키 암호를 이용한 시도-응답(Challenge-Response) 인증방식에 대한 설명으로 옳지 않은 것은?

① 재전송 공격으로부터 안전하게 사용자를 인증하는 기법이다.
② 인증 서버는 사용자 인증을 위해 사용자의 비밀키를 가지고 있다.
③ 사용자 시간과 인증 서버의 시간이 반드시 동기화되어야 한다.
④ Response값은 사용자의 비밀키를 사용하여 인증 서버에서 전달받은 Challenge값을 암호화한 값이다.

36. 〈보기〉의 각 설명과 일치하는 데이터 구조로 바르게 짝지어진 것은?

> 〈보기〉
> (개) 먼저 추가된 항목이 먼저 제거된다.
> (내) 먼저 추가된 항목이 나중에 제거된다.
> (대) 항목이 추가된 순서에 상관없이 제거된다.

	(개)	(내)	(대)
①	큐	연결리스트	스택
②	스택	연결리스트	큐
③	스택	큐	연결리스트
④	큐	스택	연결리스트

37. 유비쿼터스를 응용한 컴퓨팅 기술에 대한 설명으로 옳지 않은 것은?

① 엑조틱 컴퓨팅(Exotic Computing)은 스스로 생각하여 현실세계와 가상세계를 연계해 주는 컴퓨팅 기술이다.
② 노매딕 컴퓨팅(Nomadic Computing)은 장소에 상관없이 다양한 정보기기가 편재되어 있어 사용자가 정보기기를 휴대할 필요가 없는 컴퓨팅 기술이다.
③ 디스포저블 컴퓨팅(Disposable Computing)은 컴퓨터가 센서 등을 통해 사용자의 상황을 인식하여 사용자가 필요로 하는 정보를 제공해 주는 컴퓨팅 기술이다.
④ 웨어러블 컴퓨팅(Wearable Computing)은 컴퓨터를 옷이나 안경처럼 착용할 수 있게 해줌으로써 컴퓨터를 인간의 몸의 일부로 여길 수 있도록 하는 컴퓨팅 기술이다.

38. LTE(Long-Term Evolution) 표준에 대한 설명으로 옳은 것만을 모두 고르면?

> ㉠ 다중입력 다중출력(MIMO) 안테나 기술을 사용한다.
> ㉡ 4G 무선기술로서 IEEE 802.16 표준으로도 불린다.
> ㉢ 음성 및 데이터 네트워크를 통합한 All-IP 네트워크 구조이다.
> ㉣ 다운스트림에 주파수 분할 멀티플렉싱과 시간 분할 멀티플렉싱을 결합한 방식을 사용한다.

① ㉠, ㉢   ② ㉡, ㉣

③ ㉠, ㉡, ㉢   ④ ㉠, ㉢, ㉣

39. CISC(Complex Instruction Set Computer)에 대한 설명으로 가장 옳은 것은?

① 고정 길이의 명령어 형식을 가진다.

② 명령어의 길이가 짧다.

③ 다양한 어드레싱 모드를 사용한다.

④ 하나의 명령으로 복잡한 명령을 수행할 수 없어 복잡한 하드웨어가 필요하다.

40. 다음 Java 프로그램이 실행될 수 있도록 ㉠~㉢을 옳게 짝지은 것은?

```
import java.util.Stack;

public class StackDemo1 {
    public static void main(String[] args) {
        Stack< ㉠ > stack = ㉡ Stack<>();
        stack.push("java");
        stack.push("stack");
        stack.push("demo");

        ㉢ popResult = stack.pop();
        System.out.println(popResult);

        popResult = stack.pop();
        System.out.println(popResult);

        popResult = stack.pop();
        System.out.println(popResult);
    }
}
```

	㉠	㉡	㉢
①	String	create	String
②	Object	create	String
③	Object	new	char
④	String	new	Object

41. '인터넷 서점'에 대한 유스케이스 다이어그램에서 '회원등록' 유스케이스를 수행하기 위해서는 '실명확인' 유스케이스가 반드시 선행되어야 한다면 이들의 관계는?

① 일반화(generalization) 관계

② 확장(extend) 관계

③ 포함(include) 관계

④ 연관(association) 관계

42. HTML5의 특징에 대한 설명으로 옳지 않은 것은?

① 플러그인의 도움 없이 음악과 동영상 재생이 가능하다.

② 쌍방향 통신을 제공하여 실시간 채팅이나 온라인 게임을 만들 수 있다.

③ 디바이스에 접근할 수 없어서 개인정보 보호 및 보안을 철저히 유지할 수 있다.

④ 스마트폰의 일반 응용프로그램도 HTML5를 사용해 개발할 수 있다.

43. 입출력과 관련하여 폴링(polling) 방식과 인터럽트(interrupt) 방식에 대한 설명으로 옳지 않은 것은?

① 폴링 방식에서는 프로세서가 입출력을 위해 입출력장치의 상태를 반복적으로 검사한다.

② 인터럽트 방식은 폴링 방식 대비 프로세서의 시간을 낭비하는 단점이 있다.

③ 인터럽트 방식에서는 인터럽트 간에 우선순위를 둘 수 있다.

④ 인터럽트 방식에서는 인터럽트 처리를 위해 인터럽트 처리 루틴을 호출한다.

44. 최근 컴퓨팅 환경이 클라우드 환경으로 진화됨에 따라 가상화 기술이 중요한 기술로 부각되고 있다. 이에 대한 설명으로 옳지 않은 것은?

① 하나의 컴퓨터에 2개 이상의 운영체제 운용이 가능하다.
② VM(Virtual Machine)하에서 동작되는 운영체제(Guest OS)는 실 머신에서 동작되는 운영체제보다 효율적이다.
③ 특정 S/W를 여러 OS플랫폼에서 실행할 수 있어 S/W 이식성이 제고된다.
④ VM하에서 동작되는 운영체제(Guest OS)의 명령어는 VM 명령어로 시뮬레이션되어 실행된다.

45. 사용자가 인터넷 등을 통해 하드웨어, 소프트웨어 등의 컴퓨팅 자원을 원격으로 필요한 만큼 빌려서 사용하는 방식의 서비스 기술은?

① 클라우드 컴퓨팅
② 유비쿼터스 센서 네트워크
③ 웨어러블 컴퓨터
④ 소셜 네트워크

46. 사진이나 동영상 등의 디지털 콘텐츠에 저작권자나 판매자 정보를 삽입하여 원본의 출처 정보를 제공하는 기술은?

① 디지털 사이니지
② 디지털 워터마킹
③ 디지털 핑거프린팅
④ 콘텐츠 필터링

47. 인터넷의 전송 계층에서 사용하는 프로토콜로 TCP와 UDP가 있다. TCP와 UDP 모두에서 제공하지 않는 기능은?

① 연결 설정(Connection Setup)
② 오류 검출(Error Detection)
③ 지연시간 보장(Delay Guarantee)
④ 혼잡 제어(Congestion Control)

48. 네트워킹 장비에 대한 설명으로 가장 옳지 않은 것은?

① 라우터(router)는 데이터 전송을 위한 최선의 경로를 결정한다.
② 허브(hub)는 전달받은 신호를 그와 케이블로 연결된 모든 노드들에 전달한다.
③ 스위치(switch)는 보안(security) 및 트래픽(traffic) 관리 기능도 제공할 수 있다.
④ 브리지(bridge)는 한 네트워크 세그먼트에서 들어온 데이터를 그의 물리적 주소에 관계없이 무조건 다른 세그먼트로 전달한다.

49. 메시지 인증 코드(MAC : Message Authentication Code)를 이용한 메시지 인증 방법에 대한 설명으로 옳지 않은 것은?

① 메시지의 출처를 확신할 수 있다.
② 메시지와 비밀키를 입력받아 메시지 인증 코드를 생성한다.
③ 메시지의 무결성을 증명할 수 있다.
④ 메시지의 복제 여부를 판별할 수 있다.

50. 다음 〈보기〉에서 설명하고 있는 무선네트워크의 보안 프로토콜은 무엇인가?

〈보기〉
AP와 통신해야 할 클라이언트에 암호화키를 기본으로 등록해 두고 있다. 그러나 암호화키를 이용해 128비트인 통신용 암호화키를 새로 생성하고, 이 암호화키를 10,000개 패킷마다 바꾼다. 기존보다 훨씬 더 강화된 암호화 세션을 제공한다.

① WEP(Wired Equivalent Privacy)
② TKIP(Temporal Key Integrity Protocol)
③ WPA-PSK(Wi-Fi Protected Access Pre Shared Key)
④ EAP(Extensible Authentication Protocol)

한전 KDN

전산직
기출동형 모의고사

	영 역	직업기초능력평가 직무수행능력평가
제 3 회	문항수	100문항
	시 간	120분
	비 고	객관식 4지선다형

SEOWONGAK
(주)서원각

제3회 기출동형 모의고사

📝 문항수 : 100문항
⏱ 시 간 : 120분

✎ 직업기초능력평가

1. 다음은 ○○공항 안내로봇인 '에어스타'를 소개하는 보도자료의 일부이다. '에어스타'에 대해 잘못 이해한 것은?

"에어스타, 타이페이 가는 항공편은 어디에서 체크인해?"

"네, 타이페이 가는 항공편은 L카운터입니다. 저를 따라오시면 카운터까지 안내해드리겠습니다."

이처럼 영화 속에서나 볼 수 있었던 미래의 모습인 사람과 로봇이 대화하고, 로봇이 안내 및 에스코트를 하는 장면이 ○○공항에서 현실로 다가왔다. '에어스타'는 자율주행, 음성인식 기능과 인공지능 등 각종 첨단 ICT 기술이 접목된 안내로봇으로, ○○공항공사가 작년에 시범적으로 도입했던 1세대 지능형 로봇 운영 경험을 바탕으로 하여 디자인부터 내장센서까지 모두 새롭게 개발한 2세대 로봇이다.

앞으로 여객들은 공항 곳곳에 돌아다니는 에어스타에게 말을 걸거나 터치스크린 조작, 바코드 인식 등을 통해 공항 시설물에 대한 정보를 안내받을 수 있게 된다.

출국 시 에어스타에게 항공편을 말하면 올바른 체크인 카운터의 위치를 즉시 알려주고, 원하는 경우 직접 앞장서서 목적지까지 에스코트해주는 서비스를 제공한다. 물론 터치스크린에 편명을 입력해도 역시 길 안내가 가능하다. 이와 함께 출국장 혼잡도 정보를 실시간으로 제공하고 보안검색절차와 기내반입 물품을 알려주며, 여객이 포기하는 금지물품을 회수하는 기능도 갖췄다.

면세지역에서는 면세점의 위치를 알려주고, 탑승권 바코드를 인식해 실시간 탑승정보와 탑승 게이트 위치를 알려줌으로써 여객들이 더욱 쉽고 빠르게 탑승구를 찾게 해줘 항공기 정시탑승에도 도움을 줄 예정이다.

입국장에서는 수하물 태그의 바코드를 인식하면 수하물수취대의 위치를 안내하고, 대중교통 이용 정보까지 제공해 공항에서 빠져나와 목적지까지 편리하게 도착할 수 있도록 도와준다.

이러한 안내 기능 이외에도 에어스타에는 탑재된 카메라로 여객 기념사진을 촬영하여 이메일, 문자 등으로 전송해주는 기능도 추가되어 여객들에게 공항에서의 추억을 남길 수 있는 즐거운 경험을 제공할 예정이다.

① 에어스타는 말을 걸거나 터치스크린 조작을 통해 공항 시설물에 대한 정보를 안내받을 수 있다.

② 에어스타를 통해 면세점에서 갖추고 있는 물품 정보 및 재고 수량 등도 쉽게 검색할 수 있다.

③ 에어스타는 공항 내 안내는 물론, 공항을 빠져나와 목적지까지의 대중교통 이용 정보까지 알려준다.

④ 공항에서 에어스타로 기념사진을 촬영하면 이메일이나 문자를 통해 사진을 전송받을 수 있다.

2. A사에 다니는 甲은 해외출장을 준비하면서 항공보안검색에 대한 자료를 보고 같이 출장을 가는 乙에게 설명해 주었다. 다음 중 甲이 잘못 설명한 것은?

목적	항공기 이용승객의 안전하고 편안한 여행과 항공기안전운항을 위하여 위험성 있는 물건들을 탐지 및 수색하기 위해 보안검색을 실시함
검색 대상	모든 승객 및 휴대수하물
확인 사항	무기류, 폭발물 등 위해물품 소지여부
검색 장비	문형금속탐지장비, 휴대용금속탐지장비, 폭발물탐지기, 엑스선 검색장비(X-Ray Equipment) 등
검색 절차	**Step.01** 신분증(국제선은 여권), 탑승권을 출국장 진입전 보안검색요원에게 보여주세요.
	Step.02 보안검색을 받기 전에 반입금지 위해물품 또는 액체류 물질을 소지하고 있는 경우 보안 검색요원 또는 안내요원에게 알려주세요.
	Step.03 휴대물품(가방, 핸드백, 코트, 노트북 등)을 엑스레이 검색대 벨트 위에 올려놓으세요. TIP! 휴대폰, 지갑은 가방에 미리 넣으시고 검색대 벨트 위에 올리시면 도난 및 분실을 예방할 수 있습니다.
	Step.04 소지품(휴대폰, 지갑, 열쇠, 동전 등)은 엑스레이 검색을 위해 바구니에 넣어 주세요. TIP! 보안등급 상향 시 신발과 외투를 벗는 보안검색이 실시됩니다.
	Step.05 문형금속탐지기 통과 후 보안 검색요원이 검색을 실시합니다.

① 항공보안검색은 항공기안전운항을 위해 위험성 있는 물건들을 탐지하기 위한 거래.

② 모든 승객 및 휴대수하물은 물론 위탁수하물도 항공보안검색의 대상이 돼.

③ 국제선은 보안검색요원에게 신분증 대신 여권을 보여줘야 해.

④ 보안등급 상향 시 보안검색 때 신발과 외투를 벗어야 한다는군.

지레는 받침과 지렛대를 이용하여 물체를 쉽게 움직일 수 있는 도구이다. 지레에서 힘을 주는 곳을 힘점, 지렛대를 받치는 곳을 받침점, 물체에 힘이 작용하는 곳을 작용점이라 한다. 받침점에서 힘점까지의 거리가 받침점에서 작용점까지의 거리에 비해 멀수록 힘점에 작은 힘을 주어 작용점에서 물체에 큰 힘을 가할 수 있다. 이러한 지레의 원리에는 돌림힘의 개념이 숨어있다.

물체의 회전 상태에 변화를 일으키는 힘의 효과를 돌림힘이라고 한다. 물체에 회전 운동을 일으키거나 물체의 회전 속도를 변화시키려면 물체에 힘을 가해야 한다. 같은 힘이라도 회전축으로부터 얼마나 멀리 떨어진 곳에 가해 주느냐에 따라 회전 상태의 변화 양상이 달라진다. 물체에 속한 점 X와 회전축을 최단 거리로 잇는 직선과 직각을 이루는 동시에 회전축과 직각을 이루도록 힘을 X에 가한다고 하자. 이때 물체에 작용하는 돌림힘의 크기는 회전축에서 X까지의 거리와 가해 준 힘의 크기의 곱으로 표현되고 그 단위는 N·m(뉴턴미터)이다. 동일한 물체에 작용하는 두 돌림힘의 합을 알짜 돌림힘이라 한다. 두 돌림힘의 방향이 같으면 알짜 돌림힘의 크기는 두 돌림힘의 크기의 합이 되고 그 방향은 두 돌림힘의 방향과 같다. 두 돌림힘의 방향이 서로 반대이면 알짜 돌림힘의 크기는 두 돌림힘의 크기의 차가 되고 그 방향은 더 큰 돌림힘의 방향과 같다. 지레의 힘점에 힘을 주지만 물체가 지레의 회전을 방해하는 힘을 작용점에 주어 지레가 움직이지 않는 상황처럼, 두 돌림힘의 크기가 같고 방향이 반대이면 알짜 돌림힘은 0이 되고 이때를 돌림힘의 평형이라고 한다.

회전 속도의 변화는 물체에 알짜 돌림힘이 일을 해 주었을 때에만 일어난다. 돌고 있는 팽이에 마찰력이 일으키는 돌림힘을 포함하여 어떤 돌림힘도 작용하지 않으면 팽이는 영원히 돈다. 일정한 형태의 물체에 일정한 크기와 방향의 알짜 돌림힘을 가하여 물체를 회전시키면, 알짜 돌림힘이 한 일은 알짜 돌림힘의 크기와 회전 각도의 곱이고 그 단위는 J(줄)이다.

> 가령, 마찰이 없는 여닫이문이 정지해 있다고 하자. 갑은 지면에 대하여 수직으로 서 있는 문의 회전축에서 1m 떨어진 지점을 문의 표면과 직각으로 300N의 힘으로 밀고, 을은 문을 사이에 두고 갑의 반대쪽에서 회전축에서 2m 만큼 떨어진 지점을 문의 표면과 직각으로 200N의 힘으로 미는 상태에서 문이 90° 즉, 0.5π 라디안을 돌면, 알짜 돌림힘이 문에 해 준 일은 50π J이다.

알짜 돌림힘이 물체를 돌리려는 방향과 물체의 회전 방향이 일치하면 알짜 돌림힘이 양(+)의 일을 하고 그 방향이 서로 반대이면 음(−)의 일을 한다. 어떤 물체에 알짜 돌림힘이 양의 일을 하면 그만큼 물체의 회전 운동 에너지는 증가하고 음의 일을 하면 그만큼 회전 운동 에너지는 감소한다. 형태가 일정한 물체의 회전 운동 에너지는 회전 속도의 제곱에 정비례한다. 그러므로 형태가 일정한 물체에 알짜 돌림힘이 양의 일을 하면 회전 속도가 증가하고, 음의 일을 하면 회전 속도가 감소한다.

3. 윗글의 내용과 일치하지 않는 것은?

① 물체에 힘이 가해지지 않으면 돌림힘은 작용하지 않는다.

② 물체에 가해진 알짜 돌림힘이 0이 아니면 물체의 회전 상태가 변화한다.

③ 회전 속도가 감소하고 있는, 형태가 일정한 물체에는 돌림힘이 작용한다.

④ 형태가 일정한 물체의 회전 속도가 2배가 되면 회전 운동 에너지는 2배가 된다.

4. 박스 안의 예에서 문이 90° 회전하는 동안의 상황에 대한 이해로 적절한 것은?

① 갑의 돌림힘의 크기는 을의 돌림힘의 크기보다 크다.

② 알짜 돌림힘과 갑의 돌림힘은 방향이 같다.

③ 문에는 돌림힘의 평형이 유지되고 있다.

④ 문의 회전 운동 에너지는 점점 증가한다.

5. 다음 글의 내용과 일치하지 않는 것은?

미국 코넬 대학교 심리학과 연구 팀은 1992년 하계 올림픽 중계권을 가졌던 엔비시(NBC)의 올림픽 중계 자료를 면밀히 분석했는데, 메달 수상자들이 경기 종료 순간에 어떤 표정을 짓는지 감정을 분석하는 연구였다.

연구 팀은 실험 관찰자들에게 23명의 은메달 수상자와 18명의 동메달 수상자의 얼굴 표정을 보고 경기가 끝나는 순간에 이들의 감정이 '비통'에 가까운지 '환희'에 가까운지 10점 만점으로 평정하게 했다. 또한 경기가 끝난 후, 시상식에서 선수들이 보이는 감정을 동일한 방법으로 평정하게 했다. 시상식에서 보이는 감정을 평정하기 위해 은메달 수상자 20명과 동메달 수상자 15명의 시상식 장면을 분석하게 했다.

분석 결과, 경기가 종료되고 메달 색깔이 결정되는 순간 동메달 수상자의 행복 점수는 10점 만점에 7.1로 나타났다. 비통보다는 환희에 더 가까운 점수였다. 그러나 은메달 수상자의 행복 점수는 고작 4.8로 평정되었다. 환희와 거리가 먼 감정 표현이었다. 객관적인 성취의 크기로 보자면 은메달 수상자가 동메달 수상자보다 더 큰 성취를 이룬 것이 분명하다. 그러나 은메달 수상자와 동메달 수상자가 주관적으로 경험한 성취의 크기는 이와 반대로 나왔다. 시상식에서도 이들의 감정 표현은 역전되지 않았다. 동메달 수상자의 행복 점수는 5.7이었지만 은메달 수상자는 4.3에 그쳤다.

왜 은메달 수상자가 3위인 동메달 수상자보다 결과를 더 만족스럽게 느끼지 못하는가? 이는 선수들이 자신이 거둔 객관적인 성취를 가상의 성취와 비교하여 주관적으로 해석했기 때문이다. 은메달 수상자들에게 그 가상의 성취는 당연히 금메달이었다.

최고 도달점인 금메달과 비교한 은메달의 주관적 성취의 크기는 선수 입장에서는 실망스러운 것이다. 반면 동메달 수상자들이 비교한 가상의 성취는 '노메달'이었다. 까딱 잘못했으면 4위에 그칠 뻔했기 때문에 동메달의 주관적 성취의 가치는 은메달의 행복 점수를 뛰어넘을 수밖에 없다.

① 연구 팀은 선수들의 표정을 통해 감정을 분석하였다.
② 연구 팀은 경기가 끝나는 순간과 시상식에서 선수들이 보이는 감정을 동일한 방법으로 평정하였다.
③ 경기가 끝나는 순간 동메달 수상자는 비통보다는 환희에 더 가까운 행복 점수를 보였다.
④ 동메달 수상자와 은메달 수상자가 주관적으로 경험한 성취의 크기는 동일하게 나타났다.

6. 다음 글에 대한 평가로 가장 적절한 것은?

요즘에는 낯선 곳을 찾아갈 때, 지도를 해석하며 어렵게 길을 찾지 않아도 된다. 기술력의 발달에 따라, 제공되는 공간 정보를 바탕으로 최적의 경로를 탐색할 수 있게 되었기 때문이다. 이는 어떤 곳의 위치 좌표나 지리적 형상에 대한 정보뿐만 아니라 시간에 따른 공간의 변화를 포함한 공간 정보를 이용할 수 있게 되면서 가능해진 것이다. 이처럼, 공간 정보가 시간에 따른 변화를 반영할 수 있게 된 것은 정보를 수집하고 분석하는 정보 통신 기술의 발전과 밀접한 관련이 있다.

공간 정보의 활용은 '위치정보시스템(GPS)'과 '지리정보시스템(GIS)' 등의 기술적 발전과 휴대 전화나 태블릿 PC 등 정보 통신 기기의 보급을 기반으로 한다. 위치정보시스템은 공간에 대한 정보를 수집하고 지리정보시스템은 정보를 저장, 분류, 분석한다. 이렇게 분석된 정보는 사용자의 요구에 따라 휴대 전화나 태블릿 PC 등을 통해 최적화되어 전달된다.

길 찾기를 예로 들어 이 과정을 살펴보자. 휴대 전화 애플리케이션을 이용해 사용자가 가려는 목적지를 입력하고 이동 수단으로 버스를 선택하였다면, 우선 사용자의 현재 위치가 위치정보시스템에 의해 실시간으로 수집된다. 그리고 목적지와 이동 수단 등 사용자의 요구와 실시간으로 수집된 정보에 따라 지리정보시스템은 탑승할 버스 정류장의 위치, 다양한 버스 노선, 최단 시간 등을 분석하여 제공한다. 더 나아가 교통 정체와 같은 돌발 상황과 목적지에 이르는 경로의 주변 정보까지 분석하여 제공한다.

공간 정보의 활용 범위는 계속 확대되고 있다. 예를 들어, 여행지와 관련한 공간 정보는 여행자의 요구와 선호에 따라 선별적으로 분석되어 활용된다. 나아가 유동 인구를 고려한 상권 분석과 교통의 흐름을 고려한 도시 계획 수립에도 공간 정보 활용이 가능하게 되었다. 획기적으로 발전되고 있는 첨단 기술이 적용된 공간 정보가 국가 차원의 자연재해 예측 시스템에도 활발히 활용된다면 한층 정밀한 재해 예방 및 대비가 가능해질 것이다. 이로 인해 우리의 삶도 더 편리하고 안전해질 것으로 기대된다.

① 공간 정보 활용 범위의 확대 사례를 제시하여 내용을 타당성 있게 뒷받침하고 있다.
② 전문 기관의 자료를 바탕으로 공간 정보 활용에 대한 믿을 만한 근거를 제시하고 있다.
③ 위치 정보에 접근하는 방식의 차이점을 지역별로 비교하여 균형 있는 주장을 하고 있다.
④ 구체적 수치 자료를 근거로 하여 공간 정보 활용 비율을 신뢰성 있게 제시하고 있다.

7. 아래의 내용은 서울 지역의 터미널 소화물 운송약관의 일부를 발췌한 것이다. 이 날 모든 운행을 마친 승무원 4명(A, B, C, D)이 아래에 제시된 약관을 보며 토론을 하고 있다. 이를 보고 판단한 내용으로 바르지 않은 것을 고르면?

제2조(용어의 정의)

1. 고객 : 회사에 소화물 운송을 위탁하는 자로서 송장에 명시되어있는 자
2. 터미널 소화물 운송 : 고속버스를 이용하여 출발지에서 도착지까지 물품을 운송하는 서비스
3. 송장 : 고객이 위탁할 화물 내용을 기재하여 회사에 제출하는 증서
4. 요금 : 회사가 본 서비스 제공을 위해 별도로 산출한 운송료
5. 물품신고가액 : 화물의 분실 손상의 경우 회사의 배상 책임 한도액을 산정하기 위하여 고객이 신고하는 화물의 가격 (현 시세 기준)
6. 탁송 : 고객이 회사에 화물 운송을 신청하는 것
7. 수탁 : 회사가 고객의 운송신청을 수락하는 것
8. 인도 : 회사가 송장에 기재한 화물을 고객에게 넘겨주는 것
9. 수취인 : 운송된 화물을 인수하는 자

제15조(인수거절)

1. 수취인 부재 또는 인수 지연이나 인수를 거절하는 경우 회사는 고객에게 그 사실을 통보하고 고객의 요청에 따라 처리하여야 하며, 이 경우 발생하는 보관비용 등 추가 비용은 고객이 부담한다. 단, 수취인이 15일 이상 물품 인수를 거부하는 경우 고객의 승낙 없이도 회사가 임의로 화물을 처분 또는 폐기할 수 있으며 이로 인해 발생한 비용을 고객에게 요청할 수 있다.
2. 물품 인도예정일로부터 3일이 경과하는 시점까지 수취인이 물품을 인수하지 아니 하는 경우 초과일수에 대하여는 보관료를 수취인에게 징수할 수 있으며, 그 보관료는 인도 초과 일수 × 운송요금 × 0.2로 한다.

제16조(인도불능화물의 처분)

2. 인도화물이 다음 각 호에 해당할 때는 고객의 동의를 확인하고 처리한다.
   1) 운송화물의 수취인이 분명하지 않은 때
   2) 도착 통지를 한 후 상당기간이 경과하여도 인도청구가 없는 경우
   3) 수취인이 수령을 거절할 때
   4) 인도에 관하여 다툼이 있을 때
   5) 화물 보관에 따른 변질이나 부패 등이 예상될 때
   6) 화물 보관에 과도한 비용이 소요될 때
   7) 화물 인도지연에 따른 가액 감소가 예상될 때

제17조(회사의 책임)

1. 회사는 화물을 수탁한 이후부터 운송도중의 화물에 대한 보호, 관리의 책임을 진다.
2. 화물의 운송에 부수하여 회사가 행하는 모든 업무로 기인하는 화물의 손상, 분실 등에 대한 배상금은 고객이 송장에 기재한 물품신고가액을 초과할 수 없다.
3. 고객이 송장에 허위로 기재하여 발생한 사고 시에는 이를 책임지지 않는다.
4. 회사는 다음 각 호의 경우로 발생된 손해에 대하여는 책임을 지지 아니한다.
   1) 정부에서 운송중지를 요구하는 경우
   2) 천재지변, 전쟁, 쟁의, 소요, 악천후 등 불가항력의 사유가 발생한 경우
   3) 화물의 변질 또는 이에 준하는 경우
   4) 포장의 불완전, 기재내용의 허위가 발견된 경우
   5) 화물주의 과실로 인해 문제발생 된 경우
   6) 교통사고 및 도로사정 등으로 인하여 지연도착이 된 경우
   7) 송장에 명기된 이외의 사항
   8) 도착 후 수취거부 등으로 발생하는 손해

---

① A : 어떤 아저씨 손님이 본인의 물품을 수령하기를 거부하는 거야. 그렇게 거부한 날이 오늘로써 25일째야. 더 이상은 나도 어쩔 수 없어. 이제는 그 아저씨 의지하고는 관계없이 회사에서 알아서 처분할거야.

② B : 난 이런 일이 있었어. 물품 인도예정일로부터 오늘이 7일째인데 물품 주인 아가씨가 인수를 안 하는 거야. 운송가격은 15,700원이더라고. 그래서 초과된 일수만큼 보관료를 징수했어. 약관상에 나온 일수에 따라 계산해 보니 32,751원이 되더라고.

③ C : 맞아, 또한 운송된 화물이 보관에 의해 변하거나 부패될 거 같으면 고객의 동의를 확인한 후에 처리해야 해.

④ D : 난 오늘 운행을 하다가 물품 운송 중에 빗길에 차가 미끄러져서 몇몇 고객의 화물이 파손되었어. 나중에 들었는데 회사에서 파손물품에 대한 책임을 졌다고 하더라고.

8. 다음의 글을 읽고 미국 경제에 대한 이해로써 가장 적절하지 않은 항목을 고르면?

지난 세기 미국 경제는 확연히 다른 시기들로 나눌 수 있다. 1930년대 이후 1970년대 말까지는 소득 불평등이 완화되었다. 특히 제2차 세계 대전 직후 30년 가까이는 성장과 분배 문제가 동시에 해결된 황금기로 기록되었다. 그러나 1980년 이후로는 소득 불평등이 급속히 심화되었고, 경제 성장률도 하락했다. 이러한 변화와 관련해 많은 경제학자들은 기술 진보에 주목했다. 기술 진보는 성장과 분배의 두 마리 토끼를 한꺼번에 잡을 수 있는 만병통치약으로 칭송되기도 하지만, 소득 분배를 악화시키고 사회적 안정성을 저해하는 위협 요인으로 비난받기도 한다. 그러나 어느 쪽을 선택한 연구든 20세기 미국 경제의 역사적 현실을 통합적으로 해명하는 데는 한계가 있다.

기술 진보의 중요성을 놓치지 않으면서도 기존 연구의 한계를 뛰어넘는 대표적인 연구로는 골딘과 카츠가 제시한 '교육과 기술의 경주 이론'이 있다. 이들에 따르면, 기술이 중요한 것은 맞지만 교육은 더 중요하며, 불평등의 추이를 볼 때는 더욱 그렇다. 이들은 우선 신기술 도입이 생산성 상승과 경제 성장으로 이어지려면 노동자들에게 새로운 기계를 익숙하게 다룰 능력이 있어야 하는데, 이를 가능케 하는 것이 바로 정규 교육기관 곧 학교에서 보낸 수년간의 교육 시간들이라는 점을 강조한다. 이때 학교를 졸업한 노동자는 그렇지 않은 노동자에 비해 생산성이 더 높으며 그로 인해 상대적으로 더 높은 임금, 곧 숙련 프리미엄을 얻게 된다. 그런데 학교가 제공하는 숙련의 내용은 신기술의 종류에 따라 다르다. 20세기 초반에는 기본적인 계산을 할 줄 알고 기계 설명서와 도면을 읽어내는 능력이 요구되었고, 이를 위한 교육은 주로 중·고등학교에서 제공되었다. 기계가 한층 복잡해지고 IT 기술의 응용이 중요해진 20세기 후반부터는 추상적으로 판단하고 분석할 수 있는 능력의 함양과 함께, 과학, 공학, 수학 등의 분야에 대한 학위 취득이 요구되고 있다.

골딘과 카츠는 기술을 숙련 노동자에 대한 수요로, 교육을 숙련 노동자의 공급으로 규정하고, 기술의 진보에 따른 숙련 노동자에 대한 수요의 증가 속도와 교육의 대응에 따른 숙련 노동자 공급의 증가 속도를 '경주'라는 비유로 비교함으로써, 소득 불평등과 경제 성장의 역사적 추이를 해명한다. 이들에 따르면, 기술은 숙련 노동자들에 대한 상대적 수요를 늘리는 방향으로 변화했고, 숙련 노동자에 대한 수요의 증가율 곧 증가 속도는 20세기 내내 대체로 일정하게 유지된 반면, 숙련 노동자의 공급 측면은 부침을 보였다. 숙련 노동자의 공급은 전반부에는 크게 늘어나 그 증가율이 수요 증가율을 상회했지만, 1980년부터는 증가 속도가 크게 둔화됨으로써 대졸 노동자의 공급 증가율이 숙련 노동자에 대한 수요 증가율을 하회하게 되었다. 이들은 기술과 교육, 양쪽의 증가 속도를 비교함으로써 1915년부터 1980년까지 진행되었던 숙련 프리미엄의 축소는 숙련 노동자들의 공급이 더 빠르게 늘어난 결과, 곧 교육이 기술을 앞선 결과임을 밝혔다.

이에 비해 1980년 이후에 나타난 숙련 프리미엄의 확대, 곧 교육에 따른 임금 격차의 확대는 대졸 노동자의 공급 증가율 하락에 의한 것으로 보았다. 이러한 분석 결과에 소득 불평등의 많은 부분이 교육에 따른 임금 격차에 의해 설명되었다는 역사적 연구가 결합됨으로써, 미국의 경제 성장과 소득 불평등은 교육과 기술의 '경주'에 의해 설명될 수 있었다.

그렇다면 교육을 결정하는 힘은 어디에서 나왔을까? 특히 양질의 숙련 노동력이 생산 현장의 수요에 부응해 빠른 속도로 늘어나도록 한 힘은 어디에서 나왔을까? 골딘과 카츠는 이와 관련해 1910년대를 기점으로 본격화되었던 중·고등학교 교육 대중화 운동에 주목한다. 19세기 말 경쟁의 사다리 하단에 머물러 있던 많은 사람들은 교육이 자식들에게 새로운 기회를 제공해 주기를 희망했다. 이러한 염원이 '풀뿌리 운동'으로 확산되고 마침내 정책으로 반영되면서 변화가 시작되었다. 지방 정부가 독자적으로 재산세를 거둬 공립 중등 교육기관을 신설하고 교사를 채용해 양질의 일자리를 얻는 데 필요한 교육을 무상으로 제공하게 된 것이다. 이들의 논의는 새로운 대중 교육 시스템의 확립에 힘입어 신생 국가인 미국이 부자 나라로 성장하고, 수많은 빈곤층 젊은이들이 경제 성장의 열매를 향유했던 과정을 잘 보여 준다.

교육과 기술의 경주 이론은 신기술의 출현과 노동 수요의 변화, 생산 현장의 필요에 부응하는 교육기관의 숙련 노동력 양성, 이를 뒷받침하는 제도와 정책의 대응, 더 새로운 신기술의 출현이라는 동태적 상호 작용 속에서 성장과 분배의 양상이 어떻게 달라질 수 있는가에 관한 중요한 이론적 준거를 제공해 준다. 그러나 이 이론은 한계도 적지 않아 성장과 분배에 대한 다양한 논쟁을 촉발하고 있다.

① 20세기 초에는 숙련에 대한 요구가 계산 및 독해 능력 등에 맞춰졌다.

② 20세기 초에는 미숙련 노동자가, 말에 가서는 숙련 노동자가 선호되었다.

③ 20세기 말에는 소득 분배의 악화 및 경제 성장의 둔화 현상 등이 동시에 발생했다.

④ 20세기 말에는 숙련 노동자의 공급이 대학 이상의 고등 교육에 의해 주도되었다.

9. 다음은 산재보험의 소멸과 관련된 글이다. 다음 보기 중 글의 내용은 올바르게 이해한 것이 아닌 것은 무엇인가?

가. 보험관계의 소멸사유
- 사업의 폐지 또는 종료 : 사업이 사실상 폐지 또는 종료된 경우를 말하는 것으로 법인의 해산등기 완료, 폐업신고 또는 보험관계소멸신고 등과는 관계없음
- 직권소멸 : 근로복지공단이 보험관계를 계속해서 유지할 수 없다고 인정하는 경우에는 직권소멸 조치
- 임의가입 보험계약의 해지신청 : 사업주의 의사에 따라 보험계약해지 신청가능하나 신청 시기는 보험가입승인을 얻은 해당 보험 연도 종료 후 가능
- 근로자를 사용하지 아니할 경우 : 사업주가 근로자를 사용하지 아니한 최초의 날부터 1년이 되는 날의 다음날 소멸
- 일괄적용의 해지 : 보험가입자가 승인을 해지하고자 할 경우에는 다음 보험 연도 개시 7일 전까지 일괄적용해지신청서를 제출하여야 함

나. 보험관계의 소멸일 및 제출서류
  (1) 사업의 폐지 또는 종료의 경우
  - 소멸일 : 사업이 사실상 폐지 또는 종료된 날의 다음 날
  - 제출서류 : 보험관계소멸신고서 1부
  - 제출기한 : 사업이 폐지 또는 종료된 날의 다음 날부터 14일 이내
  (2) 직권소멸 조치한 경우
  - 소멸일 : 공단이 소멸을 결정·통지한 날의 다음날
  (3) 보험계약의 해지신청
  - 소멸일 : 보험계약해지를 신청하여 공단의 승인을 얻은 날의 다음 날
  - 제출서류 : 보험관계해지신청서 1부
  ※ 다만, 고용보험의 경우 근로자(적용제외 근로자 제외) 과반수의 동의를 받은 사실을 증명하는 서류(고용보험 해지신청 동의서)를 첨부하여야 함

---

① 고용보험과 산재보험의 해지 절차가 같은 것은 아니다.
② 사업장의 사업 폐지에 따른 서류 및 행정상의 절차가 완료되어야 보험관계가 소멸된다.
③ 근로복지공단의 판단으로도 보험관계가 소멸될 수 있다.
④ 보험 일괄해지를 원하는 보험가입자는 다음 보험 연도 개시 일주일 전까지 서면으로 요청을 해야 한다.

---

10. 다음은 어느 리서치 회사의 업무 관련 자료이다. 이를 바탕으로 추론할 수 있는 것을 모두 고르면?

대선후보 경선 여론조사에서 후보에 대한 지지 정도에 따라 피조사자들은 세 종류로 분류된다. 특정 후보를 적극적으로 지지하는 사람들과 소극적으로 지지하는 사람들, 그리고 기타에 해당하는 사람들이다.

후보가 두 명인 경우로 한정해서 생각해 보자. 여론조사 방식은 설문 문항에 따라 두 가지로 분류된다. 하나는 선호도 방식으로 "차기 대통령 후보로 누구를 더 선호하느냐?"라고 묻는다. 선호도 방식은 적극적으로 지지하는 사람들과 소극적으로 지지하는 사람들을 모두 지지자로 계산하는 방식이다. 이 여론조사 방식에서 적극적 지지자들과 소극적 지지자들은 모두 지지 의사를 답한다.

다른 한 방식은 지지도 방식으로 "내일(혹은 오늘) 투표를 한다면 누구를 지지하겠느냐?"라고 묻는다. 특정 후보를 적극적으로 지지하는 지지자들은 두 경쟁 후보를 놓고 두 물음에서 동일한 반응을 보일 것이다.

문제는 어느 한 후보를 적극적으로 지지하지 않는 소극적 지지자들이다. 이들은 특정 후보가 더 낫다고 생각하기 때문에 선호도를 질문할 경우에는 지지하는 후보가 없다는 '무응답'을 선택한다. 따라서 지지도 방식은 적극적 지지자만 지지자로 분류하고 나머지는 기타로 분류하는 방식에 해당한다.

㉠ A후보가 B후보보다 적극적 지지자의 수가 많고 소극적 지지자의 수는 적을 경우 지지도 방식을 사용할 때 A후보가 B후보보다 더 많은 지지를 받을 것이다.
㉡ A후보가 B후보보다 적극적 지지자의 수는 적고 소극적 지지자의 수가 많을 경우, 선호도 방식을 사용할 때 A후보가 B후보보다 더 많은 지지를 받을 것이다.
㉢ A후보가 B후보보다 적극적 지지자와 소극적 지지자의 수가 각각 더 많다면, 선호도 방식에 비해 지지도 방식에서 A후보와 B후보 사이의 지지자 수의 격차가 더 클 것이다.

---

① ㉠
② ㉢
③ ㉠, ㉡
④ ㉠, ㉢

11. ㈜○○의 김 대표는 비서로부터 5월 중 자재에 관한 거래 내역을 보고받았으며 그 내역은 다음과 같다. 이때 아래의 자료를 기반할 때 선입선출(FIFO) 방법으로 5월에 출고한 자재의 재료비를 구하면?

일자	활동내역	개수	단가
5월 2일	매입	50개	₩100
5월 10일	매입	50개	₩120
5월 15일	출고	60개	
5월 20일	매입	50개	₩140
5월 24일	출고	70개	

① ₩10,536
② ₩11,090
③ ₩13,450
④ ₩15,200

┃12~13┃ K공사 홍보팀에서는 사내 행사를 위해 다음과 같이 3개 공급업체로부터 경품1과 경품2에 대한 견적서를 받아보았다. 행사 참석자가 모두 400명이고 1인당 경품1과 경품2를 각각 1개씩 나누어 주어야 한다. 다음 자료를 보고 이어지는 질문에 답하시오.

공급처	물품	세트당 포함 수량(개)	세트 가격
A업체	경품1	100	85만 원
	경품2	60	27만 원
B업체	경품1	110	90만 원
	경품2	80	35만 원
C업체	경품1	90	80만 원
	경품2	130	60만 원

• A업체 : 경품2 170만 원 이상 구입 시, 두 물품 함께 구매하면 총 구매가의 5% 할인
• B업체 : 경품1 350만 원 이상 구입 시, 두 물품 함께 구매하면 총 구매가의 5% 할인
• C업체 : 경품1 350만 원 이상 구입 시, 두 물품 함께 구매하면 총 구매가의 20% 할인
※ 모든 공급처는 세트 수량으로만 판매한다.

12. 홍보팀에서 가장 저렴한 가격으로 인원수에 모자라지 않는 수량의 물품을 구매할 수 있는 공급처와 공급가격은 어느 것인가?

① A업체 / 5,000,500원
② A업체 / 5,025,500원
③ B업체 / 5,082,500원
④ B업체 / 5,095,000원

13. 다음 중 C업체가 S사의 공급처가 되기 위한 조건으로 적절한 것은 어느 것인가?

① 경품1의 세트당 포함 수량을 100개로 늘린다.
② 경품2의 세트당 가격을 2만 원 인하한다.
③ 경품1의 세트당 수량을 85개로 줄인다.
④ 경품1의 세트당 가격을 5만 원 인하한다.

14. 일반적인 물류비는 원산지로부터 소비자까지의 조달, 사내 및 판매, 재고의 전 과정을 계획, 실행, 통제하는 데 소요되는 비용을 의미한다. 이러한 개념을 기반으로 하여 아래의 도표를 준비하였다. 아래의 자료는 2018년도 K기업이 지출한 물류비의 내역이다. 이 중에서 제시된 조건을 활용하여 자가물류비와 위탁물류비는 구하면?

> (조건 1) : 자가물류비 = 노무비 + 이자 + 전기료 + 가스수도료 + 재료비 + 세금
> (조건 2) : 위탁물류비 = 지불포장비 + 지급운임 + 상/하차용역비 + 수수료

> • 노무비 13,000만 원
> • 전기료 300만 원
> • 지급운임 400만 원
> • 이자 250만 원
> • 재료비 3,700만 원
> • 지불포장비 80만 원
> • 수수료 90만 원
> • 가스수도료 300만 원
> • 세금 90만 원
> • 상/하차 용역비 550만 원

① 자가물류비 : 17,000만 원, 위탁물류비 : 1,760만 원
② 자가물류비 : 17,300만 원, 위탁물류비 : 1,460만 원
③ 자가물류비 : 17,640만 원, 위탁물류비 : 1,120만 원
④ 자가물류비 : 17,730만 원, 위탁물류비 : 1,030만 원

15. 다음 표에서 최소비용법(Least cost Method 혹은 Minimum cell cost Method)에 의한 최초 가능해의 총 운송비용은 얼마인가? (단, 톤당 비용은 수요지와 공급지 간 단위수송비용이다)

구분	수요지1	수요지2	공급량
공급지1	10원/톤	5원/톤	700톤
공급지2	8원/톤	15원/톤	500톤
공급지3	6원/톤	10원/톤	300톤
수요량	700톤	800톤	1,500톤

최소비용법(Least cost method) 또는 최소비용란법(Minimum cell cost method)은 최소비용을 가진 란을 선정하여 그 란에 가능한 많은 양을 배정하는 방법으로 수요와 공급이 충족될 때까지 이 과정을 반복한다.

① 5,000원   ② 10,000원

③ 15,500원   ④ 22,000원

16. 아래의 표는 어느 TV 제조업체의 최근 5개월 동안 컬러 TV 판매량을 나타낸 것이다. 6월의 컬러 TV 판매량을 단순이동평균법, 가중이동평균법, 단순지수평활법을 이용하여 예측한 값을 각각 ㉠, ㉡, ㉢이라고 할 때, 그 크기를 비교한 것으로 옳은 것을 고르면?

◈ 1~5월 컬러 TV 판매량

(단위 : 천대)

	1월	2월	3월	4월	5월	6월
판매량	10	14	9	13	15	
가중치	0.0	0.1	0.2	0.3	0.4	

◈ 6월 컬러 TV 판매량 예측
- 6월의 컬러 TV 판매량은 단순이동평균법, 가중이동평균법, 단순지수평활법을 이용하여 예측할 수 있다.
- 이동평균법에서 주기는 4개월로 한다.
- 단순지수평활법을 이용하기 위해서는 전월의 예측치, 전월의 실제치, 지수평활계수가 필요하며 이를 식으로 나타내면 당월 예측치 = 전월 예측치 + 지수평활계수(전월 실제치 - 전월 예측치)이다.
 - 지수평활계수는 0.4를 적용한다.
 - 전월의 예측치가 없을 경우 단순이동평균법에 따른 예측치를 사용한다.

① ㉠ > ㉡ > ㉢   ② ㉡ > ㉠ > ㉢

③ ㉠ > ㉢ > ㉡   ④ ㉡ > ㉢ > ㉠

17. 甲공단에 근무하는 乙은 빈곤과 저출산 문제를 해결하기 위한 대안을 분석 중이다. 상황이 다음과 같을 때, 대안별 월 소요 예산 규모를 비교한 것으로 옳은 것은?

◈ 현재 상황
- 전체 1,500가구는 자녀 수에 따라 네 가지 유형으로 구분할 수 있는데, 그 구성은 무자녀 가구 300가구, 한 자녀 가구 600가구, 두 자녀 가구 500가구, 세 자녀 이상 가구 100가구이다.
- 전체 가구의 월 평균 소득은 200만 원이다.
- 각 가구 유형의 30%는 맞벌이 가구이다.
- 각 가구 유형의 20%는 빈곤 가구이다.

◈ 대안
A안 : 모든 빈곤 가구에게 전체 가구 월 평균 소득의 25%에 해당하는 금액을 가구당 매월 지급한다.
B안 : 한 자녀 가구에는 10만 원, 두 자녀 가구에는 20만 원, 세 자녀 이상 가구에는 30만 원을 가구당 매월 지급한다.
C안 : 자녀가 있는 모든 맞벌이 가구에 자녀 1명당 30만 원을 매월 지급한다. 다만 세 자녀 이상의 맞벌이 가구에는 일률적으로 가구당 100만 원을 매월 지급한다.

① A < B < C   ② A < C < B

③ B < A < C   ④ B < C < A

18. 다음은 어느 회사 전체 사원의 SNS 이용 실태를 조사한 자료이다. 이에 대한 설명 중 옳은 것은?

사용기기	성명	SNS 종류	SNS 활용형태	SNS 가입날짜	기기구입비	앱구입비
스마트폰	김하나	페이스북	소통	2013.08.01	440,000원	6,500원
스마트폰	김준영	트위터	소통	2014.02.02	420,000원	12,000원
태블릿PC	정민지	페이스북	교육	2014.01.15	400,000원	10,500원
컴퓨터	윤동진	블로그	교육	2015.02.19	550,000원	14,500원
스마트폰	이정미	트위터	소통	2013.10.10	380,000원	6,500원
태블릿PC	박진숙	페이스북	취미	2014.02.28	440,000원	14,500원
컴퓨터	김영지	트위터	교육	2014.01.10	480,000원	18,000원
컴퓨터	한아름	블로그	취미	2013.09.11	580,000원	10,500원

※ 각 사원은 SNS를 한 종류만 사용하고 SNS 활용형태도 하나임

① 페이스북을 이용하거나 태블릿PC를 사용하는 사원은 4명이다.

② SNS를 2014년에 가입한 사원은 트위터를 이용하거나 페이스북을 이용한다.

③ 취미로 SNS를 활용하는 사원의 기기구입비 합계는 100만 원을 넘지 않는다.

④ 2013년에 SNS를 가입하거나 블로그를 이용하는 사원은 5명이다.

19. 다음은 어느 보험회사의 보험계약 현황에 관한 표이다. 이에 대한 설명으로 옳지 않은 것은?

(단위 : 건, 억 원)

구분	2015년		2014년	
	건수	금액	건수	금액
개인보험	5,852,844	1,288,847	5,868,027	1,225,968
생존보험	1,485,908	392,222	1,428,422	368,731
사망보험	3,204,140	604,558	3,241,308	561,046
생사혼합	1,162,792	292,068	1,198,297	296,191
단체보험	0	0	0	0
단체보장	0	0	0	0
단체저축	0	0	0	0
소계	5,852,844	1,288,847	5,868,027	1,225,968

※ 건수는 보유계약의 건수임

※ 금액은 주계약 및 특약의 보험가입금액임

① 2014년과 2015년에 단체보험 보유계약의 건수는 0건이다.

② 2015년은 2014년에 비해 개인보험 보유계약 건수가 감소하였다.

③ 2015년은 2014년에 비해 개인보험 보험가입금액은 증가하였다.

④ 2015년 개인보험 보험가입금액에서 생존보험 금액이 차지하는 구성비는 30% 미만이다.

20. 다음 표는 어느 회사의 공장별 제품 생산 및 판매 실적에 대한 자료이다. 이에 대한 설명으로 옳지 않은 것은?

(단위 : 대)

공장	2016년 12월	2016년 전체	
	생산 대수	생산 대수	판매 대수
A	25	586	475
B	21	780	738
C	32	1,046	996
D	19	1,105	1,081
E	38	1,022	956
F	39	1,350	1,238
G	15	969	947
H	18	1,014	962
I	26	794	702

※ 2017년 1월 1일 기준 재고 수＝2016년 전체 생산 대수－2016년 전체 판매 대수

※ 판매율(%) = $\dfrac{판매\ 대수}{생산\ 대수} \times 100$

※ 2016년 1월 1일부터 제품을 생산·판매하였음

① 2017년 1월 1일 기준 재고 수가 가장 적은 공장은 G공장이다.

② 2017년 1월 1일 기준 재고 수가 가장 많은 공장의 2016년 전체 판매율은 90% 이상이다.

③ 2016년 12월 생산 대수가 가장 많은 공장과 2017년 1월 1일 기준 재고 수가 가장 많은 공장은 동일하다.

④ I공장의 2016년 전체 판매율은 90% 이상이다.

21. A교육연구소 아동청소년연구팀에 근무하는 甲은 다음과 같은 연구를 시행하여 결과를 얻었다. 연구결과를 상사에게 구두로 보고하자 결과를 뒷받침할 만한 직접적인 근거를 추가하여 보고서를 작성해 오라는 지시를 받았다. 다음 〈보기〉 중 근거로 추가할 수 있는 자료를 모두 고른 것은?

> [연구개요] 한 아동이 다른 사람을 위하여 행동하는 매우 극적인 장면이 담긴 'Lassie'라는 프로그램을 매일 5시간 이상 시청한 초등학교 1~2학년 아동들은 이와는 전혀 다른 내용이 담긴 프로그램을 시청한 아동들보다 훨씬 더 협조적이고 타인을 배려하는 행동을 보여주었다.
> 반면에 텔레비전을 통해 매일 3시간 이상 폭력물을 시청한 아동과 청소년들은 텔레비전 속에서 보이는 성인들의 폭력행위를 빠른 속도로 모방하였다.
> [연구결과] 텔레비전 속에서 보이는 폭력이 아동과 청소년의 범죄행위를 유발시킬 가능성이 크다.

> 〈보기〉
> ㉠ 전국의 소년교도소에 폭행죄로 수감되어 있는 재소자들은 6세 이후 폭력물을 매일 적어도 4시간 이상씩 시청했었다.
> ㉡ 전국의 성인교도소에 폭행죄로 수감되어 있는 재소자들은 6세 이후 폭력물을 매일 적어도 6시간 이상씩 시청했었다.
> ㉢ 전국의 소년교도소에 폭행죄로 수감되어 있는 청소년들은 매일 저녁 교도소 내에서 최소한 3시간씩 폭력물을 시청한다.
> ㉣ 6세에서 12세 사이에 선행을 많이 하는 아동들이 성인이 되어서도 선행을 많이 한다.
> ㉤ 텔레비전 발명 이후, 아동과 청소년을 대상으로 한 폭력범죄가 증가하였다.

① ㉠

② ㉠, ㉡

③ ㉠, ㉡, ㉤

④ ㉡, ㉢, ㉤

[지역방송 채널 편성규칙]

• K시의 지역방송 채널은 채널1, 채널2, 채널3, 채널4 네 개이다.
• 오후 7시부터 12시까지는 다음을 제외한 모든 프로그램이 1시간 단위로만 방송된다.

시사정치	기획물	예능	영화 이야기	지역 홍보물
최소 2시간 이상	1시간 30분	40분	30분	20분

• 모든 채널은 오후 7시부터 12시까지 뉴스 프로그램이 반드시 포함되어 있다.

[오후 7시~12시 프로그램 편성내용]

• 채널1은 3개 프로그램이 방송되었으며, 9시 30분부터 시사정치를 방송하였다.
• 채널2는 시사정치와 지역 홍보물 방송이 없었으며, 기획물, 예능, 영화 이야기가 방송되었다.
• 채널3은 6시부터 시작한 시사정치 방송이 9시에 끝났으며, 바로 이어서 뉴스가 방송되었고 기획물도 방송되었다.
• 채널4에서는 예능 프로그램이 연속 2회 편성되었고, 예능을 포함한 4종류의 프로그램이 방송되었다.

22. 다음 중 위의 자료를 참고할 때, 오후 7시~12시까지의 방송 프로그램에 대하여 바르게 설명하지 못한 것은?

① 채널1에서 기획물이 방송되었다면 예능은 방송되지 않았다.

② 채널2는 정확히 12시에 프로그램이 끝나며 새로 시작되는 프로그램이 있을 수 없다.

③ 채널3에서 영화 이야기가 방송되었다면, 정확히 12시에 어떤 프로그램이 끝나게 된다.

④ 채널4에서 예능 프로그램이 연속 2회 방송되기 위해서는 반드시 뉴스보다 먼저 방송되어야 한다.

23. 다음 중 각 채널별로 정각 12시에 방송하던 프로그램을 마치기 위한 방법을 설명한 것으로 옳지 않은 것은? (단, 프로그램의 중간에 광고방송 시간은 고려하지 않는다.)

① 채널1에서 기획물을 방송한다면 시사정치를 2시간 반만 방송한다.

② 채널2에서 지역 홍보물 프로그램을 추가한다.

③ 채널3에서 영화 이야기 프로그램을 추가한다.

④ 채널2에서 영화 이야기 프로그램 편성을 취소한다.

24. 아래의 내용은 네트워크 중립성 지지자들 및 계층적 인터넷 지지자들 간 논쟁에 대한 것이다. 이에 기반하여 볼 때 양쪽 주장이 충돌하게 되는 쟁점을 모두 고르면?

네트워크 중립성이란 네트워크상의 모든 트래픽이 평등하게 처리되어야 한다는 개념으로, 전화나 케이블 사업자와 같은 인터넷 사업자는 트래픽의 제공자가 누구인지 혹은 어떠한 콘텐츠를 담고 있는지에 상관없이 차별 없는 인터넷을 제공해야 한다는 것을 의미한다. 네트워크 중립성의 지지자들은 인터넷을 고속 회선과 저속 회선으로 계층화한다면, 인터넷 사업자들이 자신의 수익 향상을 위해 고속 회선의 운용에 집중할 것이고 일반 사용자들의 사용 환경은 악화될 것을 우려한다. 또한 중립성이 보장되지 않을 경우 자금이 부족하여 충분한 대역폭을 확보할 수 없는 신생 기업들의 성장이 억제되고 기술 혁신이 저해될 것이라고 주장한다. 반면 네트워크 중립성을 반대하는 계층적 인터넷의 지지자들은 고품질의 동영상과 같은 대용량 트래픽의 서비스를 안정적으로 제공하기 위해서 네트워크 서비스를 차등화하여 요금을 부과할 필요가 있다고 주장한다. 일부 소비자들은 더 나은 품질의 서비스를 받기 위해 요금을 더 지불할 의사가 있고, 인터넷 사업자들은 그 수익금으로 인프라개선 및 대역폭 향상에 다시 투자하여 선순환을 유도할 수 있다는 것이다.

또한 계층적 인터넷을 지지하는 인터넷 사업자들은 추후 네트워크 혼잡의 문제가 심각하게 제기되어 기존 방식으로는 새로운 서비스들에 대한 품질 보장이 어렵게 될 것이기 때문에 품질 관리가 중요한 서비스 전송에 우선권을 부여할 필요성이 있다고 주장하는 데 반하여, 네트워크 중립성을 지지하는 콘텐츠사업자와 인터넷 전화 사업자들은 네트워크 혼잡의 위험성이 높지 않다고 주장한다. 계층적 인터넷의 지지자들은 네트워크 고도화에 따른 투자의 필요성이 증가하고 있으나 네트워크 중립성으로 콘텐츠 사업자들이 충분한 대가를 지불하지 않고 통신 사업자 및 케이블 사업자에 의해 구축된 네트워크에 무임승차하고 있다고 주장하고 있으며, 네트워크 중립성의 옹호자들은 인터넷 사업자들의 네트워크 고도화 투자 결정은 네트워크 중립성 문제와 큰 관련이 없다고 주장한다. 네트워크 중립성의 지지자들은 계층적 인터넷 하에서의 지불 능력에 따른 차별이 인터넷상의 온갖 혁신을 가능케 하였던 인터넷의 개방성을 감소시킬 것을 우려한다. 이에 대하여 계층적 인터넷의 지지자들은 계층적 인터넷 하에서도 기존 인터넷의 개방적 성격이 유지될 수 있다고 주장한다.

〈보기〉

㉠ 향상된 서비스에 요금을 더 지불할 의사를 가진 소비자들이 존재하는가?

㉡ 계층적 인터넷은 신생 기업에게 진입 장벽으로써 작용할 것인가?

㉢ 네트워크의 혼잡이 심각한 문제로 제기될 것인가?

㉣ 계층적인 인터넷 환경에서 인터넷의 개방성이 감소할 것인가?

① ㉠, ㉡, ㉢   ② ㉠, ㉢

③ ㉡, ㉢   ④ ㉢, ㉣

25. 다음을 근거로 판단할 때, 도형의 모양을 옳게 짝지은 것은?

5명의 학생은 5개 도형 A~E의 모양을 맞히는 게임을 하고 있다. 5개의 도형은 모두 서로 다른 모양을 가지며 각각 삼각형, 사각형, 오각형, 원 중 하나의 모양으로 이루어진다. 학생들에게 아주 짧은 시간 동안 5개의 도형을 보여준 후 도형의 모양을 2개씩 진술하게 하였다. 학생들이 진술한 도형의 모양은 다음과 같고, 모두 하나씩만 정확하게 맞혔다.

〈진술〉

甲 : C = 삼각형, D = 사각형
乙 : B = 오각형, E = 사각형
丙 : C = 원, D = 오각형
丁 : A = 육각형, E = 사각형
戊 : A = 육각형, B = 삼각형

---

① A = 육각형, D = 사각형

② B = 오각형, C = 삼각형

③ A = 삼각형, E = 사각형

④ C = 오각형, D = 원

26. 다음은 이야기 내용과 그에 관한 설명이다. 이야기에 관한 설명 중 이야기 내용과 일치하는 것은 모두 몇 개인가?

[이야기 내용]

장애 아동을 위한 특수학교가 있다. 그 학교에는 키 성장이 멈추거나 더디어서 110cm 미만인 아동이 10명, 심한 약시로 꾸준한 치료와 관리가 필요한 아동이 10명 있다. 키가 110cm 미만인 아동은 모두 특수 스트레칭 교육을 받는다. 그리고 특수 스트레칭 교육을 받는 아동 중에는 약시인 아동은 없다. 이 학교에는 특수 영상장치가 설치된 학급은 한 개뿐이고, 약시인 어떤 아동은 특수 영상장치가 설치된 학급에서 교육을 받는다. 숙이, 철이, 석이는 모두 이 학교에 다니는 아동이다.

[이야기에 관한 설명]

1. 이 학교의 총 학생 수는 20명이다.
2. 특수 스트레칭 교육을 받는 아동은 최소 10명이다.
3. 특수 스트레칭 교육을 받는 아동은 특수 영상장치가 설치된 학급에서 교육을 받는다.
4. 이 학교의 학급 수는 2개이다.
5. 석이의 키가 100cm라면, 석이는 약시가 아니다.
6. 숙이, 철이, 석이 모두 약시라면 세 사람은 같은 교실에서 교육을 받는다.

---

① 0개   ② 1개

③ 2개   ④ 3개

27. 서원 그룹의 K부서에서는 자기 부서의 정책을 홍보하기 위해 책자를 제작해 배포하는 프로젝트를 진행하였다. 프로젝트 진행 과정이 다음과 같을 때, 프로젝트 결과에 대한 평가로 항상 옳은 것을 모두 고르면?

이번에 K부서에서는 자기 부서의 정책을 홍보하기 위해 책자를 제작해 배포하였다. 이 홍보 사업에 참여한 K부서의 팀은 A와 B 두 팀이다. 두 팀은 각각 500권의 정책홍보 책자를 제작하였다. 그러나 책자를 어떤 방식으로 배포할 것인지에 대해 두 팀 간에 차이가 있었다. A팀은 자신들이 제작한 K부서의 모든 정책홍보책자를 서울이나 부산에 배포한다는 지침에 따라 배포하였다. 한편, B팀은 자신들이 제작한 K부서 정책홍보책자를 서울에 모두 배포하거나 부산에 모두 배포한다는 지침에 따라 배포하였다. 사업이 진행된 이후 배포된 결과를 살펴보기 위해서 서울과 부산을 조사하였다. 조사를 담당한 한 직원은 A팀이 제작·배포한 K부서 정책홍보책자 중 일부를 서울에서 발견하였다.

한편, 또 다른 직원은 B팀이 제작·배포한 K부서 정책홍보책자 중 일부를 부산에서 발견하였다. 그리고 배포 과정을 검토해 본 결과, 이번에 A팀과 B팀이 제작한 K부서 정책 홍보책자는 모두 배포되었다는 것과, 책자가 배포된 곳과 발견된 곳이 일치한다는 것이 확인되었다.

㉠ 부산에는 500권이 넘는 K부서 정책홍보책자가 배포되었다.

㉡ 서울에 배포된 K부서 정책홍보책자의 수는 부산에 배포된 K부서 정책홍보책자의 수보다 적다.

㉢ A팀이 제작한 K부서 정책홍보책자가 부산에서 발견되었다면, 부산에 배포된 K부서 정책홍보책자의 수가 서울에 배포된 수보다 많다.

---

① ㉠

② ㉢

③ ㉠, ㉡

④ ㉡, ㉢

28. 외국계 은행인 A 은행 서울지사에 근무하는 甲과, 런던지사에 근무하는 乙, 시애틀지사에 근무하는 丙은 같은 프로젝트를 진행하면서 다음과 같이 영상업무회의를 진행하였다. 회의 시각은 런던을 기준으로 11월 1일 오전 9시이고, 런던은 GMT + 0, 서울은 GMT + 9, 시애틀은 GMT − 7을 표준시로 사용한다. 회의록을 바탕으로 할 때 빈칸에 들어갈 일시는?

> 甲 : 제가 프로젝트에서 맡은 업무는 오늘 오후 10시면 마칠 수 있습니다. 런던에서 받아서 1차 수정을 부탁드립니다.
>
> 乙 : 네, 저는 甲님께서 제시간에 끝내 주시면 다음날 오후 3시면 마칠 수 있습니다. 시애틀에서 받아서 마지막 수정을 부탁드립니다.
>
> 丙 : 알겠습니다. 저는 앞선 두 분이 제시간에 끝내 주신다면 서울을 기준으로 모레 오전 10시면 마칠 수 있습니다. 제가 업무를 마치면 프로젝트가 최종 마무리 되겠군요.
>
> 甲 : 잠깐, 다들 말씀하신 시각의 기준이 다른 것 같은데요? 저는 처음부터 런던을 기준으로 이해하고 말씀드렸습니다.
>
> 乙 : 저는 처음부터 시애틀을 기준으로 이해하고 말씀드렸는데요?
>
> 丙 : 저는 처음부터 서울을 기준으로 이해하고 말씀드렸습니다. 그렇다면 계획대로 진행될 때 서울을 기준으로 (   )에 프로젝트를 최종 마무리할 수 있겠네요.
>
> 甲, 乙 : 네, 맞습니다.

① 11월 2일 오후 3시

② 11월 2일 오후 11시

③ 11월 3일 오전 10시

④ 11월 3일 오후 7시

---

29. H 기업 영업부장인 甲은 차장 乙 그리고 직원 丙, 丁과 함께 총 4명이 장거리 출장이 가능하도록 배터리 완전충전 시 주행거리가 200km 이상인 전기자동차 1대를 선정하여 구매팀에 구매를 의뢰하려고 한다. 다음을 근거로 판단할 때, 甲이 선정하게 될 차량은?

> ☐ 배터리 충전기 설치
> • 구매와 동시에 회사 주차장에 배터리 충전기를 설치하려고 하는데, 배터리 충전시간(완속 기준)이 6시간을 초과하지 않으면 완속 충전기를, 6시간을 초과하면 급속 충전기를 설치하려고 한다.
>
> ☐ 정부 지원금
> • 정부는 전기자동차 활성화를 위하여 전기자동차 구매 보조금을 구매와 동시에 지원하고 있는데, 승용차는 2,000만 원, 승합차는 1,000만 원을 지원하고 있다. 승용차 중 경차는 1,000만 원을 추가로 지원한다.
> • 배터리 충전기에 대해서는 완속 충전기에 한하여 구매 및 설치비용을 구매와 동시에 전액 지원하며, 2,000만 원이 소요되는 급속 충전기의 구매 및 설치비용은 지원하지 않는다.
>
> ☐ 차량 선택
> • 배터리 충전기 설치와 정부 지원금을 감안하여 甲은 차량 A ~ D 중에서 실구매 비용(충전기 구매 및 설치비용 포함)이 가장 저렴한 차량을 선택하려고 한다. 단, 실구매 비용이 동일할 경우에는 '점수 계산 방식'에 따라 점수가 가장 높은 차량을 구매하려고 한다.
>
> ☐ 점수 계산 방식
> • 최고속도가 120km/h 미만일 경우에는 120km/h를 기준으로 10km/h가 줄어들 때마다 2점씩 감점
> • 승차 정원이 4명을 초과할 경우에는 초과인원 1명당 1점씩 가점
>
> ☐ 구매 차량 후보

차량	A	B	C	D
최고속도(km/h)	130	100	140	120
완전충전 시 주행거리(km)	250	200	300	300
충전시간(완속 기준)	7시간	5시간	4시간	5시간
승차 정원	6명	8명	4명	5명
차종	승용	승합	승용(경차)	승용
가격(만 원)	5,000	6,000	8,000	8,000

① A   ② B

③ C   ④ D

30. 甲 공단 시설팀에 근무하는 乙은 공공시설물을 대상으로 내진보강대책을 평가하고 보고서를 작성하고 있다. 보고서에 따라 A~D 평가대상기관 중 최상위기관과 최하위기관을 고르면?

□ 공공시설물 내진보강대책 추진실적 평가기준
• 평가요소 및 점수부여
- 내진성능평가지수 $= \dfrac{\text{내진성능평가실적건수}}{\text{내진보강대상건수}} \times 100$
- 내진보강공사지수 $= \dfrac{\text{내진보강공사실적건수}}{\text{내진보강대상건수}} \times 100$
- 산출된 지수 값에 따른 점수는 아래 표와 같이 부여한다.

구분	지수 값 최상 위 1개 기관	지수 값 중위 2개 기관	지수 값 최하 위 1개 기관
내진성능 평가점수	5점	3점	1점
내진보강 공사점수	5점	3점	1점

• 최종순위 결정
- 내진성능평가점수와 내진보강공사점수의 합이 큰 기관에 높은 순위를 부여한다.
- 합산 점수가 동점인 경우에는 내진보강대상건수가 많은 기관을 높은 순위로 한다.

□ 평가대상기관의 실적

(단위 : 건)

구분	A	B	C	D
내진성능평가실적	82	72	72	83
내진보강공사실적	91	76	81	96
내진보강대상	100	80	90	100

	최상위기관	최하위기관
①	A	B
②	B	C
③	B	D
④	D	C

31. A기업 기획팀에서는 새로운 프로젝트를 추진하면서 업무추진력이 높은 직원은 프로젝트의 팀장으로 발탁하려고 한다. 성취행동 경향성이 높은 사람을 업무추진력이 높은 사람으로 규정할 때, 아래의 정의를 활용해서 〈보기〉의 직원들을 업무추진력이 높은 사람부터 순서대로 바르게 나열한 것은?

성취행동 경향성(TACH)의 강도는 성공추구 경향성(Ts)에서 실패회피 경향성(Tf)을 뺀 점수로 계산할 수 있다(TACH = Ts − Tf). 성공추구 경향성에는 성취동기(Ms)라는 잠재적 에너지의 수준이 영향을 준다. 왜냐하면 성취동기는 성과가 우수하다고 평가받고 싶어 하는 것으로 어떤 사람의 포부수준, 노력 및 끈기를 결정하기 때문이다. 어떤 업무에 대해서 사람들이 제각기 다양한 방식으로 행동하는 것은 성취동기가 다른 데도 원인이 있지만, 개인이 처한 환경요인이 서로 다르기 때문이기도 하다. 이 환경요인은 성공기대확률(Ps)과 성공결과의 가치(Ins)로 이루어진다. 즉 성공추구 경향성은 이 세 요소의 곱으로 결정된다(Ts = Ms × Ps × Ins).

한편 실패회피 경향성은 실패회피동기, 실패기대확률 그리고 실패결과의 가치의 곱으로 결정된다. 이때 성공기대확률과 실패기대확률의 합은 1이며, 성공결과의 가치와 실패결과의 가치의 합도 1이다.

〈보기〉

• A는 성취동기가 3이고, 실패회피동기가 1이다. 그는 국제환경협약에 대비한 공장건설환경규제안을 만들었는데, 이 규제안의 실현가능성을 0.7로 보며, 규제안이 실행될 때의 가치를 0.2로 보았다.

• B는 성취동기가 2이고, 실패회피동기가 1이다. 그는 도시고속화도로 건설안을 기획하였는데, 이 기획안의 실패가능성을 0.7로 보며, 도로건설사업이 실패하면 0.3의 가치를 갖는다고 보았다.

• C는 성취동기가 3이고, 실패회피동기가 2이다. 그는 △△지역의 도심재개발계획을 주도하였는데, 이 계획의 실현가능성을 0.4로 보며, 재개발사업이 실패하는 경우의 가치를 0.3으로 보았다.

---

① A, B, C

② B, A, C

③ B, C, A

④ C, B, A

32. F사는 사내 식사 제공을 위한 외식 업체를 선정하기 위해 다음과 같이 4개 업체에 대한 평가를 실시하였다. 다음 평가 방식과 평가 결과에 의해 외식 업체로 선정될 업체는 어느 곳인가?

〈최종결과표〉

(단위 : 점)

	A업체	B업체	C업체	D업체
제안가격	84	82	93	93
위생도	92	90	91	92
업계평판	92	89	91	90
투입인원	90	92	94	93

※ 각 평가항목별 다음과 같은 가중치를 부여하여 최종 점수 고득점 업체를 선정한다.
  • 투입인원 점수 15%
  • 업계평판 점수 15%
  • 위생도 점수 30%
  • 제안가격 점수 40%
※ 어느 항목이라도 4개 업체 중 최하위 득점이 있을 경우(최하위 점수가 90점 이상일 경우 제외), 최종 업체로 선정될 수 없다.
※ 동점 시, 가중치가 높은 항목 순으로 고득점 업체가 선정

① A업체
② B업체
③ C업체
④ D업체

33. ㈜앗싸는 여러 물적 자원 제품군을 지니고 있다. 아래의 내용은 그 중 하나인 휴대폰 매뉴얼 중 주의사항 일부를 나타낸 것이다. 아래의 내용을 참조하여 서술한 내용으로 가장 적절하지 <u>않은</u> 것을 고르면?

㈜앗싸의 휴대폰 사용 시 주의사항

본 기기 사용 전 아래의 지시사항을 지키지 않을 경우 사용자는 심각한 상해를 입거나 사망할 수 있으므로 주의를 요합니다.

※ 화재주의
• 충전단자나 외부접속단자 (microUSB 접속단자)에 전도성 이물질 (금속 조각, 연필심 등)을 접촉시키거나 내부로 넣지 마세요.
• 사용 중이나 충전 중에 이불 등으로 덮거나 또는 감싸지 마세요.
• 배터리가 새거나 냄새가 날 때는 즉시 사용을 중지하고 화기에서 멀리 두세요. 새어 나온 액체에 불이 붙거나 발화, 파열의 원인이 될 수 있습니다.
• 일반 쓰레기와 같이 버리지 마세요. 발화 및 환경파괴의 원인이 됩니다.

※ 피부손상 주의
• 휴대전화의 인터넷, 동영상, 게임 등을 장시간 사용 시에 제품 표면의 온도가 올라갈 수 있으므로 사용을 잠시 중단하세요.
• 신체의 일부가 오랜 시간 휴대전화에 닿지 않도록 하세요. 휴대전화 장시간 사용 중 오랫동안 피부에 접촉 시 피부가 약한 분들은 저온화상의 우려가 있기 때문에 사용에 있어서 주의를 요합니다.

※ 충전 시 주의
• USB 아이콘이 위로 향한 채 꽂으세요. 반대로 하게 되면 제품에 치명적인 손상을 줄 수 있습니다.
• 충전 중에 사용 시 감전의 우려가 있을 수 있으니 반드시 충전기와 분리 후에 사용하세요.
• 충전기 또는 배터리 단자 등에 이상이 있을 시에 무리한 충전을 하지 말고 ㈜앗싸 고객 상담실 (Tel : 1544-1234)로 문의하신 후에 가까운 ㈜앗싸 서비스센터로 가서서 제품을 확인 받으시기 바랍니다. (화재의 위험이 있습니다.)

① 해당 제품은 환경파괴의 원인으로 작용하므로 일반 쓰레기하고 같이 버리면 안 된다.
② 해당 제품의 오랜 사용으로 인해 피부에 장시간 맞닿아 있게 되면 피부가 약한 사람의 경우 저온화상을 입을 수 있다.
③ 핸드폰 충전 시 치명적인 손상을 방지하기 위해 USB 아이콘이 위로 향하는 방향으로 꽂아야 한다.
④ 핸드폰 사용 시에 배터리 부분에서 냄새가 나게 되는 경우에 핸드폰 전원을 꺼야 한다.

34. 아래의 내용은 "㈜더 하얀"에서 출시된 신상품 세탁기의 매뉴얼을 나타내고 있다. 제시된 내용을 참조하여 세탁기 사용설명서를 잘못 이해하고 있는 사람을 고르면?

※ 아래에 있는 내용은 "경고"와 "주의"의 두 가지로 구분하고 있으며, 해당 내용을 무시하고 잘못된 취급을 할 시에는 위험이 발생할 수 있으니 반드시 주의 깊게 숙지하고 지켜주시기 바랍니다. 더불어 당부사항도 반드시 지켜주시기 바랍니다.

1. 경고
① 제품수리기술자 이외 다른 사람은 절대로 세탁기 분해, 개조 및 수리 등을 하지 마세요.
• 화재, 감전 및 상해의 원인이 됩니다. 해당 제품에 대한 A/S 문의는 제품을 구입한 대리점 또는 사용설명서의 뒷면을 참조하시고 상담하세요.
② 카펫 위에 설치하지 마시고 욕실 등의 습기가 많은 장소 또는 비바람 등에 노출된 장소 및 물이 튀는 곳에 설치하지 마세요.
• 이러한 경우에 화재, 감전, 고장, 변형 등의 위험이 있습니다.
③ 해당 세탁기를 타 전열기구와 함께 사용하는 것을 금하며 정격 15A 이상의 콘센트를 단독으로 사용하세요.
• 자사 세탁기를 타 기구와 사용하게 되면 분기 콘센트부가 이상 과열되어 이는 화재 또는 감전의 위험이 있습니다.
④ 접지를 반드시 연결해 주십시오.
• 제대로 접지가 안 된 경우에는 고장 또는 누전 시에 감전의 위험이 있습니다.
• 가옥의 구조 또는 세탁기 설치 장소에 따라서 전원 콘센트가 접지가 안 될 시에는 해당 서비스센터에 문의하여 외부 접지선을 활용해 접지하세요.
⑤ 전원플러그를 뽑을 경우에는 전원코드를 잡지 말고 반드시 끝단의 전원플러그를 손으로 잡고 뽑아주세요.
• 화재 또는 감전의 위험이 있습니다.
⑥ 전원 플러그의 금속부분이나 그 주변 등에 먼지가 붙어 있을 시에는 깨끗이 닦아주시고, 전원 플러그가 흔들리지 않도록 확실하게 콘센트에 접속해 주세요.
• 먼지가 쌓여서 발열, 발화 및 절연열화에 의해 감전, 누전의 원인이 됩니다.

2. 주의
① 자사 세탁기 본래의 용도 (의류세탁) 외의 것은 세탁 (탈수) 하지 마세요.
• 이상 진동을 일으키면서 제품 본체를 손상시킬 위험이 있습니다.
② 온수를 사용하는 경우에는 50도 이상의 뜨거운 물은 사용하지 마세요.
• 플라스틱 부품의 변형 또는 손상 등에 의해서 감전 혹은 누전 등의 위험이 있습니다.
③ 오랜 시간 동안 사용하지 않을 시에는 반드시 전원 플러그를 콘센트에서 뽑아주세요
• 절연저하로 인해 감전, 누전, 화재 등의 원인이 됩니다.

3. 당부사항
① 세탁물은 초과해서 넣지 마세요.
• 탈수 시에 세탁물이 빠져나올 수 있습니다.
② 세제를 과하게 넣지 마세요.
• 세제를 많이 넣게 되면 세탁기 외부로 흘러나오거나 또는 전기부품에 부착되어 고장의 원인이 됩니다.
③ 탈수 중 도어가 열린 상태로 탈수조가 회전하는 경우에는 세탁기의 사용을 중지하고 수리를 의뢰해 주세요.
• 상해의 원인이 됩니다.
④ 세탁 시에 세탁물이 세탁조 외부로 빠져나오는 경우 또는 물이 흘러넘치는 것을 방지하기 위해 아래와 같이 조치해 주세요.
• 세탁물이 많을 시에는 균일하게 잘 넣어주세요. 세탁물이 떠오르게 되어 급수 시 물을 비산시켜 바닥으로 떨어지거나 또는 탈수 시 세탁물이 빠져나와 손상을 입힐 수 있습니다.
• 쉽게 물에 뜨거나 또는 큰 세탁물의 경우에는 급수 후 일시 정지를 한 다음 손으로 눌러 밀어 넣어 세탁물을 수면 아래로 밀어 넣어주세요. 세탁을 진행하고 있는 동안에도 세탁물에 물이 새어들지 않거나 또는 손으로 눌러도 세탁 액이 새어들지 않는 세탁물은 세탁하지 마세요. 탈수 시에 빠져나와 의류 및 세탁기를 손상시킬 수 있습니다.

---

① 연철 : 자사의 세탁기는 전류용량 상 멀티 탭을 활용하여 15A 이상의 콘센트를 타 전열기구와 함께 사용하는 것이 좋아.
② 우진 : 제품에 대한 A/S는 대리점이나 설명서 뒷면을 참조하면 되겠군.
③ 규호 : 전원플러그를 뺄 경우에는 손으로 끝단의 전원플러그를 잡아서 빼야해.
④ 원모 : 전원플러그 주변의 먼지는 깨끗이 닦아줘야 한다는 것을 잊어서는 안 돼.

35. 전기안전관리 대행업체의 인사팀 직원 K는 다음의 기준에 의거하여 직원들의 자격증 취득 전후 경력을 산정하려고 한다. 다음 중 K가 산정한 경력 중 옳은 것을 모두 고르면?

〈전기안전관리자 경력 조건 인정 범위〉

조건	인정 범위
1. 자격 취득 후 경력 기간 100% 인정	• 전력시설물의 설계·공사·감리·유지보수·관리·진단·점검·검사에 관한 기술업무 • 전력기술 관련 단체·업체 등에서 근무한 자의 전력기술에 관한 업무
2. 자격 취득 후 경력 기간 80% 인정	• 「전기용품안전관리법」에 따른 전기용품의 설계·제조·검사 등의 기술업무 • 「산업안전보건법」에 따른 전기분야 산업안전 기술업무 • 건설관련법에 의한 전기 관련 기술업무 • 전자·통신관계법에 의한 전기·전자통신기술에 관한 업무
3. 자격 취득 전 경력 기간 50% 인정	1.의 각목 규정에 의한 경력

사원 甲	• 2001.1.1~2005.12.31 전기 안전기술 업무 • 2015.10.31 전기산업기사 자격 취득
사원 乙	• 2010.1.1~2012.6.30 전기부품제조 업무 • 2009.10.31 전기기사 자격 취득
사원 丙	• 2011.5.1~2012.7.31 전자통신기술 업무 • 2011.4.31 전기기능장 자격 취득
사원 丁	• 2013.1.1~2014.12.31 전기검사 업무 • 2015.7.31 전기기사 자격 취득

㉠ 甲 : 전기산업기사로서 경력 5년
㉡ 乙 : 전기기사로서 경력 1년
㉢ 丙 : 전기기능장으로서 경력 1년
㉣ 丁 : 전기기사로서 경력 1년

① ㉠, ㉡
② ㉠, ㉢
③ ㉡, ㉢
④ ㉢, ㉣

36. 다음은 B공사의 윤리경영에 입각한 임직원 행동강령의 일부이다. 주어진 행동강령에 부합하는 설명이 아닌 것은?

제○○조(금품 등을 받는 행위의 제한)
① 임직원(배우자 또는 직계 존·비속을 포함한다.)은 직무관련자나 직무관련임직원으로부터 금전, 부동산, 선물, 향응, 채무면제, 취업제공, 이권부여 등 유형·무형의 경제적 이익을 받거나 요구 또는 제공받기로 약속해서는 아니 된다. 다만, 다음 각 호의 어느 하나에 해당하는 경우에는 그러하지 아니하다.
   1. 친족이 제공하는 금품 등
   2. 사적 거래로 인한 채무의 이행 등에 의하여 제공되는 금품 등
   3. 원활한 직무수행 또는 사교·의례의 목적으로 제공될 경우에 한하여 제공되는 3만 원 이하의 음식물·편의 또는 5만 원 이하의 소액의 선물
   4. 직무와 관련된 공식적인 행사에서 주최자가 참석자에게 통상적인 범위에서 일률적으로 제공하는 교통·숙박·음식물 등의 금품 등
   5. 불특정 다수인에게 배포하기 위한 기념품 또는 홍보용품 등
   6. 특별히 장기적·지속적인 친분관계를 맺고 있는 자가 질병·재난 등으로 어려운 처지에 있는 임직원에게 공개적으로 제공하는 금품 등
   7. 임직원으로 구성된 직원 상조회 등이 정하는 기준에 따라 공개적으로 구성원에게 제공하는 금품 등
   8. 상급자가 위로, 격려, 포상 등의 목적으로 하급자에게 제공하는 금품 등
   9. 외부강의·회의 등에 관한 대가나 경조사 관련 금품 등
   10. 그 밖에 다른 법령·기준 또는 사회상규에 따라 허용되는 금품 등
② 임직원은 직무관련자였던 자나 직무관련임직원이었던 사람으로부터 당시의 직무와 관련하여 금품 등을 받거나 요구 또는 제공받기로 약속해서는 아니 된다. 다만, 제1항 각 호의 어느 하나에 해당하는 경우는 제외한다.

① 임직원의 개인적인 채무 이행 시의 금품 수수 행위는 주어진 행동강령에 의거하지 않는다.
② 3만 원 이하의 음식물·편의 제공은 어떤 경우에든 가능하다.
③ 어떠한 경우이든 공개적으로 제공되는 금품은 문제의 소지가 현저히 줄어든다고 볼 수 있다.
④ 직원 상조회 등으로부터 금품이 제공될 경우, 그 한도액은 제한하지 않는다.

37. 다음은 A기관 민원실에 걸려 있는 전화 민원 응대 시 준수사항이다. 밑줄 친 (가)~(라) 중 전화 예절에 어긋나는 것은?

- 전화는 항상 친절하고 정확하게 응대하겠습니다.
- 전화는 전화벨이 세 번 이상 울리기 전에 신속하게 받겠으며, (가) 전화 받은 직원의 소속과 이름을 정확히 밝힌 후 상담하겠습니다.
- (나) 통화 중에는 고객의 의견을 명확히 이해하기 위하여 고객과의 대화를 녹취하여 보관하도록 하겠습니다.
- 고객의 문의 사항에 대해서는 공감하고 경청하며, 문의한 내용을 이해하기 쉽게 충분히 설명하겠습니다.
- 부득이한 사정으로 전화를 다른 직원에게 연결할 경우에는 먼저 고객의 양해를 구한 후 신속하게 연결하겠으며, (다) 통화 요지를 다른 직원에게 간략하게 전달하여 고객이 같은 내용을 반복하지 않도록 하겠습니다.
- 담당 직원이 부재중이거나 통화 중일 경우에는 고객에게 연결하지 못하는 이유를 설명하고 (라) 유선 민원 접수표를 담당 직원에게 전달하여 빠른 시간 내에 연락드리겠습니다.
- 고객의 문의 사항에 즉시 답변하기 어려울 때는 양해를 구한 후 관련 자료 등을 확인하여 신속히 답변 드리겠습니다.
- 고객과 상담 종료 후에는 추가 문의 사항을 확인한 다음 정중히 인사하고, 고객이 전화를 끊은 후에 수화기를 내려놓겠습니다.
- 직원이 고객에게 전화를 할 경우에는 본인의 소속과 성명을 정확히 밝힌 후에 답변 드리겠습니다.

① (가)   ② (나)
③ (다)   ④ (라)

38. 다음 세 조직의 특징에 대한 설명으로 적절하지 않은 것은?

A팀 : 쉽지 않은 해외 영업의 특성 때문인지, 직원들은 대체적으로 질투심이 좀 강한 편이고 서로의 사고방식의 차이를 이해하지 못하는 분위기다. 일부 직원은 조직에 대한 이해도가 다소 떨어지는 것으로 보인다.

B팀 : 직원들의 목표의식과 책임감이 강하고 직원들 상호 간 협동심이 뛰어나다. 지난 달 최우수 조직으로 선정된 만큼 자신이 팀의 일원이라는 점에 자부심이 강하며 매사에 자발적인 업무 수행을 한다.

C팀 : 팀의 분위기가 아주 좋으며 모두들 C팀에서 근무하기를 희망한다. 사내 체육대회에서 1등을 하는 등 직원들 간의 끈끈한 유대관계가 장점이나, 지난 2년간 조직 평가 성적이 만족스럽지 못하여 팀장은 내심 걱정거리가 많다.

① B팀은 우수한 팀워크를 가진 조직이다.
② A팀은 자아의식이 강하고 자기중심적인 조직으로 평가할 수 있다.
③ A팀은 세 팀 중 팀워크가 가장 좋지 않은 팀이다.
④ 팀의 분위기가 좋으나 성과를 내지 못하고 있다면, 팀워크는 좋으나 응집력이 부족한 집단이다.

39. 다음 중 밑줄 친 (가)와 (나)에 대한 설명으로 적절하지 않은 것은?

조직 내에서는 (가) 개인이 단독으로 의사결정을 내리는 경우도 있지만 집단이 의사결정을 하기도 한다. 조직에서 여러 문제가 발생하면 직업인은 의사결정과정에 참여하게 된다. 이때 조직의 의사결정은 (나) 집단적으로 이루어지는 경우가 많으며, 여러 가지 제약요건이 존재하기 때문에 조직의 의사결정에 적합한 과정을 거쳐야 한다. 조직의 의사결정은 개인의 의사결정에 비해 복잡하고 불확실하다. 따라서 대부분 기존의 결정을 조금씩 수정해 나가는 방향으로 이루어진다.

① (가)는 의사결정을 신속히 내릴 수 있다.
② (가)는 결정된 사항에 대하여 조직 구성원이 수월하게 수용하지 않을 수도 있다.
③ (나)는 (가)보다 효과적인 결정을 내릴 확률이 높다.
④ (나)는 의사소통 기회가 저해될 수 있다.

40. 다음 '갑' 기업과 '을' 기업에 대한 설명 중 적절하지 않은 것은?

'갑' 기업은 다양한 사외 기관, 단체들과의 상호 교류 등 업무가 잦아 관련 업무를 전담하는 조직이 갖춰져 있다. 전담 조직의 인원이 바뀌는 일은 가끔 있지만, 상설 조직이 있어 매번 발생하는 유사 업무를 효율적으로 수행한다.

'을' 기업은 사내 당구 동호회가 구성되어 있어 동호회에 가입한 직원들은 정기적으로 당구장을 찾아 쌓인 스트레스를 풀곤 한다. 가입과 탈퇴가 자유로우며 당구를 좋아하는 직원은 누구든 참여가 가능하다. 당구 동호회에 가입한 직원은 직급이 아닌 당구 실력으로만 평가 받으며, 언제 어디서 당구를 즐기든 상사의 지시를 받지 않아도 된다.

① '갑' 기업의 상설 조직은 의도적으로 만들어진 집단이다.
② '갑' 기업 상설 조직의 임무는 보통 명확하지 않고 즉흥적인 성격을 띤다.
③ '을' 기업 당구 동호회는 공식적인 임무 이외에 다양한 요구들에 의해 구성되는 경우가 많다.
④ '갑' 기업 상설 조직의 구성원은 인위적으로 참여한다.

41. 바쁜 업무 일정을 마친 선영이는 혼자 제주도를 여행하기로 하고 제주공항에 도착해 간단한 점심을 먹고 숙소에 들어와서 날씨를 참조하며 다음 일정을 체크해 보고 있는 상황이다. 이에 대한 예측 및 분석으로 가장 옳지 않은 것을 고르면? (휴가일정 : 10월 13일~15일, 휴가지 도착시간 10월 13일 오전 10시 기준)

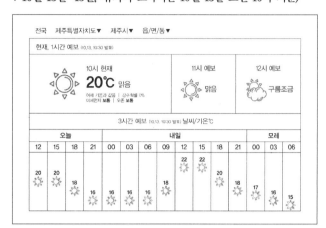

① 휴가 첫날인 오늘 오후 15시에 비해 밤 21시에는 4도 정도 떨어질 예정이다.
② 휴가 첫날은 온도의 높낮이에 관계없이 맑은 날씨로 인해 제주 해안을 볼 수 있다.
③ 휴가 마지막 날은 첫날에 비해 다소 쌀쌀할 것이다.
④ 휴가가 끝나는 10월 13일의 미세먼지는 "아주 나쁨"이다.

42. 다음 설명에 해당하는 엑셀 기능은?

> 입력한 데이터 정보를 기반으로 하여 데이터를 미니 그래프 형태의 시각적 표시로 나타내 주는 기능

① 클립아트
② 스파크라인
③ 하이퍼링크
④ 워드아트

43. 다음 워크시트에서 [A1] 셀에 '111'를 입력하고 마우스로 채우기 핸들을 아래로 드래그하여 숫자가 증가하도록 입력하려고 한다. 이 때 같이 눌러야 하는 키는 무엇인가?

	A
1	111
2	112
3	113
4	114
5	115
6	116
7	117
8	118
9	119
10	120

① F1
② Ctrl
③ Alt
④ Shift

44. 다음 자료는 '발전량' 필드를 기준으로 발전량과 발전량이 많은 순위를 엑셀로 나타낸 표이다. 태양광의 발전량 순위를 내림차순으로 구하기 위한 함수식으로 'C3'셀에 들어가야 할 알맞은 것은 어느 것인가?

	A	B	C
1	<에너지원별 발전량(단위: Mwh)>		
2	에너지원	발전량	순위
3	태양광	88	2
4	풍력	100	1
5	수력	70	4
6	바이오	75	3
7	양수	65	5

① =ROUND(B3,$B$3:$B$7,0)
② =ROUND(B3,$B$3:$B$7,1)
③ =RANK(B3,$B$3:$B$7,1)
④ =RANK(B3,$B$3:$B$7,0)

45. 검색엔진을 사용하여 인터넷에서 이순신 장군이 지은 책이 무엇인지 알아보려고 한다. 정보검색 연산자를 사용할 때 가장 적절한 검색식은 무엇인가? (단, 사용하려는 검색엔진은 AND 연산자로 '&', OR 연산자로 '+', NOT 연산자로 '!', 인접검색 연산자로 '~'을 사용한다.)

① 이순신 + 책

② 장군 & 이순신

③ 책 ! 장군

④ 이순신 & 책

46. 다음은 K쇼핑몰의 날짜별 판매상품 정보 중 일부이다. 다음의 파일에 표시된 대분류 옆의 ▼를 누르면 많은 종류의 상품 중 보고 싶은 대분류(예를 들어, 셔츠)만을 한 눈에 볼 수 있다. 이 기능은 무엇인가?

① 조건부 서식

② 찾기

③ 필터

④ 정렬

47. 엑셀 사용 시 발견할 수 있는 다음과 같은 오류 메시지 중 설명이 올바르지 않은 것은 어느 것인가?

① #DIV/0! – 수식에서 어떤 값을 0으로 나누었을 때 표시되는 오류 메시지

② #N/A – 함수나 수식에 사용할 수 없는 데이터를 사용했을 경우 발생하는 오류 메시지

③ #NULL! – 잘못된 인수나 피연산자를 사용했을 경우 발생하는 오류 메시지

④ #NUM! – 수식이나 함수에 잘못된 숫자 값이 포함되어 있을 경우 발생하는 오류 메시지

48. 다음의 알고리즘에서 인쇄되는 S는?

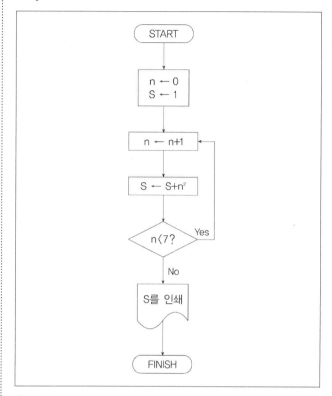

① 137

② 139

③ 141

④ 143

49~50 다음은 우리나라에 수입되는 물품의 코드이다. 다음 코드 목록을 보고 이어지는 물음에 답하시오.

생산연월	생산지역		상품종류		순서
	지역코드	고유번호	분류코드	고유번호	
·1602 2016년 2월 ·1608 2016년 8월 ·1702 2017년 2월	1 유럽	A 프랑스	01 가공식품류	001 소시지	00001부터 시작하여 수입된 물품 순서대로 5자리의 번호가 매겨짐
		B 영국		002 맥주	
		C 이탈리아		003 치즈	
		D 독일	02 육류	004 돼지고기	
	2 남미	E 칠레		005 소고기	
		F 볼리비아		006 닭고기	
	3 동아시아	G 일본	03 농수산식품류	007 파프리카	
		H 중국		008 바나나	
	4 동남아시아	I 말레이시아		009 양파	
		J 필리핀		010 할라피뇨	
		K 태국		011 후추	
		L 캄보디아		012 파슬리	
	5 아프리카	M 이집트	04 공산품류	013 의류	
		N 남아공		014 장갑	
	6 오세아니아	O 뉴질랜드		015 목도리	
		P 오스트레일리아		016 가방	
	7 중동아시아	Q 이란		017 모자	
		R 터키		018 신발	

〈예시〉
2016년 3월 남미 칠레에서 생산되어 31번째로 수입된 농수산식품류 파프리카 코드
1603 − 2E − 03007 − 00031

49. 다음 중 2016년 5월 유럽 독일에서 생산되어 64번째로 수입된 가공식품류 소시지의 코드로 맞는 것은?

① 16051A0100100034
② 16051D0200500064
③ 16054K0100200064
④ 16051D0100100064

50. 다음 중 아시아 대륙에서 생산되지 않은 상품의 코드를 고르면?

① 16017Q0401800078
② 16054J0300800023
③ 14053G0401300041
④ 17035M0401400097

✍ **직무수행능력평가**

1. 컴퓨터 버스에 대한 설명으로 옳지 않은 것은?

① 주소 정보를 전달하는 주소 버스(address bus), 데이터 전송을 위한 데이터 버스(data bus), 그리고 명령어 전달을 위한 명령어 버스(instruction bus)로 구성된다.

② 3−상태(3−state) 버퍼를 이용하면 데이터를 송신하고 있지 않는 장치의 출력이 버스에 연결된 다른 장치와 간섭하지 않도록 분리시킬 수 있다.

③ 특정 장치를 이용하면 버스를 통해서 입출력 장치와 주기억장치 간 데이터가 CPU를 거치지 않고 전송될 수 있다.

④ 다양한 장치를 연결하기 위한 별도의 버스가 추가적으로 존재할 수 있다.

2. 다음 이진 트리(binary tree)의 노드들을 후위 순회(post-order traversal)한 경로를 나타낸 것은?

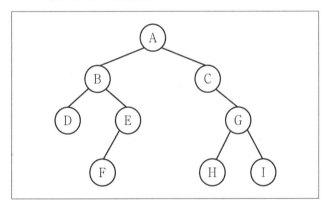

① F→H→I→D→E→G→B→C→A
② D→F→E→B→H→I→G→C→A
③ D→B→F→E→A→C→H→G→I
④ I→H→G→C→F→E→D→B→A

3. 다른 컴퓨터 시스템들과의 통신이 개방된 시스템 간의 연결을 다루는 OSI 모델에서 〈보기〉가 설명하는 계층은?

〈보기〉

　　물리적 전송 오류를 감지하는 기능을 제공하여 송·수신호스트가 오류를 인지할 수 있게 해주며, 컴퓨터 네트워크에서의 오류 제어(error control)는 송신자가 송신한 데이터를 재전송(retransmission)하는 방법으로 처리한다.

① 데이터 링크 계층
② 물리 계층
③ 전송 계층
④ 표현 계층

4. 다음 IPv4에 대한 설명 중 올바른 것은?

① 주소는 6바이트 크기로 되어 있다.
② 하나의 패킷에는 출발지주소와 목적지주소가 포함되어 있다.
③ 주소 공간은 3바이트 네트워크 주소 부분과 3바이트 호스트 주소 부분으로 나누어진다.
④ 스위치는 IPv4주소를 사용하여 해당 패킷이 어느 포트로 이동해야 할지 결정한다.

5. 다음 중 인터럽트 입출력 제어방식은?

① 입출력을 하기 위해 CPU가 계속 Flag를 검사하고, 자료전송도 CPU가 직접 처리하는 방식이다.
② 입출력을 하기 위해 CPU가 계속 Flag를 검사할 필요가 없고, 대신 입출력 인터페이스가 CPU에게 데이터 전송 준비가 되었음을 알리고 자료전송은 CPU가 직접 처리하는 방식이다.
③ 입출력 장치가 직접 주기억장치를 접근하여 Data Block을 입출력하는 방식으로, 입출력 전송이 CPU 레지스터를 경유하지 않고 수행된다.
④ CPU의 관여 없이 채널 제어기가 직접 채널 명령어로 작성된 프로그램을 해독하고 실행하여 주기억장치와 입출력 장치 사이에서 자료전송을 처리하는 방식이다.

6. 안드로이드에 대한 설명으로 옳지 않은 것은?

① 안드로이드는 구글이 중심이 되어 개발하는 휴대 단말기용 플랫폼이다.
② 일반적으로 안드로이드 애플리케이션의 네 가지 구성요소는 액티비티, 방송 수신자, 서비스, 콘텐츠 제공자이다.
③ 보안, 메모리 관리, 프로세스 관리, 네트워크 관리 등 핵심 서비스는 리눅스에 기초하여 구현되었다.
④ 콘텐츠 제공자는 UI 컴포넌트를 화면에 표시하고, 시스템이나 사용자의 반응을 처리할 수 있다.

7. 컴퓨터 시스템에 대한 설명으로 옳은 것은?

① 임베디드 시스템은 특정 기능을 수행하기 위해 설계된 컴퓨터 하드웨어와 소프트웨어 및 추가적인 기계 혹은 기타 부품들의 결합체이다.
② 클러스터 컴퓨팅 시스템에 참여하는 컴퓨터들은 다른 이웃노드와 독립적으로 동작하고 상호 연결되어 협력하지 않는다.
③ 불균일 기억장치 액세스(NUMA) 방식은 병렬 방식 중 가장 오래되었고, 여전히 가장 널리 사용된다.
④ Flynn의 분류에 따르면, MISD는 여러 프로세서들이 서로 다른 명령어들을 서로 다른 데이터들에 대하여 동시에 실행하는 것이다.

8. 데이터베이스 관리 시스템(database management system)을 구축함으로써 생기는 이점만을 모두 고른 것은?

　　㉠ 응용 소프트웨어가 데이터베이스에 관한 세부 사항에 자세히 관련할 필요가 없어져서 응용 소프트웨어 설계가 단순화될 수 있다.
　　㉡ 데이터베이스에 대한 접근 제어가 용이해진다.
　　㉢ 데이터 독립성을 제거할 수 있다.
　　㉣ 응용 소프트웨어가 데이터베이스를 직접 조작하게 된다.

① ㉠, ㉡
② ㉠, ㉢
③ ㉡, ㉣
④ ㉢, ㉣

9. 프림(Prim) 알고리즘을 이용하여 최소 비용 신장 트리를 구하고자 한다. 다음 그림의 노드 0에서 출발할 경우 가장 마지막에 선택되는 간선으로 옳은 것은? (단, 간선 옆의 수는 간선의 비용을 나타낸다)

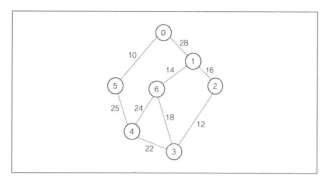

① (1, 2)　　　　　② (1, 6)

③ (4, 5)　　　　　④ (4, 6)

10. 통신 연결 장치와 그 장치가 동작하는 OSI(Open Systems Interconnection) 계층이 바르게 짝지어진 것은?

| ㉠ 네트워크 계층(network layer) |
| ㉡ 데이터 링크 계층(data link layer) |
| ㉢ 물리 계층(physical layer) |

	라우터(router)	브리지(bridge)	리피터(repeater)
①	㉠	㉡	㉢
②	㉡	㉠	㉢
③	㉡	㉢	㉠
④	㉢	㉡	㉠

11. 입력 안내에 따라 두 사람의 나이를 입력받고 그 합을 구하는 C 프로그램을 작성하려고 한다. 프로그램이 정상적으로 동작하도록 다음의 코드 조각을 올바른 순서로 나열한 것은?

```
㉠ scanf("%d%d", &age1, &age2);
㉡ result = age1 + age2;
㉢ int age1, age2, result;
㉣ printf("나이의 합은 %d살입니다. \n", result);
㉤ printf("철수와 영희의 나이를 입력하세요 :");
```

① ㉢→㉤→㉠→㉡→㉣

② ㉢→㉠→㉡→㉤→㉣

③ ㉤→㉠→㉢→㉣→㉡

④ ㉢→㉠→㉤→㉡→㉣

12. 관계형 데이터베이스 설계에서의 정규화에 대한 설명으로 옳지 않은 것은?

① 질의처리 성능 향상을 위해 비효율적인 릴레이션들을 병합하는 과정이다.

② 데이터 중복을 감소시켜 저장 공간의 효율성을 향상시킨다.

③ 삽입, 삭제, 수정 시 발생할 수 있는 이상(anomaly) 현상을 제거한다.

④ 정규형에는 1NF, 2NF, 3NF, BCNF, 4NF, 5NF 등이 있다.

13. 속성 A, B, C로 정의된 릴레이션의 인스턴스가 아래와 같을 때, 후보키의 조건을 충족하는 것은?

A	B	C
1	12	7
20	12	7
1	12	3
1	1	4
1	2	6

① (A)

② (A, C)

③ (B, C)

④ (A, B, C)

14. 통신 프로토콜에 대한 설명으로 옳은 것은?

① MIME(Multipurpose Internet Mail Extensions)는 인터넷상에서 디지털 오디오 및 비디오 신호를 실시간으로 전달하기 위한 전송 계층 프로토콜이다.

② TFTP(Trivial File Transfer Protocol)는 안전한 파일 전송을 위해 인증과 TCP를 필수 구성 요소로 한다.

③ TELNET는 가상 터미널 연결을 위한 응용 계층 프로토콜로 텍스트 기반 양방향 통신 기능을 제공한다.

④ DHCP(Dynamic Host Configuration Protocol)는 호스트의 인터넷 도메인 명을 IP 주소로 변환시켜 주는 것이다.

15. 다음의 데이터 링크 계층 오류제어 기법들을 프레임 전송 효율이 좋은 것부터 나쁜 순으로 바르게 나열한 것은? (단, 여러 개의 프레임을 전송할 때 평균적으로 요구되는 전송 및 대기 시간만을 고려하되, 송신 및 수신단에 요구되는 구현의 복잡도나 운용에 따른 비용은 무시한다)

> ㉠ 정지 후 대기(stop-and-wait) ARQ
> ㉡ N 복귀(go-back-N) ARQ
> ㉢ 선택적 반복(selective-repeat) ARQ

① ㉠ → ㉡ → ㉢
② ㉡ → ㉢ → ㉠
③ ㉢ → ㉠ → ㉡
④ ㉢ → ㉡ → ㉠

16. 다음은 IPv6에 대한 설명이다. 옳지 않은 것은?

① 기존의 IP 주소 공간이 빠른 속도로 고갈되어 왔기 때문에 고안되었다.
② IPv6는 IP 주소 크기를 기존의 4바이트에서 6바이트로 확장했다.
③ IPv6는 유니캐스트, 멀티캐스트 주소뿐만 아니라 새로운 주소 형태인 애니캐스트 주소가 도입되었다.
④ 네트워크 프로토콜을 바꾼다는 것은 매우 어렵기 때문에 IPv6로의 전환을 위해 여러 방법들이 고안되었다.

17. 라우팅 알고리즘은 라우터에 패킷이 도착했을 때 포워딩 테이블을 검색하고 패킷이 전달될 인터페이스를 결정하는 알고리즘이다. 다음 중 라우팅 알고리즘이 아닌 것은?

① RIP(Routing Information Protocol)
② OSPF(Open Shortest Path First)
③ CDMA(Code Division Multiple Access)
④ BGP(Border Gateway Protocol)

18. 다음의 설명과 무선 PAN 기술이 옳게 짝지어진 것은?

> ㈎ 다양한 기기 간에 무선으로 데이터 통신을 할 수 있도록 만든 기술로 에릭슨이 IBM, 노키아, 도시바와 함께 개발하였으며, IEEE 802.15.1 규격으로 발표되었다.
> ㈏ 약 10 cm 정도로 가까운 거리에서 장치 간에 양방향 무선 통신을 가능하게 해주는 기술로 모바일 결제 서비스에 많이 활용된다.
> ㈐ IEEE 802.15.4 기반 PAN기술로 낮은 전력을 소모하면서 저가의 센서 네트워크 구현에 최적의 방안을 제공하는 기술이다.

	㈎	㈏	㈐
①	Bluetooth	NFC	ZigBee
②	ZigBee	RFID	luetooth
③	NFC	RFID	ZigBee
④	Bluetooth	ZigBee	RFID

19. 네트워크 구성 형태에 대한 설명으로 옳지 않은 것은?

① 메시(mesh)형은 각 노드가 다른 모든 노드와 점 대 점으로 연결되기 때문에 네트워크 규모가 커질수록 통신 회선 수가 급격하게 많아진다.
② 스타(star)형은 각 노드가 허브라는 하나의 중앙노드에 연결되기 때문에 중앙노드가 고장나면 그 네트워크 전체가 영향을 받는다.
③ 트리(tree)형은 고리처럼 순환형으로 구성된 형태로서 네트워크 재구성이 수월하다.
④ 버스(bus)형은 하나의 선형 통신 회선에 여러 개의 노드가 연결되어 있는 형태이다.

20. 논리적 데이터 모델에 대한 설명으로 옳지 않은 것은?

① 개체관계 모델은 개체와 개체 사이의 관계성을 이용하여 데이터를 모델링한다.
② 관계형 모델은 논리적 데이터 모델에 해당한다.
③ SQL은 관계형 모델을 따르는 DBMS의 표준 데이터 언어이다.
④ 네트워크 모델, 계층 모델은 레거시 데이터 모델로도 불린다.

21. 다음 프로세스 집합에 대하여 라운드 로빈 CPU 스케줄링 알고리즘을 사용할 때, 프로세스들의 총 대기시간은? (단, 시간 0에 P1, P2, P3 순서대로 도착한 것으로 하고, 시간 할당량은 4밀리초로 하며, 프로세스 간 문맥교환에 따른 오버헤드는 무시한다)

프로세스	버스트 시간(밀리초)
P1	20
P2	3
P3	4

① 16

② 18

③ 20

④ 24

22. 가상 사설 네트워크(VPN : Virtual Private Network)에 대한 설명으로 옳지 않은 것은?

① 터널링(tunneling) 기술을 사용한다.

② 전용회선 기반 사설 네트워크보다 구축 및 유지 비용이 높다.

③ 암호화 기술을 사용한다.

④ VPN 기능은 방화벽이나 라우터에 내장될 수 있다.

23. 다음은 속성(attribute) A, B, C, D와 4개의 투플(tuple)로 구성되고 두 개의 함수 종속 AB→C, A→D를 만족하는 릴레이션을 나타낸다. ㉠과 ㉡에 들어갈 수 있는 속성 값이 옳게 짝지어진 것은? (단, A 속성의 도메인은 {a1, a2, a3, a4}이고, D 속성의 도메인은 {d1, d2, d3, d4, d5}이다)

A	B	C	D
a1	b1	c1	d1
a1	b2	c2	㉠
㉡	b1	c1	d3
a4	b1	c4	d4

	㉠	㉡
①	d1	a1
②	d1	a2 또는 a3
③	d5	a2 또는 a4
④	d4	a4

24. 데이터베이스에서 뷰(View)에 대한 설명으로 옳은 것은?

① 뷰는 테이블을 기반으로 만들어지는 가상 테이블이며, 뷰를 기반으로 새로운 뷰를 생성할 수 없다.

② 뷰 삭제는 SQL 명령어 중 DELETE 구문을 사용하며, 뷰 생성에 기반이 된 기존 테이블들은 영향을 미치지 않는다.

③ 뷰 생성에 사용된 테이블의 기본키를 구성하는 속성이 포함되어 있지 않은 뷰도 데이터의 변경이 가능하다.

④ 뷰 생성 시 사용되는 SELECT문에서 GROUP BY 구문은 사용 가능하지만, ORDER BY 구문은 사용할 수 없다.

25. 다음은 다중스레드(Multi-Thread)에 관련된 설명이다. 옳지 않은 것은?

① 하나의 프로세스에 2개 이상의 스레드들을 생성하여 수행한다.

② 스레드별로 각각의 프로세스를 생성하여 실행하는 것보다 효율적이다.

③ 스레드들 간은 IPC(InterProcess Communication)방식으로 통신한다.

④ 각각의 스레드는 프로세스에 할당된 자원을 공유한다.

26. 데이터 통신의 오류 검사 방식 중 다항식 코드를 사용하며 집단(burst) 오류 검출에 적합한 방식은?

① FEC(Forward Error Correction)

② 단일 패리티 비트(parity bit) 검사

③ 블록 합(block sum) 검사

④ CRC(Cyclic Redundancy Check)

27. 데이터베이스 무결성 제약조건에 대한 설명으로 옳지 않은 것은?

① 무결성 제약조건은 사용자에 의한 데이터베이스 갱신이 데이터의 일관성을 손상하지 않도록 보장하는 데에 사용된다.

② DBMS는 무결성 제약조건을 검사하는 기능을 가진다.

③ 도메인 무결성 제약조건은 기본 키가 널(NULL) 값을 가질 수 없고 튜플을 유일하게 식별해야 한다는 것이다.

④ 참조 무결성 제약조건은 릴레이션 사이의 참조를 위해 사용되는 외래키에 대한 것이다.

28. 네트워크 기술에 대한 설명으로 옳지 않은 것은?

① IPv6는 인터넷 주소 크기가 128비트이고 호스트 자동 설정기능을 제공한다.

② 광대역통합망은 응용 서비스별로 약속된 서비스 레벨 보증(Service Level Agreement) 품질 수준을 보장해줄 수 있다.

③ 모바일 와이맥스(WiMAX)는 휴대형 단말기를 이용해 고속 인터넷 접속 서비스를 제공하는 무선망 기술이다.

④ SMTP(Simple Mail Transfer Protocol)는 사용자 인터페이스 구성방법을 지정하는 전송 계층 프로토콜이다.

29. IPv4가 제공하는 기능만을 모두 고른 것은?

┌─────────────────────────────┐
│ ㉠ 혼잡제어 │
│ ㉡ 인터넷 주소지정과 라우팅 │
│ ㉢ 신뢰성 있는 전달 서비스 │
│ ㉣ 패킷 단편화와 재조립 │
└─────────────────────────────┘

① ㉠, ㉡

② ㉡, ㉢

③ ㉡, ㉣

④ ㉢, ㉣

30. 데이터베이스의 동시성 제어에 대한 설명으로 옳지 않은 것은? (단, T1, T2, T3는 트랜잭션이고, A는 데이터 항목이다)

① 다중버전 동시성 제어 기법은 한 데이터 항목이 변경될 때 그 항목의 이전 값을 보존한다.

② T1이 A에 배타 로크를 요청할 때, 현재 T2가 A에 대한 공유 로크를 보유하고 있고 T3가 A에 공유 로크를 동시에 요청한다면, 트랜잭션 기아 회피기법이 없는 경우 A에 대한 로크를 T3가 T1보다 먼저 보유한다.

③ 로크 전환이 가능한 상태에서 T1이 A에 대한 배타 로크를 요청할 때, 현재 T1이 A에 대한 공유 로크를 보유하고 있는 유일한 트랜잭션인 경우 T1은 A에 대한 로크를 배타 로크로 상승할 수 있다.

④ 2단계 로킹 프로토콜에서 각 트랜잭션이 정상적으로 커밋될 때까지 자신이 가진 모든 배타적 로크들을 해제하지 않는다면 모든 교착상태를 방지할 수 있다.

31. 해싱(Hashing)에 대한 설명으로 옳지 않은 것은?

① 서로 다른 탐색키가 해시 함수를 통해 동일한 해시 주소로 사상될 수 있다.

② 충돌(Collision)이 발생하지 않는 해시 함수를 사용한다면 해싱의 탐색 시간 복잡도는 O(1)이다.

③ 선형 조사법(Linear Probing)은 연결리스트(Linked List)를 사용하여 오버플로우 문제를 해결한다.

④ 폴딩함수(Folding Function)는 탐색키를 여러 부분으로 나누어 이들을 더하거나 배타적 논리합을 하여 해시 주소를 얻는다.

32. IPv4와 IPv6에 대한 설명으로 옳지 않은 것은?

① IPv4는 비연결형 프로토콜이다.

② IPv6 주소의 비트 수는 IPv4 주소 비트 수의 2배이다.

③ IPv6는 애니캐스트(anycast) 주소를 지원한다.

④ IPv6는 IPv4 네트워크와의 호환성을 위한 방법을 제공한다.

33. 정책 수립에 있어 중요성이 커지고 있는 빅데이터에 대한 설명으로 가장 옳지 않은 것은?

① 디지털 환경에서 생성되는 데이터로 규모가 방대하고, 생성 주기가 길며, 형태가 다양하다.

② 하둡(Hadoop)과 같은 오픈 소스 소프트웨어 시스템을 빅데이터 처리에 이용하는 것이 가능하다.

③ 보건, 금융과 같은 분야의 빅데이터는 사회적으로 유용한 정보나 데이터 활용 측면에서 프라이버시 침해에 대한 대비가 필요하다.

④ 구글 및 페이스북, 아마존의 경우 이용자의 성향과 검색 패턴, 구매패턴을 분석해 맞춤형 광고를 제공하는 등 빅데이터의 활용을 증대시키고 있다.

34.
〈보기〉는 TCP/IP 프로토콜에 대한 설명이다. ㉠~㉡에 들어갈 내용으로 가장 옳은 것은?

〈보기〉
- (㉠)는 사용자가 입력한 IP 주소를 이용해 물리적 네트워크 주소(MAC Address)를 제공한다.
- (㉡)는 데이터 전송 과정에서 오류가 발생하면 오류 메시지를 전송한다.

	㉠	㉡
①	ICMP	RARP
②	RARP	ICMP
③	ARP	ICMP
④	ICMP	ARP

35.
UDP(User Datagram Protocol)에 대한 설명으로 옳은 것만을 모두 고르면?

㉠ 연결 설정이 없다.
㉡ 오류검사에 체크섬을 사용한다.
㉢ 출발지 포트 번호와 목적지 포트 번호를 포함한다.
㉣ 혼잡제어 메커니즘을 이용하여 링크가 과도하게 혼잡해지는 것을 방지한다.

① ㉠, ㉡
② ㉠, ㉢
③ ㉠, ㉡, ㉢
④ ㉡, ㉢, ㉣

36.
IPv4에서 데이터 크기가 6,000 바이트인 데이터그램이 3개로 단편화(fragmentation)될 때, 단편화 오프셋(offset) 값으로 가능한 것만을 모두 고르면?

㉠ 0	㉡ 500
㉢ 800	㉣ 2,000

① ㉠, ㉡
② ㉢, ㉣
③ ㉠, ㉡, ㉢
④ ㉡, ㉢, ㉣

37.
릴레이션 R = {A, B, C, D, E}이 함수적 종속성들의 집합 FD = {A→C, {A, B}→D, D→E, {A, B}→E}를 만족할 때, R이 속할 수 있는 가장 높은 차수의 정규형으로 옳은 것은? (단, 기본키는 복합속성 {A, B}이고, 릴레이션 R의 속성 값은 더 이상 분해될 수 없는 원자 값으로만 구성된다)

① 제1정규형
② 제2정규형
③ 제3정규형
④ 보이스 / 코드 정규형

38.
〈보기〉 C프로그램의 출력은?

〈보기〉

```
#include <stdio.h>

int main()
{
    int a = 5, b = 5;

    a *= 3+b++;
    printf("%d %d", a, b);
    return 0;
}
```

① 40 5
② 40 6
③ 45 5
④ 45 6

39. 다음 Java 프로그램의 출력 결과는?

```java
class Foo {
    public int a = 3;
    public void addValue(int i) {
        a = a + i;
        System.out.println("Foo : "+ a + " " );
    }
    public void addFive() {
        a += 5;
        System.out.println("Foo : "+ a + " " );
    }
}

class Bar extends Foo {
    public int a = 8;
    public void addValue(double i) {
        a = a + (int)i;
        System.out.println("ar : "+ a + " " );
    }
    public void addFive() {
        a += 5;
        System.out.println("Bar : "+ a + " " );
    }
}

public class Test {
    public static void main(String [] args) {
        Foo f = new Bar();
        f.addValue(1);
        f.addFive();
    }
}
```

① Foo : 4
　Foo : 9
② Bar : 9
　Foo : 8
③ Foo : 4
　Bar : 13
④ Bar : 9
　Bar : 14

40. 〈보기〉 C프로그램의 실행 결과는?

```c
#include <stdio.h>

int main()
{
int a=0, b=1;
switch(a)
    {   case 0 : printf("%d \n", b++); ; break;
case 1 : printf("%d \n", ++b); ; break;
default : printf("0 \n", b); ; break;
    }
return 0;
}
```

① 0

② 1

③ 2

④ 3

41. 트랜잭션이 정상적으로 완료(commit)되거나, 중단(abort)되었을 때 롤백(rollback)되어야 하는 트랜잭션의 성질은?

① 원자성(atomicity)

② 일관성(consistency)

③ 격리성(isolation)

④ 영속성(durability)

42. 컴퓨터 명령어 처리 시 필요한 유효 주소(Effective Address)를 찾기 위한 주소 지정 방식에 대한 설명으로 옳지 않은 것은?

① 즉시 주소 지정 방식(Immediate Addressing Mode)은 유효 데이터가 명령어 레지스터 내에 있다.

② 간접 주소 지정 방식(Indirect Addressing Mode)으로 유효 데이터에 접근하는 경우 주기억장치 최소접근횟수는 2이다.

③ 상대 주소 지정 방식(Relative Addressing Mode)은 프로그램 카운터와 명령어 내의 주소필드 값을 결합하여 유효 주소를 도출한다.

④ 레지스터 주소 지정 방식(Register Addressing Mode)은 직접 주소 지정 방식(Direct Addressing Mode)보다 유효 데이터 접근속도가 느리다.

43. 고객, 제품, 주문, 배송업체 테이블을 가진 판매 데이터베이스를 SQL을 이용해 구축하고자 한다. 각 테이블이 〈보기〉와 같은 속성을 가진다고 가정할 때, 다음 중 가장 옳지 않은 SQL문은? (단, 밑줄은 기본키를 의미한다.)

〈보기〉
- 고객(<u>고객아이디</u>, 고객이름, 나이, 등급, 직업, 적립금)
- 제품(<u>제품번호</u>, 제품명, 재고량, 단가, 제조업체)
- 주문(<u>주문번호, 주문제품</u>, 주문고객, 수량, 배송지, 주문일자)
- 배송업체(<u>업체번호</u>, 업체명, 주소, 전화번호)

① 고객 테이블에 가입 날짜를 추가한다. →
  "ALTER TABLE 고객 ADD 가입 날짜 DATE;"

② 주문 테이블에서 배송지를 삭제한다. →
  "ALTER TABLE 주문 DROP COLUMN 배송지;"

③ 고객 테이블에 18세 이상의 고객만 가입 가능하다는 무결성 제약 조건을 추가한다. →
  "ALTER TABLE 고객 ADD CONSTRAINT CHK_AGE CHECK(나이)=18);"

④ 배송업체 테이블을 삭제한다. →
  "ALTER TABLE 배송업체 DROP;"

44. 공개키 기반 구조(PKI : Public Key Infrastructure)의 인증서에 대한 설명으로 옳은 것만을 모두 고른 것은?

㉠ 인증기관은 인증서 및 인증서 취소목록 등을 관리한다.
㉡ 인증기관이 발행한 인증서는 공개키와 공개키의 소유자를 공식적으로 연결해 준다.
㉢ 인증서에는 소유자 정보, 공개키, 개인키, 발행일, 유효기간 등의 정보가 담겨 있다.
㉣ 공인인증서는 인증기관의 전자서명 없이 사용자의 전자서명만으로 공개키를 공증한다.

① ㉠, ㉡

② ㉠, ㉢

③ ㉡, ㉢

④ ㉢, ㉣

45. 쿠키(Cookie)에 대한 설명으로 옳지 않은 것은?

① 쿠키는 웹사이트를 편리하게 이용하기 위한 목적으로 만들어졌으며, 많은 웹사이트가 쿠키를 이용하여 사용자의 정보를 수집하고 있다.

② 쿠키는 실행파일로서 스스로 디렉터리를 읽거나 파일을 지우는 기능을 수행한다.

③ 쿠키에 포함되는 내용은 웹 응용프로그램 개발자가 정할 수 있다.

④ 쿠키 저장 시 타인이 임의로 쿠키를 읽어 들일 수 없도록 도메인과 경로 지정에 유의해야 한다.

46. 컴퓨터 포렌식(forensics)은 정보처리기기를 통하여 이루어지는 각종 행위에 대한 사실 관계를 확정하거나 증명하기 위해 행하는 각종 절차와 방법이라고 정의할 수 있다. 다음 중 컴퓨터 포렌식에 대한 설명으로 옳지 않은 것은?

① 컴퓨터 포렌식 중 네트워크 포렌식은 사용자가 웹상의 홈페이지를 방문하여 게시판 등에 글을 올리거나 읽는 것을 파악하고 필요한 증거물을 확보하는 것 등의 인터넷 응용 프로토콜을 사용하는 분야에서 증거를 수집하는 포렌식 분야이다.

② 컴퓨터 포렌식은 단순히 과학적인 컴퓨터 수사 방법 및 절차뿐만 아니라 법률, 제도 및 각종 기술 등을 포함하는 종합적인 분야라고 할 수 있다.

③ 컴퓨터 포렌식 처리 절차는 크게 증거 수집, 증거 분석, 증거 제출과 같은 단계들로 이루어진다.

④ 디스크 포렌식은 정보기기의 주·보조기억장치에 저장되어 있는 데이터 중에서 어떤 행위에 대한 증거 자료를 찾아서 분석한 보고서를 제출하는 절차와 방법을 말한다.

47. 침입차단시스템에 대한 설명으로 가장 옳은 것은?

① 스크린드 서브넷 구조(Screened Subnet Architecture)는 DMZ와 같은 완충 지역을 포함하며 구축 비용이 저렴하다.

② 스크리닝 라우터 구조(Screening Router Architecture)는 패킷을 필터링하도록 구성되므로 구조가 간단하고 인증 기능도 제공할 수 있다.

③ 이중 네트워크 호스트 구조(Dual-homed Host Architecture)는 내부 네트워크를 숨기지만, 배스천 호스트가 손상되면 내부 네트워크를 보호할 수 없다.

④ 스크린드 호스트 게이트웨이 구조(Screened Host Gateway Architecture)는 서비스 속도가 느리지만, 배스천 호스트에 대한 침입이 있어도 내부 네트워크를 보호할 수 있다.

48. 사용자 인증에 사용되는 기술이 아닌 것은?

① Snort

② OTP(One Time Password)

③ SSO(Single Sign On)

④ 스마트 카드

49. 메시지의 무결성을 검증하는 데 사용되는 해시와 메시지 인증 코드(MAC)의 차이점에 대한 설명으로 옳은 것은?

① MAC는 메시지와 송·수신자만이 공유하는 비밀키를 입력받아 생성되는 반면에, 해시는 비밀키 없이 메시지로부터 만들어진다.

② 해시의 크기는 메시지 크기와 무관하게 일정하지만, MAC는 메시지와 크기가 같아야 한다.

③ 메시지 무결성 검증 시, 해시는 암호화되어 원본 메시지와 함께 수신자에게 전달되는 반면에, MAC의 경우에는 MAC로부터 원본 메시지 복호화가 가능하므로 MAC만 전송하는 것이 일반적이다.

④ 송·수신자만이 공유하는 비밀키가 있는 경우, MAC를 이용하여 메시지 무결성을 검증할 수 있으나 해시를 이용한 메시지 무결성 검증은 불가능하다.

50. 윈도우즈에서 지원하는 네트워크 관련 명령어와 주요 기능에 대한 설명으로 옳지 않은 것은?

① route : 라우팅 테이블의 정보 확인

② netstat : 연결 포트 등의 네트워크 상태 정보 확인

③ tracert : 네트워크 목적지까지의 경로 정보 확인

④ nslookup : 사용자 계정 정보 확인

한전 KDN

전산직

기출동형 모의고사

정답 및 해설

제1회 정답 및 해설

✎ 직업기초능력평가

1 ③

③ '몸가짐이나 언행을 조심하다.'는 의미를 가진 표준어는 '삼가다'로, '삼가야 한다'는 어법에 맞는 표현이다. 자주 틀리는 표현 중 하나로 '삼가해 주십시오' 등으로 사용하지 않도록 주의해야 한다.

① 어떤 일의 수단이나 도구를 나타내는 격조사 '-로써'로 고치는 것이 적절하다.

② 어떤 사실이나 내용을 시인하면서 그에 반대되는 내용을 말하거나 조건을 붙여 말할 때에 쓰는 연결 어미인 '-지마는(-지만)'이 오는 것이 적절하다.

④ '및'은 '그리고', '그 밖에', '또'의 뜻으로, 문장에서 같은 종류의 성분을 연결할 때 쓰는 말이다. 따라서 앞뒤로 이어지는 표현의 구조가 대등해야 한다.

2 ①

① 어떤 과정이나 단계를 겪거나 밟다.

② 마음에 거리끼거나 꺼리다.

③ 오가는 도중에 어디를 지나거나 들르다.

④ 무엇에 걸리거나 막히다.

3 ④

애완동물을 데리고 승강기에 탑승할 경우 반드시 안고 탑승해야 하며, 타인에게 공포감을 주지 말아야 한다는 규정은 있으나, 승강기 이용이 제한되거나 반드시 계단을 이용해야만 하는 것은 아니므로 잘못된 안내 사항이다.

4 ①

㈐ 무한한 지식의 종류와 양→㈎ 인간이 얻을 수 있는 지식의 한계→㈑ 체험으로써 배우기 어려운 지식→㈏ 체험으로 배우기 위험한 지식의 예→㈒ 체험으로써 모든 지식을 얻기란 불가능함

5 ①

상하이와 요코하마에서는 영국인에 의해 영자신문이 창간되었다고 언급했다. 그러나 주어진 글로는 이들이 서양 선교사들인지는 알 수 없다.

② 정부 차원에서 관료들에게 소식을 전하는 관보가 있었으나 민간인을 독자로 하는 신문은 개항 이후 새롭게 나타난 신문들이다.

③ 'ㅇㅇ신보'라는 용어가 유래된 것은 「상하이신보」로 영국의 민간회사에서 만들었고, '△△일보'라는 용어가 유래된 것은 「순후안일보」로 상인에 의해 창간되었다.

④ 자국민에 의한 중국어 신문은 1874년에 출간된 「순후안일보」가 최초이고, 자국민에 의한 일본어 신문은 1871년에 출간된 「요코하마마이니치신문」이 최초이다.

6 ②

㉠ 가산 : 더하여 셈함

㉡ 지체 : 의무 이행을 정당한 이유 없이 지연하는 일

㉢ 승낙 : 청약(請約)을 받아들이어 계약을 성립시키는 의사 표시

7 ③

아리스토텔레스는 모든 자연물이 목적을 추구하는 본성을 타고나며, 외적 원인이 아니라 내재적 본성에 따른 운동을 한다는 목적론을 제시하였다. 아리스토텔레스에 따르면 이러한 본성적 운동의 주체는 단순히 목적을 갖는 데 그치는 것이 아니라 목적을 실현할 능력도 타고난다.

8 ③

㉠ 남1의 발언에는 두 명의 성인 남녀라는 조건만 있을 뿐 민족과 국적에 대한 언급은 없다. 따라서 민족과 국적이 서로 다른 두 성인 남녀가 결혼하여 자녀를 입양한 가정은 가족으로 인정할 수 있다.

ⓛ 여1은 동성 간의 결합을 가족으로 인정하고 지지할 수 있지만, 남2는 핵가족 구조를 전통적인 성역할에 기초한다고 보기 때문에 동성 간의 결합을 가족으로 인정하고 지지하지 않을 것이다.

ⓒ 남2는 여성의 경제활동 참여율 증가를 전통적인 가족 기능의 위기를 가져오는 심각한 사회문제로 보고 있다. 따라서 여성의 경제활동 참여를 지원하는 아동보육시설의 확대정책보다는 아동을 돌보는 어머니에게 매월 일정액을 지급하는 아동수당 정책을 더 선호할 것이다.

ⓔ 여2는 남성 혼자서 가족을 부양하기 어려운 현실을 지적하며 남녀 모두 경제활동에 참여할 수 있도록 지원하는 국가의 정책이 필요하다고 보는 입장이다. 따라서 여성 직장인이 휴직을 해야 하는 육아휴직 확대정책보다는 여성의 경제활동이 유지될 수 있도록 육아도우미의 가정파견을 전액 지원하는 국가정책을 더 선호할 것이다.

9 ④

국내 통화량이 증가하여 유지될 경우 장기에는 자국의 물가도 높아져 장기의 환율은 상승한다.

10 ④

㉠ 한국표준산업 분류표에서 대분류에 해당하는 것을 '업태'라고 한다. 업태 중에서 세분화된 사업의 분류는 '업종'이라고 한다.

ⓛ 본체의 수량이 5개이고, 공급가액이 2,600,000원이므로 단가, 즉 한 단위의 가격은 520,000원임을 알 수 있다.

11 ②

2018년 채용되는 직무별 사원수를 구하면 사무직 974명, 연구직 513명, 기술직 308명, 고졸사원 205명이다. 기술직 사원의 수는 전년도 대비 감소하며, 연구직 사원은 전년도 대비 313명 증가하며, 2018년의 고졸사원의 수는 2017년보다 감소한다.

12 ③

5%의 설탕물의 양을 xg이라고 하면 10%의 설탕물의 양은 $(300-x)$g이다. 두 설탕물을 섞기 전과 섞은 후에 들어 있는 설탕의 양은 같으므로 이를 계산하면 다음과 같다.

$$\frac{5}{100} \times x + \frac{10}{100} \times (300-x) = \frac{8}{100} \times 300$$
$$5x + 3000 - 10x = 2400, -5x = -600$$
$$\therefore x = 120(g)$$

13 ①

작년의 송전 설비 수리 건수를 x, 배전 설비 수리 건수를 y라고 할 때, $x + y = 238$이 성립한다. 또한 감소 비율이 각각 40%와 10%이므로 올해의 수리 건수는 $0.6x$와 $0.9y$가 되며, 이것의 비율이 5 : 3이므로 $0.6x$: $0.9y = 5 : 3$이 되어 $1.8x = 4.5y(\rightarrow x = 2.5y)$가 된다.

따라서 두 연립방정식을 계산하면, $3.5y = 238$이 되어 $y = 68$, $x = 170$건임을 알 수 있다. 그러므로 올 해의 송전 설비 수리 건수는 $170 \times 0.6 = 102$건이 된다.

14 ④

통화량을 x, 문자메시지를 y라고 하면

A요금제

$$\rightarrow (5x + 10y) \times \left(1 - \frac{1}{5}\right) = 4x + 8y = 14,000원$$

B요금제 $\rightarrow 5,000 + 3x + 15 \times (y - 100) = 16,250원$

두 식을 정리해서 풀면

$$y = 250, \ x = 3,000$$

15 ③

사고 전 조달원 \ 사고 후 조달원	수돗물	정수	약수	생수	합계
수돗물	40	30	20	30	120
정수	10	50	10	30	100
약수	20	10	10	40	80
생수	10	10	10	40	70
합계	80	100	50	140	370

수돗물은 120가구에서 80가구로, 약수는 80가구에서 50가구로 각각 이용 가구 수가 감소하였다. 정수는 100가구로 변화가 없으며, 생수는 70가구에서 140가구로 증가하였다.
따라서 사고 전에 비해 사고 후에 이용 가구 수가 감소한 식수 조달원의 수는 2개이다.

16 ④

ⓒ 2014년은 전체 임직원 중 20대 이하 임직원이 차지하는 비중이 50% 이하이다.

17 ③

㉠ 2015~2017년 동안의 유형별 최종에너지 소비량 비중이므로 전력 소비량의 수치는 알 수 없다.

ⓒ 2017년의 산업부문의 최종에너지 소비량은 $115,155$ 천TOE이므로 전체 최종 에너지 소비량인 $193,832$ 천TOE의 50%인 $96,916$ 천TOE보다 많으므로 50% 이상을 차지한다고 볼 수 있다.

ⓒ 2015~2017년 동안 석유제품 소비량 대비 전력 소비량의 비율은 $\dfrac{전력}{석유제품}$ 으로 계산하면

2015년 $\dfrac{18.2}{53.3} \times 100 = 34.1\%$,

2016년 $\dfrac{18.6}{54} \times 100 = 34.4\%$,

2017년 $\dfrac{19.1}{51.9} \times 100 = 36.8\%$이므로 매년 증가함을 알 수 있다.

㉣ 2017년 산업부문과 가정·상업부문에서 $\dfrac{무연탄}{유연탄}$ 을 구하면 산업부문의 경우 $\dfrac{4,750}{15,317} \times 100 = 31\%$, 가정·상업부문의 경우 $\dfrac{901}{4,636} \times 100 = 19.4\%$이므로 모두 25% 이하인 것은 아니다.

18 ④

丁 인턴은 甲, 乙, 丙 인턴에게 주고 남은 성과급의 1/2보다 70만 원을 더 받았다고 하였으므로, 전체 성과급에서 甲, 乙, 丙 인턴에게 주고 남은 성과급을 x 라고 하면

丁 인턴이 받은 성과급은 $\dfrac{1}{2}x + 70 = x$ (∵ 마지막에 받은 丁 인턴에게 남은 성과급을 모두 주는 것이 되므로), ∴ $x = 140$이다.

丙 인턴은 甲, 乙 인턴에게 주고 남은 성과급의 1/3보다 60만 원을 더 받았다고 하였는데, 여기서 甲, 乙 인턴에게 주고 남은 성과급의 2/3는 丁 인턴이 받은 140만 원 + 丙 인턴이 더 받을 60만 원이 되므로, 丙 인턴이 받은 성과급은 160만 원이다.

乙 인턴은 甲 인턴에게 주고 남은 성과급의 1/2보다 10만 원을 더 받았다고 하였는데, 여기서 甲 인턴에게 주고 남은 성과급의 1/2은 丙, 丁 인턴이 받은 300만 원 + 乙 인턴이 더 받을 10만 원이 되므로, 乙 인턴이 받은 성과급은 320만 원이다.

甲 인턴은 성과급 총액의 1/3보다 20만 원 더 받았다고 하였는데, 여기서 성과급 총액의2/3은 乙, 丙, 丁 인턴이 받은 620만 원 + 甲 인턴이 더 받을 20만 원이 되므로, 甲 인턴이 받은 성과급은 340만 원이다.

따라서 네 인턴에게 지급된 성과급 총액은 340 + 320 + 160 + 140 = 960만 원이다.

19 ④

④ 1996년 여성 실업률은 전년대비 감소하였으나, 남성 실업률은 전년대비 증가하였다.

20 ②

② 2018년 6월 이스타항공을 이용하여 인천공항에 도착한 여객 수는 82,409명으로 같은 기간 인천공항에 도착한 전체 여객 수의 $\dfrac{82,409}{1,971,675} \times 100 = 약\ 4.2\%$ 이다.

21 ①

신입사원 오리엔테이션 당시 다섯 명의 자리 배치는 다음과 같다.

김 사원	이 사원	박 사원	정 사원	최 사원

확정되지 않은 자리를 SB(somebody)라고 할 때, D에 따라 가능한 경우는 다음의 4가지이다.

㉠	이 사원	SB 1	SB 2	정 사원	SB 3
㉡	SB 1	이 사원	SB 2	SB 3	정 사원
㉢	정 사원	SB 1	SB 2	이 사원	SB 3
㉣	SB 1	정 사원	SB 2	SB 3	이 사원

이 중 ㉠, ㉡은 B에 따라 불가능하므로, ㉢, ㉣의 경우만 남는다. 여기서 C에 따라 김 사원과 박 사원 사이에는 1명이 앉아 있어야 하므로 ㉢의 SB 2, SB 3과 ㉣의 SB 1, SB 2가 김 사원과 박 사원의 자리이다. 그런데 B에 따라 김 사원은 ㉣의 SB 1에 앉을 수 없고 박 사원은 ㉢, ㉣의 SB 2에 앉을 수 없으므로 다음의 2가지 경우가 생긴다.

㉢	정 사원	SB 1 (최 사원)	김 사원	이 사원	박 사원
㉣	박 사원	정 사원	김 사원	SB 3 (최 사원)	이 사원

따라서 어떤 경우에도 바로 옆에 앉는 두 사람은 김 사원과 최 사원이다.

22 ①

첫 번째와 두 번째 조건을 정리해 보면, 세 사람은 모두 각기 다른 건물에 연구실이 있으며, 오늘 갔던 서점도 서로 겹치지 않는 건물에 있다.

세 번째 조건에서 최 교수와 김 교수는 오늘 문학관 서점에 가지 않았다고 하였으므로 정 교수가 문학관 서점에 간 것을 알 수 있다. 즉, 정 교수는 홍보관에 연구실이 있고 문학관 서점에 갔다.

네 번째 조건에서 김 교수는 정 교수가 오늘 갔던 서점이 있는 건물에 연구실이 있다고 하였으므로 김 교수의 연구실은 문학관에 있고, 따라서 최 교수는 경영관에 연구실이 있다.

두 번째 조건에서 자신의 연구실이 있는 건물이 아닌 다른 건물에 있는 서점에 갔다고 했으므로, 김 교수가 경영관 서점을 갔고 최 교수가 홍보관 서점을 간 것이 된다. 이를 표로 나타내면 다음과 같다.

교수	정 교수	김 교수	최 교수
연구실	홍보관	문학관	경영관
서점	문학관	경영관	홍보관

23 ③

제시된 명제를 기호로 나타내면 다음과 같다.
- 오 대리 출장 → 정 사원 야근
- ~남 대리 교육 → ~진급 시험 자격
- 정 사원 야근 → ~남 대리 교육

이 명제를 연결하면 '오 대리 출장 → 정 사원 야근 → ~남 대리 교육 → ~진급 시험 자격'이 성립한다.(대우 : 진급 시험 자격 → 남 대리 교육 → ~정 사원 야근 → ~오 대리 출장)

①~④의 보기를 기호로 나타내면 다음과 같으므로 항상 참인 것은 ③이다.
① ~남 대리 교육 → 오 대리 출장(연결 명제 중 오 대리 출장 → ~남 대리 교육의 역임으로 항상 참인지는 알 수 없다.)
② 정 사원 야근 → 오 대리 출장(첫 번째 명제의 역임으로 항상 참인지는 알 수 없다.)
③ 진급 시험 자격 → ~오 대리 출장(연결 명제의 대우 명제이므로 항상 참이다.)
④ ~진급 시험 자격 → ~오 대리 출장(주어진 명제만으로는 알 수 없다.)

24 ④

제시된 명제를 기호로 나타내면 다음과 같다.
- 자동차 → 자전거(대우 : ~자전거 → ~자동차)
- ~자동차 → ~가전제품(대우 : 가전제품 → 자동차)

이 명제를 연결하면 '~자전거 → ~자동차 → ~가전제품'이 성립한다.(대우 : 가전제품 → 자동차 → 자전거)

①~④의 보기를 기호로 나타내면 다음과 같으므로 항상 참인 것은 ④이다.
① ~자동차 → ~자전거(주어진 명제만으로는 알 수 없다.)
② 자전거 → 가전제품(주어진 명제만으로는 알 수 없다.)
③ ~가전제품 → ~자동차(주어진 명제만으로는 알 수 없다.)
④ 가전제품 → 자전거(연결 명제의 대우이므로 항상 참이다.)

25 ②

- 명제 1을 벤다이어그램으로 나타내면 전체 집합 U는 '등산을 좋아하는 사람'이 되고, 그 중 낚시를 좋아하는 사람을 표시할 수 있다.

- 명제 2를 벤다이어그램으로 나타내면 다음과 같다.

- 이 두 명제를 결합하여 벤다이어그램으로 나타내면 다음과 같다.

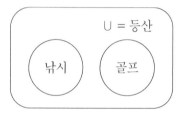

- 등산을 좋아하는 사람 중 등산과 낚시를 둘 다 좋아하는 사람과 등산만 좋아하는 사람은 골프를 좋아하지 않으므로 결론 A는 옳지 않다.
- 낚시를 좋아하는 사람은 모두 등산을 좋아하는 사람이므로 결론 B는 옳다.

26 ④

네 번째 조건에서 수요일에 9대가 생산되었으므로 목요일에 생산된 공작기계는 8대가 된다.

월요일	화요일	수요일	목요일	금요일	토요일
		9대	8대		

첫 번째 조건에 따라 금요일에 생산된 공작기계 수는 화요일에 생산된 공작기계 수의 2배가 되는데, 두 번째 조건에서 요일별로 생산한 공작기계의 대수가 모두 달랐다고 하였으므로 금요일에 생산된 공작기계의 수는 6대, 4대, 2대의 세 가지 중 하나가 될 수 있다. 그런데 금요일의 생산 대수가 6대일 경우, 세 번째 조건에 따라 목~토요일의 합계 수량이 15대가 되어야 하므로 토요일은 1대를 생산한 것이 된다. 그러나 토요일에 1대를 생산하였다면 다섯 번째 조건인 월요일

과 토요일에 생산된 공작기계의 합이 10대를 넘지 않는다. (∵ 하루 최대 생산 대수는 9대이고 요일별로 생산한 공작기계의 대수가 모두 다른 상황에서 수요일에 이미 9대를 생산하였으므로)

금요일에 4대를 생산하였을 경우에도 토요일의 생산 대수가 3대가 되므로 다섯 번째 조건에 따라 월요일은 7대보다 많은 수량을 생산한 것이 되어야 하므로 이 역시 성립할 수 없다.

즉, 세 가지 경우 중 금요일에 2대를 생산한 경우만 성립하며 화요일에는 1대, 토요일에는 5대를 생산한 것이 된다.

월요일	화요일	수요일	목요일	금요일	토요일
	1대	9대	8대	2대	5대

따라서 월요일에 생산 가능한 공작기계 대수는 6대 또는 7대가 되므로 둘의 합은 13이다.

27 ③

㉠ "옆에 범인이 있다."고 진술한 경우를 ○, "옆에 범인이 없다."고 진술한 경우를 ×라고 하면

1	2	3	4	5	6	7	8	9
○	×	×	○	×	○	○	○	×
							시민	

- 9번이 범인이라고 가정하면,
  9번은 "옆에 범인이 없다."고 진술하였으므로 8번과 1번 중에 범인이 있어야 한다. 그러나 8번이 시민이므로 1번이 범인이 된다. 1번은 "옆에 범인이 있다."라고 진술하였으므로 2번과 9번에 범인이 없어야 한다. 그러나 9번이 범인이므로 모순이 되어 9번은 범인일 수 없다.
- 9번이 시민이라고 가정하면,
  9번은 "옆에 범인이 없다."라고 진술하였으므로 1번도 시민이 된다. 1번은 "옆에 범인이 있다."라고 진술하였으므로 2번은 범인이 된다. 2번은 "옆에 범인이 없다."라고 진술하였으므로 3번도 범인이 된다. 8번은 시민인데 "옆에 범인이 있다."라고 진술하였으므로 9번은 시민이므로 7번은 범인이 된다. 그러므로 범인은 2, 3, 7번이고 나머지는 모두 시민이 된다.

㉡ 모두가 "옆에 범인이 있다."라고 진술하면 시민 2명, 범인 1명의 순으로 반복해서 배치되므로 옳은 설명이다.

㉢ 다음과 같은 경우가 있음으로 틀린 설명이다.

1	2	3	4	5	6	7	8	9
○	○	○	○	○	○	○	×	○
범인	시민	시민	범인	시민	범인	시민	시민	시민

28 ③

1명의 투표권자가 후보자에게 줄 수 있는 점수는 1순위 5점, 2순위 3점으로 총 8점이다. 현재 투표까지 중간집계 점수가 640이므로 80명이 투표에 참여하였으며, 아직 투표에 참여하지 않은 사원은 120 − 80 = 40명이다. 따라서 신입사원 A는 40명의 사원에게 문자를 보내야 한다.

29 ②

(가) 충전시간 당 통화시간은 A모델 6.8H > D모델 5.9H > B모델 4.8H > C모델 4.0H 순이다. 음악재생시간은 D모델 > A모델 > C모델 > B모델 순으로 그 순위가 다르다. (X)

(나) 충전시간 당 통화시간이 5시간 이상인 것은 A모델 6.8H과 D모델 5.9H이다. (O)

(다) 통화 1시간을 감소하여 음악재생 30분의 증가 효과가 있다는 것은 음악재생에 더 많은 배터리가 사용된다는 것을 의미하므로 A모델은 음악재생에, C모델은 통화에 더 많은 배터리가 사용된다. (X)

(라) B모델은 통화시간 1시간 감소 시 음악재생시간 30분이 증가한다. 현행 12시간에서 10시간으로 통화시간을 2시간 감소시키면 음악재생시간이 1시간 증가하여 15시간이 되므로 C모델과 동일하게 된다. (O)

30 ③

두 개의 제품 모두 무게가 42g 이하여야 하므로 B모델은 제외된다. K씨는 충전시간이 짧고 통화시간이 길어야 한다는 조건만 제시되어 있으므로 나머지 세 모델 중 A모델이 가장 적절하다.

친구에게 선물할 제품은 통화시간이 16시간이어야 하므로 통화시간을 더 늘릴 수 없는 A모델은 제외되어야 한다. 나머지 C모델, D모델은 모두 음악재생시간을 조절하여 통화시간을 16시간으로 늘릴 수 있으며 이때 음악재생시간 감소는 C, D모델이 각각 8시간(통화시간 4시간 증가)과 6시간(통화시간 3시간 증가)이 된다. 따라서 두 모델의 음악재생 가능시간은 15 − 8 = 7시간, 18 − 6 = 12시간이 된다. 그런데 일주일 1회 충전하여 매일 1시간씩의 음악을 들을 수 있으면 된다고 하였으므로 7시간 이상의 음악재생시간이 필요하지는 않으며, 7시간만 충족될 경우 고감도 스피커

제품이 더 낫다고 요청하고 있다. 따라서 D모델보다 C모델이 더 적절하다는 것을 알 수 있다.

31 ③

1번째 기준에 의해 X사는 200억의 10%인 20억을 분배 받고, Y사는 600억의 10%인 60억을 분배 받는다. Y가 분배 받은 금액이 총 150억이라고 했으므로 X사가 분배 받은 금액은 50억이다. X사가 두 번째 기준에 의해 분배 받은 금액은 30억이고, Y사가 두 번째 기준에 의해 분배 받은 금액은 90억이다. 두 번째 기준은 연구개발비용에 비례하여 분배 받은 것이므로 X사의 연구개발비의 3배로 계산하면 300억이다.

32 ④

• 갑 = (145 × 3) + (72 × 4) = 435 + 288 = 723$
• 을 = (170 × 3 × 0.8) + (72 × 4 × 1.2)
　　 = 408 + 345.6 = 753.6$
• 병 = (110 × 3) + (60 × 5 × 1.2) = 330 + 360
　　 = 690$
• 정 = (100 × 4 × 0.8) + (45 × 6) = 320 + 270
　　 = 590$
• 무 = (75 × 5) + (35 × 6 × 1.2) = 375 + 252 = 627$

순서대로 나열하면 을, 갑, 병, 무, 정

33 ②

B, E 프로젝트의 기간은 3년이므로 가장 길다. 가용 예산을 초과하지 않도록 하기 위해서 E프로젝트는 3년 차에 시작하여야 한다. B 프로젝트는 1년 또는 2년 차에 시작할 수 있으나 E 프로젝트의 예산을 따져보면 2년 차에 시작하여야 한다.

각 프로젝트의 연도별 소요 예산을 정리하면 다음과 같다.

				1	2	3	4	5
A	1	4		1	4			
B	15	18	21		15	18	21	
C	15			15				15
D	15	8		15	8			
E	6	12	24			6	12	24
				20	24	28	35	40

34 ④

C거래처 사원(9시~10시) - A거래처 과장(10시~12시) - B거래처 대리(12시~14시) - F은행(14시~15시) - G미술관(15시~16시) - E서점(16~18시) - D거래처 부장(18시~)

① E서점까지 들리면 16시가 되는데, 그 이후에 G미술관을 관람할 수 없다.

② F은행까지 들리면 13시가 되는데, B거래처 대리 약속은 18시에 가능하다.

③ G미술관 관람을 마치고 나면 11시가 되는데 F은행은 12시에 가야 한다. 1시간 기다려서 F은행 일이 끝나면 13시가 되는데, B거래처 대리 약속은 18시에 가능하다.

35 ②

	시행 전 요금	시행 후 요금	정책 시행 후 절감액	연간환승유형이용건수	총 절감액
A	1,900	1,100	800	1,650	1,320,000
B	1,900	1,150	750	1,700	1,275,000
C	1,900	1,150	750	1,150	862,500
D	2,850	1,250	1,600	800	1,280,000
E	2,850	1,350	1,500	600	900,000

36 ①

• 1단계

9	3	8	1	5	9	3	3	4	7	1	2
×1	×3	×1	×3	×1	×3	×1	×3	×1	×3	×1	×3
=9	=9	=8	=3	=5	=27	=3	=9	=4	=21	=1	=6

• 2단계 : 9 + 9 + 8 + 3 + 5 + 27 + 3 + 9 + 4 + 21 + 1 + 6 = 105

• 3단계 : 105 ÷ 10 = 10 나머지 5

• 4단계 : 10 - 5 = 5

따라서 체크기호는 5가 된다.

37 ②

기업의 내부고발에 대한 문제이다. 내부고발자는 자신의 업무에서 알게 된 조직 내 불법 행위나 위험한 활동에 우려를 제기하는 사람이다. 따라서 내부고발과 개인적인 불평불만은 구분돼야 하며 이 둘은 별도의 보고체계를 갖는 것이 중요하다. 일반적인 고충신고라인은 복리후생을 담당하는 인사부와 연결되며, 내부고발의 문제는 이보다 훨씬 중요한 사안이므로 근본적이고 독립적인 내부고발 시스템으로 다루어져야 할 문제이다.

38 ①

제시된 내용 이외에도 채용비리 근절을 위하여 취할 수 있는 방법으로, 수사결과 등으로 밝혀진 부정합격자에 대해서는 채용취소 근거규정을 마련하고 응시자격을 제한하는 조치도 고려할 수 있다. 또한 채용 과정의 투명성을 확보하고 내부 점검을 보다 강화하기 위하여 외부 시험위원을 과반수이상 구성토록 명시하는 것도 좋은 방법이 될 수 있다. 이 밖에도 이해당사자 구체화, 블라인드 방식 강화, 채용관련 문서 영구 보존 의무화 등을 통해 채용비리 근절을 앞당길 수 있을 것이다.

39 ③

주어진 발생원인 중 가장 많은 수를 차지한 기본적 원인은 작업 관리상 원인[안전관리 조직의 결함(45), 작업준비 불충분(162]이다.

※ 산업재해의 기본적 원인

ㄱ 교육적 원인 : 안전 지식의 불충분, 안전 수칙의 오해, 경험이나 훈련의 불충분, 작업관리자의 작업 방법의 교육 불충분, 유해 · 위험 작업 교육 불충분 등

ㄴ 기술적 원인 : 건물 · 기계 장치의 설계 불량, 구조물의 불안정, 재료의 부적합, 생산 공정의 부적당, 점검 · 정비 · 보존의 불량 등

ㄷ 작업 관리상 원인 : 안전 관리 조직의 결함, 안전 수칙 미제정, 작업준비 불충분, 인원 배치 및 작업 지시 부적당 등

※ 산업재해의 직접적 원인

ㄱ 불안전한 행동 : 위험 장소 접근, 안전장치 기능 제거, 보호 장비의 미착용 및 잘못된 사용, 운전 중인 기계의 속도 조작, 기계 · 기구의 잘못된 사용, 위험물 취급 부주의, 불안전한 상태 방치, 불안전한 자세와 동작, 감독 및 연락 잘못

ㄴ 불안전한 상태 : 시설물 자체 결함, 전기 시설물의 누전, 구조물의 불안정, 소방기구의 미확보, 안전 보호 장치 결함, 복장 · 보호구의 결함, 시설물의 배치 및 장소 불량, 작업 환경 결함, 생산 공정의 결함, 경계 표시 설비의 결함 등

40 ④

④ 경쟁적 벤치마킹 : 동일 업종에서 고객을 직접적으로 공유하는 경쟁기업을 대상으로 함

① 글로벌 벤치마킹 : 프로세스에 있어 최고로 우수한 성과를 보유한 동일업종의 비경쟁적 기업을 대상으로 함

② 내부 벤치마킹 : 같은 기업 내의 다른 지역, 타 부서, 국가 간의 유사한 활용을 비교 대상으로 함

③ 비경쟁적 벤치마킹 : 제품, 서비스 및 프로세스의 단위 분야에 있어 가장 우수한 실무를 보이는 비경쟁적 기업 내의 유사 분야를 대상으로 하는 방법임

41 ①

EOMONTH(start_date, months) 함수는 시작일에서 개월수만큼 경과한 이전/이후 월의 마지막 날짜를 반환한다. 따라서 [C3] 셀에 있는 날짜 2014년 3월 22일의 1개월이 지난 4월의 마지막 날은 30일이다.

42 ③

'A'와 'B'가 번갈아 가면서 나타나므로 [A5] 셀에는 'A'가 입력되고 13.9에서 1씩 증가하면서 나타나므로 [B5] 셀에는 '17.9'가 입력된다.

43 ④

POWER(number, power) 함수는 number 인수를 power 인수로 제곱한 결과를 반환한다. 따라서 5의 3제곱은 125이다.

44 ③

MID(text, start_num, num_chars)는 텍스트에서 원하는 문자를 추출하는 함수이다. 주민등록번호가 입력된 [B1] 셀에서 8번째부터 1개의 문자를 추출하여 1이면 남자, 2면 여자라고 하였으므로 답이 ③이 된다.

45 ④

구하고자 하는 값은 "생산부 사원"의 승진시험 점수의 평균이다. 주어진 조건에 따른 평균값을 구하는 함수는 AVERAGEIF와 AVERAGEIFS인데 조건이 1개인 경우에는 AVERAGEIF, 조건이 2개 이상인 경우에는 AVERAGEIFS를 사용한다.

[=AVERAGEIFS(E3:E20,B3:B20,"생산부",C3:C20,"사원")]

46 ③

2011년 10월 생산품이므로 1110의 코드가 부여되며, 일본 '왈러스' 사는 5K, 여성용 02와 블라우스 해당 코드 006, 10,215번째 입고품의 시리얼 넘버 10215가 제품 코드로 사용되므로 1110 − 5K − 02006 − 10215가 된다.

47 ③

2008년 10월에 생산되었으며, 멕시코 Fama사의 생산품이다. 또한, 아웃도어용 신발을 의미하며 910번째로 입고된 제품임을 알 수 있다.

48 ①

목표를 달성하기 위해 노력하는 팀이라면 갈등은 항상 일어나게 마련이다. 갈등은 의견 차이가 생기기 때문에 발생하게 된다. 그러나 이러한 결과가 항상 부정적인 것만은 아니다. 갈등은 새로운 해결책을 만들어 주는 기회를 제공한다. 중요한 것은 갈등에 어떻게 반응하느냐 하는 것이다. 갈등이나 의견의 불일치는 불가피하며 본래부터 좋거나 나쁜 것이 아니라는 점을 인식하는 것이 중요하다. 또한 갈등수준이 적정할 때는 조직 내부적으로 생동감이 넘치고 변화 지향적이며 문제해결 능력이 발휘되며, 그 결과 조직성과는 높아지고 갈등의 순기능이 작용한다.

49 ④

리더십의 일반적인 개념에는 다음과 같은 것들이 있다.

- 조직성원들로 하여금 조직목표를 위해 자발적으로 노력하도록 영향을 주는 행위
- 목표달성을 위하여 어떤 사람이 다른 사람에게 영향을 주는 행위
- 어떤 주어진 상황 내에서 목표달성을 위해 개인 또는 집단에 영향력을 행사하는 과정
- 자신의 주장을 소신 있게 나타내고 다른 사람들을 격려하는 힘

따라서 A부장, B부장, D부장이 리더십을 갖춘 리더의 경우라 할 수 있고, C부장은 리더가 아닌 관리자의 경우이다. 유지 지향적이고 리스크를 회피하려는 태도는 전형적인 관리자의 태도이며, 리더의 모습이라고 할 수 없다.

50 ③

우수한 인재를 채용하고자 하는 등의 기본 방침을 설정하는 일은 조직 경영자로서의 역할이라 할 수 있으나, 그에 따른 구체적인 채용 기준을 마련하는 일은 해당 산하 조직의 역할이라고 보아야 한다.

✏️ **직무수행능력평가**

1 ①

① 스프레드시트(spreadsheet)는 계산식 또는 여러 가지 도표 형태로 이루어진 일상 또는 사무 업무를 자동화시킨 응용소프트웨어의 일종이다.

※ **시스템 소프트웨어** … 컴퓨터를 사용하기 위해 가장 근본적으로 필요한 소프트웨어로 이 소프트웨어에는 운영체제, 컴파일러, 어셈블러, 라이브러리 프로그램, 텍스트 에디터, 로더, 링커 등이 있다.

2 ③

③ 논리적 설계 단계는 개념적 모델을 데이터 모델링에 의해 논리적 구조로 정의하여 데이터베이스 관리 시스템과 결부된 논리적 모델로 변환하는 단계이다.

④ 물리적 설계 단계는 논리적 모델을 데이터 구조화에 의해 물리적 자료 구조를 정의하여 물리적 모델로 변환하는 단계이다.

※ 개념 데이터 설계가 DBMS 및 하드웨어 구조와 완전히 독립된 것이라면, 논리 설계에서 만들어지는 모델은 이 개념적 모델을 DBMS가 처리할 수 있도록 사상(mapping)하는 과정이라고 할 수 있다.

※ 논리데이터 설계를 위해 필요한 내용
ㄱ 개념 데이터 모델
ㄴ 운영 요구 사항
ㄷ 상위 수준의 프로그램 명세
ㄹ DBMS 특성
ㅁ 일관성 제약 조건
ㅂ 상위 레벨의 프로그램 명세

3 ②

② 물리 계층으로 데이터를 전송하는 과정에서는 잡음(Noise) 같은 여러 외부 요인에 의해 물리적 오류가 발생할 수 있다. 데이터 링크 계층(Data Link Layer)은 물리적 전송 오류를 감지(Sense)하는 기능을 제공해 송수신 호스트가 오류를 인지할 수 있게 해준다. 발생 가능한 물리적 오류의 종류에는 데이터가 도착하지 못하는 데이터 분실과 내용이 깨져서 도착하는 데이터 변형이 있다. 일반적으로 컴퓨터 네트워크에서의 오류 제어(Error Control)는 송신자가 원 데이터를 재전송(Retransmission)하는 방법으로 처리한다.

① 네트워크에서 호스트가 데이터를 전송하려면 반드시 전송 매체로 연결되어 있어야 한다. 물리 계층(Physical Layer)은 호스트를 전송 매체와 연결하기 위한 인터페이스 규칙과 전송 매체의 특성을 다룬다.

③ 송신 호스트가 전송한 데이터가 수신 호스트까지 도착하려면 여러 중개 시스템을 거친다. 이 과정에서 데이터가 올바른 경로를 선택할 수 있도록 지원하는 계층이 네트워크 계층(Network Layer)이다. 중개 시스템의 기능은 일반적으로 라우터(Router) 장비가 수행한다. 네트워크 부하가 증가하면 특정 지역에 혼잡(Congestion)이 발생할 수 있는데, 이것도 데이터의 전송 경로와 관계가 있으므로 네트워크 계층이 제어한다.

④ 컴퓨터 네트워크에서 데이터를 교환하는 최종 주체는 호스트 시스템이 아니고, 호스트에서 실행되는 프로세스다. 전송 계층(Transport Layer)은 송신 프로세스와 수신 프로세스 간의 연결(Connection) 기능을 제공하기 때문에 프로세스 사이의 안전한 데이터 전송을 지원한다. 계층 4까지의 기능은 운영체제에서 시스템 콜(System Call) 형태로 상위계층에 제공하며, 계층 5~7의 기능은 사용자 프로그램으로 작성된다.

OSI 7 계층 모델	
응용 계층	7계층
표현 계층	6계층
세션 계층	5계층
전송 계층	4계층
네트워크 계층	3계층
데이터 링크 계층	2계층
물리 계층	1계층

4 ③

③ 다형성(polymorphism)이란 여러 개의 클래스가 같은 메시지에 대해서 각자의 방법으로 작용할 수 있는 능력이다.

※ 다형성(polymorphism)의 장점

㉠ 확장성과 재사용성이 좋다.

㉡ 상위 클래스로 여러 개의 하위 클래스를 관리하여 유동적이고 유지 보수가 좋다.

㉢ 적은 코딩으로 다양한 객체들에게 유사한 작업을 수행시킬 수 있다.

㉣ 프로그램 작성 소스코드 양이 줄어든다.

5 ③

$F = (AC')' + BC = (A' + C) + BC \rightarrow$ 드 모르간 법칙 적용

$= A' + C \cdot 1 + BC$

$= A' + C(1 + B) \rightarrow$ 부울대수 기본 정리 적용

$= A' + C = (AC')'$

6 ①

CSMA/CD 방식 … LAN에 있어서 제어 방식의 하나이며, 정보 송출에 앞서서 회선의 유무를 조사하여 송출을 하는 방식으로 동시에 여러 개의 단말에서 송신되었을 때는 충돌을 감지하여 송신을 멈추고, 일정 시간 후에 재송출한다. CSMA/CD 방식은 버스형 구조의 LAN을 제어하기 위해 가장 잘 알려진 것으로서 이의 구현은 이더넷(Ethernet)이며 이더넷(Ethernet)은 후에 IEEE 802.3 표준으로 발전하였다.

7 ①

프로토콜이란 컴퓨터 간에 정보를 주고받을 때의 통신방법에 대한 규칙과 약속이다.

ARP는 IP 네트워크 상에서 IP 주소를 물리적 네트워크 주소로 대응시키기 위해 사용되는 프로토콜이다.

8 ③

해싱(hashing) … 주어진 속성값을 기초로 하여 원하는 목표 레코드를 직접 접근할 수 있게 하는 기법이다. 데이터의 신속한 탐색을 위해 데이터를 해싱 테이블이라는 배열에 저장하고 데이터의 키 값을 주면 이를 적절한 해싱 함수를 통해서 테이블의 주소로 변환하여 원하는 데이터를 찾아내는 방법이다.

해싱함수란 레코드의 키 값을 이용해서 레코드를 저장할 주소를 산출해 내는 어떠한 수학식이다.

9 ①

개념스키마

㉠ 데이터베이스의 전체적인 논리적 구조로서 모든 응용프로그램이나 사용자들이 필요로 하는 데이터를 종합한 조직 전체의 데이터베이스로 하나만 존재한다.

ⓛ 개체 간의 관계와 제약조건을 나타내고 데이터베이스의 접근권한, 보안 및 무결성 규칙에 관한 명세를 정의한다.
　ⓒ 데이터베이스 파일에 저장되는 데이터의 형태를 나타낸다.
　ⓔ 단순히 스키마라고 하면 개념스키마를 의미하는 것이며, 기관이나 조직에서는 DB로 정의한다.
　※ 데이터베이스의 특징
　　ⓐ 똑같은 자료를 중복하여 저장하지 않는 통합된 자료이다.
　　ⓑ 컴퓨터가 액세스하여 처리할 수 있는 저장장치에 수록된 자료이다.
　　ⓒ 어떤 조직의 기능을 수행하는 데 없어서는 안 되며 존재 목적이 뚜렷하고 유용성 있는 운영 자료이기 때문에 임시로 필요해서 모아 놓은 데이터나 단순한 입출력 자료가 아니다.
　　ⓓ 한 조직에서 가지는 데이터베이스는 그 조직 내의 모든 사람들이 소유하고 유지하며 이용하는 공동 자료로서 각 사용자는 같은 데이터라 할지라도 각자의 응용목적에 따라 다르게 사용할 수 있다.

10　②
　② 네트워크 계층은 데이터를 목적지까지 안전하고 빠르게 전달하기 위해 라우팅, 흐름제어, 단편화, 오류제어 등을 수행한다. IP주소를 사용하며 네트워크 계층의 대표적인 장비로 라우터와 Layer3 스위치가 있다.

11　③
　IPv6 … 32비트의 주소 공간을 지원하는 현재의 IP프로토콜은 이론상으로 호스트를 최대 232개까지 수용할 수 있다. 호스트의 주소 공간을 대폭 확장한 IPv6(IP 버전 6)은 기존 인터넷 환경에서 사용하는 IPv4(IP 버전 4)를 대체하기 위한 차세대 프로토콜이다.

12　③
　TCP 및 UDP
　ⓐ UDP(User Datagram Protocol)
　　• Datagram : 발신 단말에서 수신 단말로의 경로를 결정하는 정보를 가지고 있는 패킷의 일종
　　• 비연결형 서비스를 지원한다.
　　• 연결설정 및 해제설정 없이 데이터를 전송하는 방식
　　• 정해진 경로가 없기 때문에 전송된 패킷이 서로 다른 경로로 목적지에 도착한다. → 데이터가 순서대로 도착하지 않음
　　• 신뢰성이 없다. → 데이터가 잘 전송되었는지 확인하지 않는다.
　　• TCP보다 구조가 단순해 전송 효율이 좋으며, 고속 전송이 필요한 환경에 유용하다. 예 동영상 스트리밍
　ⓑ TCP(Transmission Control Protocol)
　　• 연결형 서비스를 지원한다.
　　• 데이터 전송 전에 연결을 미리 설정하여 송신하는 방식
　　• 데이터가 모두 동일한 경로를 이용하기 때문에 보내는 순서대로 목적지에 도착한다.
　　• 신뢰성 있는 데이터 전송을 보장한다. → 패킷의 중복, 분실, 순서 바뀜을 자동으로 해결해 줌
　　• ACK(Acknowledgement : 패킷을 받았다고 응답하는 것)을 통해 패킷의 손실을 막는다.
　　• 데이터 전송 시 순서 번호를 같이 전송하여, 데이터의 순서를 보장한다.
　　• 데이터 전송 속도가 UDP에 비해 느리다.

13　①
　ARP(Address Resolution Protocol) … 논리적 주소(IP Address)를 기반으로 물리적 주소(MAC Address)를 알아오는 프로토콜이다. 상대방은 MAC 주소가 없는 패킷을 받으면 2계층(Datalink-Layer)에서 폐기해 버린다. 때문에 상대방의 MAC주소를 알아야 프레임이 만들어져서 통신을 할 수 있게 된다.
　ⓐ ARP의 동작원리 : 송신자는 목적지 물리주소가 필요하므로, 물리주소 요청을 위한 ARP요청 패킷을 브로드캐스트로 전송
　　• 브로드캐스트를 하는 이유는 목적지의 물리주소를 모르기 때문에 모두에게 요청함
　　• 요청 패킷에는 수신자가 수신자 주소를 응답할 때 필요한 송신자 주소가 포함

- 모든 호스트와 라우터는 송신자가 보낸 ARP 요청 패킷을 수신함
- 해당되는 수신자만 자신의 논리주소와 물리주소를 넣어 응답 패킷을 유니캐스트로 전송

ⓒ ARP Cache(ARP Table) : ARP 요청을 보냈던 시스템은 ARP 응답을 수신하면 질의 대상 시스템의 하드웨어 주소와 IP 주소를 로컬 캐시(Chche)에 저장한다. 시스템에서 다음 번 데이터를 보낼 때 로컬 캐시를 검사하여 엔트리를 찾으면 그것을 사용함으로서 또 다른 요청을 브로드캐스트 할 필요가 없어짐으로 로컬 트래픽을 줄일 수 있다. 응답하는 시스템도 동일하게 로컬 Cache에 ARP 정보를 저장한다.

14 ②

LRU(Least-Recently-Used) ··· 가장 오랫동안 사용하지 않은 페이지를 교체하는 방식

	2	3	2	1	5	2	4	5
1	2	2	2	2	5	5	5	5
2		3	3	3	3	2	2	2
3				1	1	1	4	4
page-fault	0	0		0	0		0	

15 ③

공개키 암호화 방식 ··· 공개키 암호화 방식은 암호방식을 가진 암호키와 암호를 해독하는 복호키 중 암호화키를 외부에 공개하여, 상대방은 공개된 암호화키를 이용하여 정보를 보내고, 자신은 자신만이 가진 복호화키를 이용하여 수신된 정보를 해독할 수 있도록 한 정보 암호화 방식이다.

16 ②

① 키로거(Key Logger)는 컴퓨터 사용자의 키보드 움직임을 탐지해 ID나 패스워드, 계좌번호, 카드번호 등과 같은 개인의 중요한 정보를 몰래 빼 가는 해킹 공격이다.

③ XSS(Cross Site Scripting)는 게시판, 웹 메일 등에 삽입된 악의적인 스크립트에 의해 페이지가 깨지거나 다른 사용자의 사용을 방해하거나 쿠키 및 기타 개인 정보를 특정 사이트로 전송시키는 공격이다.

④ 스파이웨어(Spyware)는 다른 사람의 컴퓨터에 잠입해 개인정보를 빼가는 소프트웨어이다.

17 ②

DMA(Direct Memory Access) ··· 메모리 버퍼, 포인터, 카운터를 사용하여 장치 제어기가 CPU 도움없이 데이터를 직접 메모리로 전송하는 입출력 방식

18 ③

데이터 링크 계층(Data Link Layer) ··· 2계층인 데이터링크 계층은 두 포인트(Point to Point) 간 신뢰성 있는 전송을 보장하기 위한 계층으로, CRC 기반의 오류 제어 및 흐름 제어가 필요하다. 데이터 링크 계층은 네트워크 위의 개체들 간 데이터를 전달하고, 물리 계층에서 발생할 수 있는 오류를 찾아내며 수정하는 데 필요한 기능적·절차적 수단을 제공한다.

19 ②

① 빅데이터(Big Data) : 디지털 환경에서 생성되는 데이터로 그 규모가 방대하고, 생성 주기도 짧고, 형태도 수치 데이터뿐 아니라 문자와 영상 데이터를 포함하는 대규모 데이터를 말한다. 오늘날 정보통신 분야에서의 화두는 단연 빅데이터이다. 빅데이터는 기존 데이터보다 너무 방대하여 기존의 방법이나 도구로 수집/저장/분석 등이 어려운 정형 및 비정형 데이터들을 의미한다.

④ NoSQL은 빅 데이터 처리를 위한 비관계형 데이터베이스 관리 시스템(DBMS)이다. 전통적인 관계형 데이터베이스 관리 시스템(RDBMS)과는 다르게 설계된 비관계형(non-relational) DBMS로, 대규모의 데이터를 유연하게 처리할 수 있는 것이 강점이다. 노에스큐엘(NoSQL)은 테이블-컬럼과 같은 스키마 없이, 분산 환경에서 단순 검색 및 추가 작업을 위한 키 값을 최적화하고, 지연(latency)과 처리율(throughput)이 우수하다.

※ 하둡(Hadoop) ··· 대량의 자료를 처리할 수 있는 대규모 컴퓨터 클러스터에서 동작하는 분산 애플리케이션을 지원하는 오픈 자바 소프트웨어 프레임워크다.

20 ①

명령어

⊙ 데이터 정의어(DDL) : DB 테이블과 같은 데이터 구조를 정의하는데 사용되는 명령어들로 데이터 구조와 관련된 명령어들을 말한다.

• CREAT : 테이블, 뷰, 인덱스 등 객체를 생성하는 데 사용

• DROP : 스키마, 도메인, 테이블, 뷰, 인덱스, 트리거를 제거하는 명령문

• ALTER : 테이블에 대한 정의를 변경

⊙ 데이터 조작어(DML) : DB에 있는 데이터를 검색, 등록, 삭제, 갱신하기 위한 언어

• SELECT : DB에 있는 데이터를 검색하는 명령어

• INSERT : DB에 있는 데이터를 삽입하는 명령어

• UPDATE : DB에 있는 데이터를 갱신하는 명령어

• DELETE : DB에 있는 데이터를 삭제하는 명령어

⊙ 데이터 제어어(DCL) : DB에 접근하고 객체들을 사용하도록 권한을 부여, 해제하는 명령어

• GRANT : DB 권한을 부여

• REVOKE : DB 권한을 해제

• COMMIT : 데이터를 DB에 저장하고 트랜잭션을 성공적으로 종료하는 명령어

• ROLLBACK : 데이터의 변경사항을 취소하고 원상태로 복귀한 후 트랜잭션을 종료하는 명령어

21 ③

⊙ 색인 순차 접근 방식(ISAM ; Index Sequential Access Method) : 순차 파일과 직접 파일의 방법이 결합된 형태로 각 레코드를 키 값 순으로 논리적으로 저장하고, 시스템은 각 레코드의 실제 주소가 저장된 색인을 관리한다.

색인 순차 파일은 기본 영역, 색인 영역, 오버플로 영역으로 구성된다.

• 기본 영역(Prime Area) : 실제 레코드가 기록되는 데이터 영역으로, 각 레코드들은 키 값 순으로 저장된다.

• 색인 영역(Index Area) : 기본 영역에 있는 레코드들의 위치를 찾아가는 색인이 기록되는 영역으로, 트랙 색인 영역, 실린더 색인 영역, 마스터 색인 영역으로 분류한다.

• 오버플로 영역(Overflow Area) : 기본 영역에 빈 공간이 없어서 새로운 레코드의 삽입이 불가능할 때를 대비하여 예비로 확보해 둔 영역이다.

⊙ 히프 파일 : 가장 단순한 파일 조직으로 레코드들이 삽입된 순서대로 파일에 저장되며 레코드들 간의 순서를 따지지 않고 파일의 가장 끝에 첨부되기 때문에 삽입 시 성능이 좋다.

⊙ VSAM : B+ 트리 인덱스 구조 기법을 이용하는 대표적인 인덱스된 순차 파일 구성

22 ④

⊙ TCP/IP 4계층 중 4번째 계층인 응용계층에 속해 있는 프로토콜

• TCP : FTP, POP, SMTP, HTTP, HTTPS

－FTP(TCP포트 : 21) : 파일 전송 프로토콜

－HTTP(TCP포트 : 80) : 웹브라우저 사용을 위한 프로토콜

⊙ 메일 교환을 위해 사용하는 프로토콜

• SMTP(TCP포트 : 25) : 두 메일 서버 간에 이메일을 송수신하는데 사용하는 프로토콜로 이메일을 메일 서버로 보낼 때 SMTP 사용, 메일서버에서 자신의 이메일을 다운로드할 때 IMAP, POP3 사용

• POP(TCP포트 : 110) : 메일 서버에서 메일을 받아 올 때 사용

• IMAP(TCP포트 :143) : 메일 서버에서 메일을 받아 올 때 사용

• SNMP(Simple Network Management Protocol, 간이 망관리 프로토콜) : TCP/IP의 망관리 프로토콜로 라우터나 허브 등 망기기의 망관리 정보를 망 관리 시스템에 보내는 데 사용되는 표준 통신 규약

23 ②

데이터베이스 관계연산

⊙ SELECT(σ)

• 셀렉트 연산은 피연산자 릴레이션에서 특정 조건에 맞는 튜플들의 집합을 구하는 연산으로 그 결과는 수평적 부분 집합(set)으로 구성된 별도의 릴레이션

• 셀렉트 연산의 형식 : δcondition(R)

ⓛ PROJECT(π) : 프로젝트 연산은 피연산자에서 지정된 속성 항목만으로 구성된 릴레이션을 반환하는 연산이며 프로젝트 연산의 결과로 피연산자로부터 수직적 부분 집합으로 구성된 별도의 릴레이션이 반환

πcolumn_list(R)

ⓒ JOIN(▷◁) : 두 개의 릴레이션으로부터 상호 관련성을 구하기 위한 연산으로 두 릴레이션의 카티션 프로덕트 연산과 셀렉트 연산의 조합으로 구성된 연산이며 조인 연산의 결과로는 프로덕트 연산으로 결합된 결과 릴레이션의 모든 튜플들 중에 조건을 만족하는 튜플로만 구성된 릴레이션이 반환

ⓔ DIVISION : 첫 번째 피연산자 릴레이션을 두 번째 피연산자 릴레이션으로 나누어 새로운 결과 릴레이션을 반환하는 연산이며 연산의 결과로는 두 번째 릴레이션의 모든 튜플들에 부합되는 첫 번째 릴레이션의 모든 동일한 튜플들이 반환

ⓜ 합집합(union)

• 합집합 연산의 결과로 반환되는 릴레이션은 피연산자로 참여한 각각의 릴레이션의 튜플들을 모두 포함하되 중복되는 튜플들은 결과 릴레이션에서 한 번만 나타나게 된다.

• 합집합 연산은 연산으로 참여한 두개의 릴레이션이 호환(compatible) 가능해야만 의미가 있다. (합집합의 호환성)

24 ③

Go-Back-N ARQ ⋯ 여러 블록들을 연속적으로 전송하고, 수신 쪽에서 NAK를 보내오면 송신 측이 오류가 발행한 이후의 블록을 모두 재송신, 전송오류가 발생하지 않으면 쉬지 않고 송신가능하며 오류가 발생한 부분부터 재송신 하므로 중복전송의 단점이 있다.
4번째 프레임에서 오류가 있음을 알았으므로 재전송되는 프레임 개수는 4, 5, 6번으로 3개이다.

25 ③

③ 버스(Bus)형은 일반적으로 많이 사용하는 네트워크 방식으로 네트워크 상의 모든 호스트들이 하나의 케이블에 연결된 형태로 관리가 불편하다.

① 링(Ring)형은 버스 토폴로지형태와 비슷하며 양 종단이 서로 연결되어 링형을 이루며 대기 시간이 길다.

② 망(Mesh)형은 모든 네트워크 또는 컴퓨터들이 네트워크 상이나 개별적으로 네트워크와 연결된 형태로 비용이 많이 든다.

④ 성(Star)형은 중앙의 시스템과 개별 호스트는 점대점 방식으로 연결되어 있으며 중앙 집중 관리가 쉽다.

26 ③

③ HTML(Hypertext Markup Language) : 웹 문서를 만들기 위하여 사용하는 기본적인 웹 언어의 한 종류로 하이퍼텍스트를 작성하기 위해 개발.

HTTP : 웹문서의 전달을 위한 통신 규약.

27 ①

해싱(hashing) ⋯ '해시(hash)'는 잘게 자른 조각을 뜻하며, 전산 처리에서 '해싱(hashing)'은 디지털 숫자열을 원래의 것을 상징하는 더 짧은 길이의 값이나 키로 변환하는 것을 의미한다. 짧은 해시 키를 사용해 항목을 찾으면 원래의 값을 이용해서 찾는 것보다 더 빠르기 때문에, 해싱은 데이터베이스 내 항목들을 색인하고 검색하는 데 사용한다.

－ 전화번호 마지막 네자리를 3으로 나눈 결과값을 찾는다.

① 6718 / 3 = 1

② 4815 / 3 = 0

③ 6024 / 3 = 0

④ 5232 / 3 = 0

28 ④

① SET 참여자들이 신원을 확인하고 인증서를 발급한다.

② SET은 온라인 전자상거래의 안전성을 보장하기 위한 시스템이다.

③ 신용카드 사용을 위해 상점에 소프트웨어를 요구하는 단점이 있다.

※ SET

ⓐ SET(Secure Electronic Transaction) : 간단히 말해 전자상거래에서 지불정보를 안전하고 비용 효과적으로 처리할 수 있도록 규정한 프로토콜을 말한다.

ⓛ SET에서의 보안 서비스 : SET에서는 개방된 네트워크에서 보안대책에 필수적인 다음과 같은 보안서비스를 제공한다.
  * 기밀성(Confidentiality) : 통신회선상의 비밀정보 암호화 기능
  * 무결성(Integrity) : 통신회선상의 정보변질여부 확인 기능
  * 인증(Authentication) : 통신 상대방의 정당성 확인 기능
  * 부인봉쇄(Non-Repudiation) : 통신 상대방간 송·수신 사실부인 방지기능
ⓒ 한편 SET에서는 전자상거래 참여자간의 데이터 송수신에 필요한 보안사항만 규정하고 있는 관계로 부적격자에 의한 내부 시스템으로의 침입 등을 방지하기 위한 시스템 보안 대책(방화벽 구축 등)은 해당기관에서 별도 수립 및 시행을 해야 한다.

29 ②
② 임의적 접근 제어(DAC) … 주체가 속해 있는 그룹의 신원에 근거하여 객체에 대한 접근을 제한하는 방법으로 객체의 소유자가 접근 여부를 결정한다. 구현이 쉽고 변경이 유연한 점이 있지만 하나하나의 주체마다 객체에 대한 접근 권한을 부여해야 하는 번거로움이 있다.
① 강제적 접근 제어(MAC) … 주체의 보안레벨과 객체의 보안레벨을 비교하여 접근 권한을 부여하며 규칙 기반 접근 제어(Rule-based AC)라고도 한다.
④ 역할 기반 접근 제어(RBAC) … 주체와 객체의 상호관계를 통제하기 위하여 역할을 설정하고 관리자는 주체의 역할에 할당한 뒤 그 역할에 대한 접근 권한을 부여하는 방식이다.

30 ①
커버로스란 인증 프로토콜인 동시에 KDC이다. 개방된 컴퓨터 네트워크 내에서 서비스 요구를 인증하기 위해 대칭키 암호기법을 기반으로 한 인증 프로토콜이다.
KDC란 키 분배 서버이며 커버로스에서 가장 중요한 시스템이다.

31 ③
무선랜 인증 방식

구분	WEP(Wired Equivalent Privacy) 무선급보안	WPA(Wi-Fi Protected Access) 무선데이터보호	WPA2(Wi-Fi Protected Access2) 무선데이터보호Ⅱ
특징	현재 세계에서 가장 널리 사용되는 와이파이 보안 알고리즘	취약한 WEP 표준을 대체하기 위해 무선데이터보호 방식을 출시, WPA는 2003년 공식 채택	2006년 WPA2는 무선데이터보호 방식으로 대체
인증	사전 공유된 비밀키 사용 (64bit, 128bit)	사전에 공유된 비밀키를 사용하거나 별도의 인증서버를 이용	사전에 공유된 비밀키를 사용하거나 별도의 인증서버를 이용
암호화	고정 암호키 사용 (인증키와 동일) RC4 알고리즘 사용	암호키 동적 변경(TKIP) RC4 알고리즘 사용	암호키 동적 변경 AES 등 강력한 블록암호 알고리즘 사용
보안성	64bit WEP 키는 수분 내 노출이 가능하여 사용이 감소	WEP 방식보다 안전하나 불완전한 RC4 알고리즘 사용	가장 강력한 보안기능 제공

32 ②
② arp : IP 주소와 MAC 주소를 매칭시켜 주는 테이블을 보여줌
① ping : 특정 시스템에 ICMP 패킷을 보내 네트워크의 연결 상태를 조사하는 기능을 수행, UDP방식
③ tracert : 알고자 하는 목적지까지의 경로를 출력해 주는 명령어
④ ipconfig : 네트워크의 정보를 확인하거나 새로운 값을 변경

33 ②
㉠ : if(i % 3 == 0) 조건에서 보이듯이 3으로 나누어 나머지가 0과 같을 경우 반복문의 처음으로 돌아가야 하기 때문에 ㉠ 빈칸에는 continue 명령어를 넣어야 한다.

ⓒ : 합이 10을 초과 할 경우 sum의 값을 출력해야 하기 때문에 ⓒ 빈칸에는 반복문을 빠져나가는 break 명령어를 넣어야 한다.

34 ②

• int i, j, k; 문에서 시작한다.
if ((i % 2) == 0)는 조건에 맞지 않으므로 if 문을 생략하고 그 다음을 실행한다.
k += i * j++; → j 뒤에 ++가 있으며 j값 1 증가
k += 1 * 1 → k값에 1을 더해 1이 되고, j는 1이 증가하여 2가 된다.

• i가 1 증가해 → for (i = 3, j = 2, k = 1;에서 for 문 실행한다.
if ((i % 2) == 0)은 조건에 맞으므로 continue; 가 실행되며 이후는 생략하고 다시 for문으로 돌아간다.

• i가 1 증가해 값은 3이 되고 → for (i = 3, j = 2, k = 1;에서 for문 실행한다.
if ((i % 2) == 0)은 조건이 맞지 않으므로 다음을 실행한다.
k += i * j++; → j 뒤에 ++가 있으며 j값 1증가
k += 3 * 2 → k값에 6을 더해 7이 되고, j는 1이 증가하여 3이 된다.

• for (i = 4, j = 3, k = 7;에서 for 문 실행한다.
if ((i % 2) == 0)은 조건에 맞으므로 continue; 가 실행되며 이후는 생략하고 다시 for문으로 돌아간다.

• i < 5; i++)에서 i=5가 되어, 5<5는 조건에 맞지 않으므로 for문을 나와 System.out.println(k); 문을 실행하여 → k값 7을 출력한다.

결과 : k값 7

35 ③

for문은 5부터 하나씩 감소하며 반복하고, if문을 보면 i값이 홀수인 경우에만 printf문이 수행된다. 즉, i값이 5, 3, 1일 때 출력이 되며, 위의 문제에서 세 번째 줄에 출력되는 것이므로 1일때만 생각하면 된다. i값이 1일 때 func함수의 num변수가 1이 되므로 결과적으로 1이 반환되면 출력되는 것은 func(1):1이 된다.

36 ④

그림과 같은 조직 구조는 하나의 의사결정권자의 지시와 부서별 업무 분화가 명확해, 전문성은 높아지고 유연성 및 유기성은 떨어지는 조직 구조라고 볼 수 있다. 또한 의사결정권자가 한 명으로 집중되면서 내부 효율성이 확보된다.
① 조직의 유기적인 협조체제가 구축된 구조는 아니다.
② 의사결정 권한이 집중된 조직 구조이다.
③ 유사한 업무를 통한 내부 경쟁을 유발할 수 있는 구조는 사업별 조직구조이다.

37 ③

우수한 인재를 채용하고자 하는 등의 기본 방침을 설정하는 일은 조직 경영자로서의 역할이라 할 수 있으나, 그에 따른 구체적인 채용 기준을 마련하는 일은 해당 산하 조직의 역할이라고 보아야 한다.

38 ③

③ 최 이사와 노 과장의 동반 해외 출장 보고서는 최 이사가 임원이므로 사장이 최종 결재권자가 되어야 하는 보고서가 된다.
① 직원의 휴가는 본부장이 최종 결재권자이다.
② 직원의 해외 출장은 본부장이 최종 결재권자이다.
④ 백만 불을 기준으로 결재권자가 달라진다.

39 ①

비용이 집행되기 위해서는 비용을 쓰게 될 조직의 내부 결재를 거쳐 회사의 비용이 실제로 집행될 수 있는 회계팀(자금팀 등과 같은 비용 담당 조직)의 결재를 거쳐야 한다. 퇴직금의 정산과 관련한 인사 문제는 인사팀에서 담당하고 있는 업무가 된다. 또한, 회사의 차량을 사용하기 위한 배차 관련 업무는 일반적으로 총무팀이나 업무지원팀, 관리팀 등의 조직에서 담당하는 업무이다. 따라서 회계팀, 인사팀, 총무팀의 순으로 업무 협조를 구해야 한다.

40 ④

리더는 변화를 두려워하지 않아야 하며 리스크를 극복할 자질을 키워야 한다. 위험을 감수해야 할 이유가 합리적이고, 목표가 실현가능한 것이라면 직원들은 기꺼이 변화를 향해 나아갈 것이며 위험을 선택한 자신에게 자긍심을 가지며 좋은 결과를 이끌어내고자 지속적으로 노력할 것이다.

41 ④

최 사장은 공장장 교체 요구를 철회시켜 자신에게 믿음을 보여 준 직원을 계속 유지시킬 수 있었고, 노조 측은 처우 개선과 임금 인상 요구를 관철시켰으므로 'win-win'하였다고 볼 수 있다. 통합형은 협력형(collaborating)이라고도 하는데, 자신은 물론 상대방에 대한 관심이 모두 높은 경우로서 '나도 이기고 너도 이기는 방법(win-win)'을 말한다. 이 방법은 문제 해결을 위하여 서로 간에 정보를 교환하면서 모두의 목표를 달성할 수 있는 해법을 찾는다. 아울러 서로의 차이를 인정하고 배려하는 신뢰감과 공개적인 대화를 필요로 한다. 통합형이 가장 바람직한 갈등해결 유형이라 할 수 있다.

42 ②

최근 사회적 문제로 대두되고 있는 갑질 문제의 근원을 설명하고 있는 글이다. 갑질은 계약 권리에 있어 쌍방을 의미하는 갑을(甲乙) 관계에서 상대적으로 우위에 있는 '갑'이 우월한 신분, 지위, 직급, 위치 등을 이용하여 상대방에 오만무례하게 행동하거나 이래라 저래라 하며 제멋대로 구는 행동을 말한다. 갑질의 범위에는 육체적, 정신적 폭력, 언어폭력, 괴롭히는 환경 조장 등이 해당된다.

43 ②

이러한 정직과 신용을 구축하기 위한 4가지 지침으로 다음과 같은 것들이 있다.

㉠ 정직과 신뢰의 자산을 매일 조금씩 쌓아가자.
㉡ 잘못된 것도 정직하게 밝히자.
㉢ 정직하지 못한 것을 눈감아 주지 말자.
㉣ 부정직한 관행은 인정하지 말자.

44 ③

선택지에 주어진 직업윤리 덕목은 다음과 같이 설명될 수 있다.

• 소명의식 : 자신이 맡은 일은 하늘에 의해 맡겨진 일이라고 생각하는 태도
• 천직의식 : 자신의 일이 자신의 능력과 적성에 꼭 맞는다 여기고 그 일에 열성을 가지고 성실히 임하는 태도
• 직분의식 : 자신이 하고 있는 일이 사회나 기업을 위해 중요한 역할을 하고 있다고 믿고 자신의 활동을 수행하는 태도
• 책임의식 : 직업에 대한 사회적 역할과 책무를 충실히 수행하고 책임을 다하는 태도
• 전문가의식 : 자신의 일이 누구나 할 수 있는 것이 아니라 해당 분야의 지식과 교육을 밑바탕으로 성실히 수행해야만 가능한 것이라 믿고 수행하는 태도
• 봉사의식 : 직업 활동을 통해 다른 사람과 공동체에 대하여 봉사하는 정신을 갖추고 실천하는 태도

45 ③

SELECT … 조건에 따라 검색할 수도 있고 일정한 기준으로 그룹을 지어 검색하거나 검색결과를 오름차순 또는 내림차순으로 정렬할 수 있다.

㉠ 기본형식
• SELECT[DISTINCT]칼럼명[. 칼럼명]
• FROM테이블명[. 테이블명…]
• [WHERE 조건,조건,,,]
• [GROUP BY 칼럼명[HAVING 조건]]
• [ORDER BY 칼럼명[asc | desc]]
㉡ SELECT ~ FROM 문을 사용하여 데이터를 가져오면 아무런 순서 없이 출력되는데 기본적으로 데이터를 가져올 때는 ORDER BY 절을 이용하여 정렬한다.
㉢ 기본적으로 정렬 방향을 지정해주지 않으면 ORDER BY 절은 오름차순으로 적용된다.
• ASCENDING(ASC)
ORDER BY '열이름' ASC : 오름차순(A~Z)
• DESCENDING(DESC)
ORDER BY '열이름' DESC : 내림차순(Z~A)

46 ②

테스트 케이스 선정기준 … 모든 가능한 실행 경로를 테스트 할 수 없으므로 적정 수의 테스트 경로를 실행해야 하며 효과적인 테스트 케이스의 집합을 구했는지 또는 테스트 작업이 적정한지를 판단하는 기준

① 문장 검증 기준(Statement Coverage) : 프로그램의 모든 문장을 한 번 이상 실행

② 조건 검증 기준(Condition Coverage) : 모든 분기점에서 조건식을 구성하는 단일 조건의 참과 거짓을 한 번 이상 실행

③ 분기 검증 기준(Branch Coverage) : 모든 분기점에서 참과 거짓에 해당하는 경로를 한 번 이상 실행

④ 다중 조건 검증 기준(Multiple Condition Coverage) : 조건식을 구성하는 단일 조건식들의 모든 가능한 참/거짓 조합을 한 번 이상 실행

47 ④

④ 위치기반 서비스 : 휴대 전화 등 이동 단말기를 통해 움직이는 사람의 위치를 파악하고 각종 부가 서비스를 제공하는 것

① 빅데이터 서비스 : 기존 데이터보다 너무 방대하여 기존의 방법이나 도구로 수집, 저장, 분석 등이 어려운 정형 및 비정형 데이터들을 의미

② 클라우드 서비스 : 데이터를 인터넷과 연결된 중앙 컴퓨터에 저장해서 인터넷에 접속하기만 하면 언제 어디서든 데이터를 이용할 수 있는 것

③ 가상현실 서비스 : 현실의 특정한 환경이나 상황을 컴퓨터를 통해 그대로 재현하여 사용자가 마치 실제 주변 상황 및 환경과 상호작용을 하고 있는 것처럼 만드는 기술

48 ①

PCM(Pulse Code Modulation) … 아날로그 신호를 디지털 신호로 변환할 때는 '표본화 → 부호화 : 양자화'의 단계를 거쳐 디지털 신호로 바꿔준다.

① 표본화(sampling) : 아날로그 파형을 디지털 형태로 변환하기 위해 표본을 취하는 것

② 부호화(encoding) : 표본화와 양자화를 거친 디지털 정보를 2진수로 표현하는 과정

③ 복호화(decoding) : 상대된 전송 장치에서 전송되어 온 디지털 신호를 아날로그 신호로 변환하는 것

④ 양자화(quantization) : 아날로그 레벨을 한정된 디지털 레벨로 바꾸는 과정

49 ②

255.255.255.192

→ 11111111.11111111.11111111.11000000으로 호스트 식별자의 비트수는 6이 된다.

※ 서브넷 마스크(Subnet Mask) … IP 주소에 대한 Network ID 와 Host ID를 구분하기 위해서 사용된다.

※ 디폴트 마스크(Default Mask)값
- A Class　255.　　　0.　　　0.　　0
- B Class　255.　　255.　　　0.　　0
- C Class　255.　　255.　　255.　　0

※ 비트 값
- A Class
  1111 1111. 0000 0000. 0000 0000. 0000 0000
- B Class
  1111 1111. 1111 1111. 0000 0000. 0000 0000
- C Class
  1111 1111. 1111 1111. 1111 111. 0000 0000

50 ②

인터넷 상에서 웹 브라우저와 웹 서버는 HTTP(Hyper Text Transfer Protocol) 프로토콜을 통해서 하이퍼텍스트 문서, 오디오, 영상 등의 다양한 형식의 데이터를 전송한다.

① SMTP(Simple Mail Transfer Protocol)는 컴퓨터 간에 전자우편을 전송하기 위한 명령-응답 방식의 프로토콜이다.

③ IMAP(Internet Message Access Protocol)은 SMTP를 이용하여 수신자의 메일 서버에 전달된 메일을 검색 및 다운로드하기 위해 사용하는 메일 접근 프로토콜이다.

④ RTP(Realtime Transfer Protocol) 프로토콜은 UDP를 사용하여 인터넷 상에서 유니캐스트나 멀티캐스트 서비스를 통하여 대화형 비디오나 오디오와 같은 데이터의 종단간 전송을 위한 전송 계층 프로토콜이다.

제 2 회 정답 및 해설

✎ 직업기초능력평가

1 ②

보고서 작성 개요에 따르면 결론 부분에서 '공공 데이터 활용의 장점을 요약적으로 진술'하고 '공공 데이터가 앱 개발에 미칠 영향 언급'하고자 한다. 따라서 ②의 '공공 데이터는 앱 개발에 필요한 실생활 관련 정보를 담고 있으며 앱 개발 비용의 부담을 줄여 준다(→공공 데이터 활용의 장점을 요약적으로 진술). 그러므로 앱 개발 시 공공 데이터 이용이 활성화되면 실생활에 편의를 제공하는 다양한 앱이 개발될 것이다(→공공 데이터가 앱 개발에 미칠 영향 언급).'가 결론으로 가장 적절하다.

2 ④

④ 100ml 이하 용기에 한함으로 500ml 물병에 들어 있는 물은 국제선 반입이 불가능하다.

3 ②

㈎, ㈐, ㈑는 통계 조사 등의 결과를 과대 해석하여 보도하였다는 공통적인 문제가 있다. 반면 ㈏의 경우는 같은 기간 훨씬 더 많이 발생한 산업재해 사망사건에 대해서는 거의 보도하지 않으면서, 상대적으로 적은 항공 사고에 대해서는 많은 보도를 발표하였다는 점에서 문제를 제기할 수 있다.

4 ③

위 글은 귀솟음 기법에 대해 설명하고 있지만 ⓒ은 '안쏠림 기법은 착시 현상을 교정하는 효과가 크지 않다'고 하여 글의 흐름을 해치고 있다.

5 ④

④ 걷잡을 수 없어진 지구 온난화에 적응을 하지 못한 식물들이 한꺼번에 죽어 부패하면 그 속에 가두어져 있는 탄소가 대기로 방출된다고 언급하고 있다. 따라서 생명체가 소멸되면 탄소 순환 고리가 끊길 수 있지만, 대기 중의 탄소가 사라지는 것은 아니다.

6 ④

제시된 문서는 보도자료이다.
④ 보도자료는 정부기관이나 기업체 등이 언론을 상대로 자신들의 정보를 기사화 되도록 하기 위해 보내는 자료이다.
① 보고서
② 기안서
③ 기획서

7 ②

② 그 어떤 학습 시스템도 아무런 가정 없이 학습을 시작할 수는 없는 법이다. 자신이 어떤 문제에 부딪히게 될지, 그 문제로부터 어떻게 학습할 수 있을지 등의 가정도 없는 시스템이라면 그 시스템은 결국 아무 것도 배울 수 없다.(2문단)
①③ 1문단
④ 2문단

8 ③

③ 정밀안점검사는 설치 후 15년이 도래하거나 결함 원인이 불명확한 경우, 중대한 사고가 발생하거나 또는 그 밖에 행정안전부장관이 정한 경우에 실시한다. 에스컬레이터에 쓰레기가 끼이는 단순한 사고가 발생하여 수리한 경우에는 수시검사를 시행하는 것이 적절하다.

9 ④

④ 쇼핑카트나 유모차, 자전거 등을 가지고 층간 이동을 쉽게 할 수 있도록 승강기를 설치하는 경우에는 계단형의 디딤판을 동력으로 오르내리게 한 에스컬레이터보다 평면의 디딤판을 동력으로 이동시키게 한 무빙워크가 더 적합하다.

10 ④

밑줄 친 '늘리고'는 '시간이나 기간이 길어지다.'의 뜻으로 쓰였다. 따라서 이와 의미가 동일하게 쓰인 것은 ④이다.
① 물체의 넓이, 부피 따위를 본디보다 커지게 하다.
② 살림이 넉넉해지다.
③ 힘이나 기운, 세력 따위가 이전보다 큰 상태가 되다.

11 ④

㉠ 갑의 작업량은 $(3 \times \frac{1}{8}) + (3 \times \frac{1}{8}) = \frac{3}{4}$

㉡ 전체 작업량을 1이라 하고 을의 작업량을 x라 하면,
$\frac{3}{4} + x = 1$, ∴ $x = \frac{1}{4}$

㉢ 을의 작업량이 전체에서 차지하는 비율은
$\frac{1}{4} \times 100 = 25\%$

12 ③

㉠ 재작년 기본급은 1,800만 원이고,
㉡ 재작년 성과급은 그 해의 기본급의 1/5이므로 1,800×1/5=360만 원이다.
㉢ 작년 기본급은 재작년보다 20%가 많은 1,800×1.2 =2,160만 원이고,
㉣ 작년 성과급은 재작년보다 10%가 줄어든 360×0.9 =324만 원이다.
정리하면 재작년의 연봉은 1,800+360=2,160만 원이고, 작년의 연봉은 2,160+324=2,484만 원이다.
따라서 작년 연봉의 인상률은
$\frac{2,484 - 2,160}{2,160} \times 100 = 15\%$ 이다.

13 ①

수계별로 연도별 증감 추이는 다음과 같다.
• 한강수계 : 감소 – 감소 – 감소 – 감소
• 낙동강수계 : 증가 – 감소 – 감소 – 감소
• 금강수계: 증가 – 증가 – 감소 – 감소
• 영·섬강수계 : 증가 – 감소 – 감소 – 감소
따라서 낙동강수계와 영·섬강수계의 증감 추이가 동일함을 알 수 있다.

14 ③

9~12시 사이에 출국장 1/2를 이용한 사람 수는 2,176명으로 이날 오전 출국장 1/2를 이용한 사람 수의 50% 이하이다.

15 ③

3/4 분기 성과평가 점수는 $(10 \times 0.4) + (8 \times 0.4) +$ $(10 \times 0.2) = 9.2$로, 성과평가 등급은 A이다. 성과평가 등급이 A이면 직전 분기 차감액의 50%를 가산하여 지급하므로, 2/4 분기 차감액인 20만 원(∵ 2/4 분기 성과평가 등급 C)의 50%를 가산한 110만 원이 성과급으로 지급된다.

16 ④

그룹의 직원 수를 x명이라고 할 때,
$x \times 500,000 \times (1 - 0.12) > 50 \times 500,000 \times (1 - 0.2)$
$x > \frac{40}{0.88} = 45.4545 \cdots$
따라서 46명 이상일 때 50명의 단체로 입장하는 것이 유리하다.

17 ②

1차 캠페인에 참여한 1~3년차 직원 수를 x라고 할 때, 1년차 직원 수를 기준으로 식을 세우면
$\frac{23}{100} \times x + 20 = (x + 20) \times \frac{30}{100}$
$23x + 2,000 = 30x + 600$
$7x = 1,400$, $x = 200$
따라서 1차 캠페인에 참여한 1~3년차 직원은 200명이다.

18 ④

의자수를 x라고 하면, 사람 수는 $8x+5$와 $10(x-2)+7$로 나타낼 수 있다.

두 식을 연립하여 풀면

$8x+5=10(x-2)+7$, $x=9$

따라서 의자의 개수는 9개이다.

19 ③

주어진 표는 2017년 및 2018년 상반기 동기간 동안의 5대 범죄 발생을 분석한 것이다. 약간의 차이는 있으나 전반적으로 보면 2017년에는 1,211건, 이에 대비 2018년에는 발생 범죄가 934건으로 감소됨을 알 수 있다. 그러므로 범죄다발지역에 대해 치안 담당자들이 해당 지역에 대한 정보를 공유하여 범죄의 발생 및 검거에 치안역량을 집중했음을 알 수 있다.

20 ①

2단계에 따라 5개 이상의 구슬이 있던 한 묶음에서 다른 묶음으로 5개의 구슬을 옮기면 10개, 6개의 묶음이 되는데, 3단계에 따라 두 묶음을 각각 두 묶음씩으로 다시 나누어 각각 1개, 5개, 5개, 5개의 네 묶음이 되도록 할 수 있다.

21 ④

이런 유형은 문제에서 제시한 상황, 즉 1명이 당직을 서는 상황을 각각 설정하여 1명만 진실이 되고 3명은 거짓말이 되는 경우를 확인하는 방식의 풀이가 유용하다. 각각의 경우, 다음과 같은 논리가 성립한다.

고 대리가 당직을 선다면, 진실을 말한 사람은 윤 대리와 염 사원이 된다.

윤 대리가 당직을 선다면, 진실을 말한 사람은 고 대리, 염 사원, 서 사원이 된다.

염 사원이 당직을 선다면, 진실을 말한 사람은 윤 대리가 된다.

서 사원이 당직을 선다면, 진실을 말한 사람은 윤 대리와 염 사원이 된다.

따라서 진실을 말한 사람이 1명이 되는 경우는 염 사원이 당직을 서고 윤 대리가 진실을 말하는 경우가 된다.

22 ③

주어진 조건에 의해 가장 먼 거리에 있는 네 군데 끝 자리에는 양 사원, 나 대리, 오 대리, 김 사원이 앉게 되며, 최 대리 – 박 사원 – 나 대리 세 명의 자리가 확정된 조건임을 알 수 있다. 따라서 다음의 두 가지 경우의 수가 생길 수 있다.

김 사원 (오 대리)	최 대리	박 사원	나 대리
양 사원	A	B	오 대리 (김 사원)
양 사원	A	B	오 대리 (김 사원)
김 사원 (오 대리)	최 대리	박 사원	나 대리

두 가지 경우 모두 A, B에 임 대리와 민 사원이 앉게 되므로 각 라인 당 2명이 같은 라인으로 이동한 것이 된다. 또한 8명 모두 자리를 이동하였다고 했으므로 두 가지 경우 모두 A, B 자리는 각각 임 대리와 민 사원의 자리가 되어야 한다.

따라서 '임 대리는 최 대리와 마주보고 앉게 된다.'가 올바른 설명이 된다.

① 양 사원의 옆 자리에는 임 대리가 앉게 된다.

② 김 사원의 옆 자리에는 민 사원 또는 최 대리가 앉게 된다.

④ 민 사원은 어떤 경우에도 박 사원과 마주보고 앉게 된다.

23 ③

ⓛ '세후순이익 = 세전순이익 − 세금'이므로

세전순이익을 x라 하고 ㉣㉤을 적용하면,

$8=x-0.2x=0.8x$, $\therefore x=10$이다.

㉢㉥에 따라 '영업이익 = 세전순이익 + 이자비용'이므로 영업이익은 $10+5=15$이다.

㉠에 따라 '영업이익 = 매출액 − (매출원가 + 감가상각비)'이므로

'매출액 = 영업이익 + 매출원가 + 감가상각비'가 된다.

매출액을 y라 하고 ㉤㉦을 적용하면,

$15+0.8y+(5\times 3)=y$, $\therefore y=150$

24 ③

바꿔드림론은 신용 상태가 좋지 않은 채무자를 대상으로 하기 때문에 신용 등급이 6~10등급 이내이어야 한다.

① 법정 최고 이자는 20%를 넘어가므로 금융채무 총액이 3천만 원을 초과하지 않는 지원 대상이 된다.

② 부양가족이 3명이며 급여소득이 5천만 원 이하이므로 지원 대상이 된다.

④ 신용대출금에 대한 연 28%는 고금리 채무이며 6개월 이상 상환 중이므로 지원 대상이 된다.

25 ②

⊙ **설립방식** : {(고객만족도 효과의 현재가치) − (비용의 현재가치)}의 값이 큰 방식 선택

 • (가) 방식 : 5억 원 − 3억 원 = 2억 원 → 선택

 • (나) 방식 : 4.5억 원 − (2억 원 + 1억 원 + 0.5억 원) = 1억 원

ⓒ **설립위치** : {(유동인구) × (20~30대 비율) / (교통혼잡성)} 값이 큰 곳 선정(20~30대 비율이 50% 이하인 지역은 선정대상에서 제외)

 • 甲 : 80 × 75 / 3 = 2,000

 • 乙 : 20~30대 비율이 50%이므로 선정대상에서 제외

 • 丙 : 75 × 60 / 2 = 2,250 → 선택

26 ④

甲 국장은 전체적인 근로자의 주당 근로시간 자료 중 정규직과 비정규직의 근로시간이 사업장 규모에 따라 어떻게 다른지를 비교하고자 하는 것을 알 수 있다. 따라서 국가별, 연도별 구분 자료보다는 ④와 같은 자료가 요청에 부합하는 적절한 자료가 된다.

27 ④

선거 결과와 의석 배분의 규칙에 따라 당선된 후보를 정리하면 다음과 같다.

정당	후보	제1 선거구	제2 선거구	제3 선거구	제4 선거구
A	1번	당선	당선		당선
	2번				
B	1번	당선	당선	당선	
	2번			당선	
C	1번				당선
	2번				

④ 가장 많은 당선자를 낸 정당은 4명의 후보가 당선된 B정당이다.

① A정당은 제3선거구에서 의석을 차지하지 못 했다.

② B정당은 제4선거구에서 의석을 차지하지 못 했다.

③ C정당의 후보가 당성된 곳은 제4선거구이다.

28 ④

• 甲 일행

– 입장료 : 다자녀 가정에 해당하여 입장료가 면제된다.

– 야영시설 및 숙박시설 요금 : 5인용 숙박시설 성수기 요금인 85,000원이 적용되어 3박의 요금은 255,000원이다.

– 총요금 : 0원 + 255,000원 = 255,000원

• 乙 일행

– 입장료 : 동절기에 해당하여 입장료가 면제된다.

– 야영시설 및 숙박시설 요금 : 비수기이고 일행 중 장애인이 있어 야영시설 요금이 50% 할인된다. 따라서 30,000 × 0.5 × 6 = 90,000원이다.

– 총요금 : 0원 + 90,000원 = 90,000원

• 丙 일행

– 입장료 : 1,000 × 10 × 3 = 30,000원

– 야영시설 및 숙박시설 요금 : 10,000 × 9박 = 90,000원

– 총요금 : 30,000 + 90,000 = 120,000원

따라서 총요금이 가장 큰 甲 일행의 금액과 가장 작은 乙 일행의 금액 차이는 255,000 − 90,000 = 165,000원이다.

29 ③

7개의 지사 위치를 대략적으로 나타내면 다음과 같다.

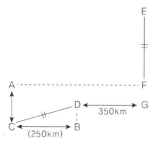

따라서 A에서 가장 멀리 떨어진 지사는 E이다.

30 ④

① 초청장은 회신을 요하지 않으므로 '회신 요망'을 기재하지 않는다.

② 우편번호는 5자리로 작성해야 한다.

③ 발신자 명은 회사명과 한 줄 정도의 간격을 두고 작성해야 한다. 수신자 명도 동일하다.

31 ④

㉠ 운재가 지불한 금액은
- 정가 : $(5,000 \times 3) + (2,000 \times 10) = 35,000$원
- 할인 혜택 : 20% 할인 $= 35,000 \times 0.2 = 7,000$원
- 배송 지연 : 5,000원

∴ 결제 금액 : $35,000 - 7,000 + 5,000 = 33,000$원

㉡ 성운이 지불한 금액은
- 정가 : $30,000 + (1,000 \times 5) = 35,000$원
- 할인 혜택 : 20% 할인, 2,000원 추가 할인
  $= (35,000 \times 0.2) + 2,000 = 9,000$원
- 배송 지연 : $5,000 \times 2$일 $= 10,000$원

∴ 결제 금액 : $35,000 - 9,000 + 10,000 = 36,000$원

㉢ 영주가 지불한 금액은
- 정가 : $50,000 + (3,000 \times 2) + (1,000 \times 4) = 60,000$원
- 할인 혜택 : 20% 할인 $= 60,000 \times 0.2 = 12,000$원
- 배송 지연 : 없음

∴ 결제 금액 : $60,000 - 12,000 = 48,000$원

㉣ 준하가 지불한 금액은
- 정가 : $(5,000 \times 2) + (3,000 \times 4) + (1,000 \times 2) = 24,000$원
- 할인 혜택 : 20% 할인 $= 24,000 \times 0.2 = 4,800$원
- 배송 지연 : 5,000원

∴ 결제 금액 : $24,000 - 4,800 + 5,000 = 24,200$원

32 ①

시간관리 매트릭스

	긴급함	긴급하지 않음
중요함	㉡	㉢㉤
중요하지 않음	㉫	㉠㉣

33 ②

먼저 '층별 월 전기료 60만 원 이하' 조건을 적용해 보면 2층, 3층, 5층에서 각각 6대, 2대, 1대의 구형 에어컨을 버려야 한다. 다음으로 '구형 에어컨 대비 신형 에어컨 비율 1/2 이상 유지' 조건을 적용하면 4층, 5층에서 각각 1대, 2대의 신형 에어컨을 구입해야 한다. 그런데 5층에서 신형 에어컨 2대를 구입하면 구형 에어컨 12대와 신형 에어컨 6대로 월 전기료가 60만 원이 넘는다. 따라서 5층은 구형 에어컨 총 3대를 버리고 신형 에어컨 1대를 구입하여야 한다. 즉 A상사가 구입해야 하는 신형 에어컨은 총 2대이다.

34 ③

평가 기준에 따라 점수를 매기면 다음과 같다.

평가 항목 / 음식점	음식 종류	이동 거리	가격 (1인 기준)	맛 평점 (★ 5개 만점)	방 예약 가능여부	총점
자금성	2	3	4	1	1	11
샹젤리제	3	2	3	2	1	11
경복궁	4	4	1	3	1	13
도쿄타워	5	1	2	4	–	12

따라서 그룹의 신년회 장소는 경복궁이다.

35 ④

① 총 인원이 250명이므로 블루 연회장과 골드 연회장이 적합하다.

② 송년의 밤 행사이니 저녁 시간대에 진행되어야 한다.

③ 평일인 4~5일과 11~12일은 예약이 불가능하다.

④ 모든 조건을 고려했을 때 예약 가능한 연회장은 6일 블루, 7일 골드, 13일 블루, 14일 블루 또는 골드이다.

36 ④

그림과 같은 조직 구조는 하나의 의사결정권자의 지시와 부서별 업무 분화가 명확해, 전문성은 높아지고 유연성 및 유기성은 떨어지는 조직 구조라고 볼 수 있다. 또한 의사결정권자가 한 명으로 집중되면서 내부 효율성이 확보된다.

① 조직의 유기적인 협조체제가 구축된 구조는 아니다.
② 의사결정 권한이 집중된 조직 구조이다.
③ 유사한 업무를 통한 내부 경쟁을 유발할 수 있는 구조는 사업별 조직 구조이다.

37 ③

우수한 인재를 채용하고자 하는 등의 기본 방침을 설정하는 일은 조직 경영자로서의 역할이라 할 수 있으나, 그에 따른 구체적인 채용 기준을 마련하는 일은 해당 산하 조직의 역할이라고 보아야 한다.

38 ③

③ 최 이사와 노 과장의 동반 해외 출장 보고서는 최 이사가 임원이므로 사장이 최종 결재권자가 되어야 하는 보고서가 된다.
① 직원의 휴가는 본부장이 최종 결재권자이다.
② 직원의 해외 출장은 본부장이 최종 결재권자이다.
④ 백만 불을 기준으로 결재권자가 달라진다.

39 ①

비용이 집행되기 위해서는 비용을 쓰게 될 조직의 내부 결재를 거쳐 회사의 비용이 실제로 집행될 수 있는 회계팀(자금팀 등과 같은 비용 담당 조직)의 결재를 거쳐야 한다. 퇴직금의 정산과 관련한 인사 문제는 인사팀에서 담당하고 있는 업무가 된다. 또한, 회사의 차량을 사용하기 위한 배차 관련 업무는 일반적으로 총무팀이나 업무지원팀, 관리팀 등의 조직에서 담당하는 업무이다. 따라서 회계팀, 인사팀, 총무팀의 순으로 업무 협조를 구해야 한다.

40 ④

리더는 변화를 두려워하지 않아야 하며 리스크를 극복할 자질을 키워야 한다. 위험을 감수해야 할 이유가 합리적이고, 목표가 실현가능한 것이라면 직원들은 기꺼이 변화를 향해 나아갈 것이며 위험을 선택한 자신에게 자긍심을 가지며 좋은 결과를 이끌어내고자 지속적으로 노력할 것이다.

41 ④

최 사장은 공장장 교체 요구를 철회시켜 자신에게 믿음을 보여 준 직원을 계속 유지시킬 수 있었고, 노조 측은 처우 개선과 임금 인상 요구를 관철시켰으므로 'win-win'하였다고 볼 수 있다. 통합형은 협력형(collaborating)이라고도 하는데, 자신은 물론 상대방에 대한 관심이 모두 높은 경우로서 '나도 이기고 너도 이기는 방법(win-win)'을 말한다. 이 방법은 문제 해결을 위하여 서로 간에 정보를 교환하면서 모두의 목표를 달성할 수 있는 해법을 찾는다. 아울러 서로의 차이를 인정하고 배려하는 신뢰감과 공개적인 대화를 필요로 한다. 통합형이 가장 바람직한 갈등해결 유형이라 할 수 있다.

42 ②

최근 사회적 문제로 대두되고 있는 갑질 문제의 근원을 설명하고 있는 글이다. 갑질은 계약 권리에 있어 쌍방을 의미하는 갑을(甲乙) 관계에서 상대적으로 우위에 있는 '갑'이 우월한 신분, 지위, 직급, 위치 등을 이용하여 상대방에 오만무례하게 행동하거나 이래라저래라 하며 제멋대로 구는 행동을 말한다. 갑질의 범위에는 육체적, 정신적 폭력, 언어폭력, 괴롭히는 환경 조장 등이 해당된다.

43 ②

이러한 정직과 신용을 구축하기 위한 4가지 지침으로 다음과 같은 것들이 있다.
㉠ 정직과 신뢰의 자산을 매일 조금씩 쌓아가자.
㉡ 잘못된 것도 정직하게 밝히자.
㉢ 정직하지 못한 것을 눈감아 주지 말자.
㉣ 부정직한 관행은 인정하지 말자.

11	22	66	77	55
11	22	55	77	66

44 ③

선택지에 주어진 직업윤리 덕목은 다음과 같이 설명될 수 있다.

- 소명의식 : 자신이 맡은 일은 하늘에 의해 맡겨진 일이라고 생각하는 태도
- 천직의식 : 자신의 일이 자신의 능력과 적성에 꼭 맞는다 여기고 그 일에 열성을 가지고 성실히 임하는 태도
- 직분의식 : 자신이 하고 있는 일이 사회나 기업을 위해 중요한 역할을 하고 있다고 믿고 자신의 활동을 수행하는 태도
- 책임의식 : 직업에 대한 사회적 역할과 책무를 충실히 수행하고 책임을 다하는 태도
- 전문가의식 : 자신의 일이 누구나 할 수 있는 것이 아니라 해당 분야의 지식과 교육을 밑바탕으로 성실히 수행해야만 가능한 것이라 믿고 수행하는 태도
- 봉사의식 : 직업 활동을 통해 다른 사람과 공동체에 대하여 봉사하는 정신을 갖추고 실천하는 태도

47 ②

한 셀에 두 줄 이상 입력하려고 하는 경우 줄을 바꿀 때는 〈Alt〉+〈Enter〉를 눌러야 한다.

48 ①

① #NAME? : 지정하지 않은 이름을 사용한 때나 함수 이름을 잘못 사용한 때, 인식할 수 없는 텍스트를 수식에 사용했을 때
② #REF! : 수식이 있는 셀에 셀 참조가 유효하지 않을 때
③ #VALUE! : 잘못된 인수나 피연산자를 사용하거나 수식 자동고침 기능으로 수식을 고칠 수 없을 때
④ #DIV/0 : 나누는 수가 빈 셀이나 0이 있는 셀을 참조하였을 때

45 ①

㉠ 1회전

5	3	8	1	2
1	3	8	5	2

㉡ 2회전

1	3	8	5	2
1	2	8	5	3

49 ①

RANK(number,ref,[order]) : number는 순위를 지정하는 수이므로 B2, ref는 범위를 지정하는 것이므로 $B$2:$B$8이다. oder는 0이나 생략하면 내림차순으로 순위가 매겨지고 0이 아닌 값을 지정하면 오름차순으로 순위가 매겨진다.

46 ④

㉠ 1회전

55	11	66	77	22
11	55	66	77	22

㉡ 2회전

11	55	66	77	22
11	22	66	77	55

50 ④

단축키 Alt + V는 다른 이름으로 저장하기를 실행한다.

① 불러오기 : Alt + O
② 모두 선택 : Ctrl + A
③ 저장하기 : Alt + S

1 ④

릴레이션의 특징

㉠ 릴레이션에 포함된 튜플들은 모두 다르다.

㉡ 릴레이션에 포함된 튜플 사이에는 순서가 없다.

㉢ 튜플들의 삽입, 삭제 등의 작업으로 인해 릴레이션은 시간에 따라 변한다.

㉣ 릴레이션 스키마를 구성하는 애트리뷰트들 간의 순서는 중요하지 않다.

㉤ 애트리뷰트의 유일한 식별을 위해 애트리뷰트의 명칭은 유일해야 하지만, 애트리뷰트를 구성하는 값은 동일한 값이 나올 수 있다.

㉥ 릴레이션을 구성하는 튜플을 유일하게 식별하기 위해 애트리뷰트들의 부분집합을 키로 설정한다.

㉦ 애트리뷰트는 더 이상 쪼갤 수 없는 원자값만을 저장한다.

※ 릴레이션의 용어

㉠ 튜플 : 릴레이션을 구성하는 각각의 행(카디날리티=튜플의 수)

• 튜플은 릴레이션을 구성하는 각각의 행을 말한다.

• 튜플은 속성의 모임으로 구성된다.

• 파일 구조에서 레코드와 같은 의미이다.

• 튜플의 수를 카디널리티 또는 기수, 대응수라고 한다.

㉡ 애트리뷰트 : 데이터베이스를 구성하는 가장 작은 논리적 단위(차수=애트리뷰트의 수)

• 속성은 데이터베이스를 구성하는 가장 작은 논리적 단위이다.

• 파일 구조상의 데이터 항목 또는 데이터 필드에 해당된다.

• 속성은 개체의 특성을 기술한다.

• 속성의 수를 디그리 또는 차수라고 한다.

㉢ 도메인 : 하나의 애트리뷰트가 취할 수 있는 같은 타입의 원자값들의 집합

• 도메인은 하나의 애트리뷰트가 취할 수 있는 같은 타입의 원자값들의 집합이다.

• 도메인은 실제 애트리뷰트 값이 나타날 때 그 값의 합법 여부를 시스템이 검사하는데 이용된다.

㉣ 릴레이션 인스턴스 : 데이터 개체를 구성하고 있는 속성들에 데이터 타입이 정의되어 구체적인 데이터 값을 가지고 있는 것을 말한다.

2 ③

㉠ 서브넷 마스크(Subnet Mask)는 커다란 네트워크를 서브넷으로 나눠주는 네트워크의 중요한 방법 중 하나이다. 브로드캐스트의 단점을 보완하기 위한 방법으로 할당된 IP 주소를 네트워크 환경에 알맞게 나누어주기 위해 만들어지는 이진수의 조합이다.

㉡ 8개 하위 네트워크로 나누기 위해 3비트가 필요하며, 오른쪽 8비트에서 하위 5비트가 모두 1인 경우는 8가지이다(00011111, 00111111, 01011111, 01111111, 10011111, 10111111, 11011111, 11111111). 즉, (31, 63, 95, 129, 159, 191, 223, 255)이다.

3 ②

비트 프레임(Bit Frame) 방식은 문자 단위의 가정을 없애고, 임의의 비트 패턴 데이터를 전송할 수 있다.

① 부정 응답 프레임 : 정보 프레임의 전송 과정에서 프레임 변형 오류가 발생하면 수신 호스트에는 송신 호스트에게 NAK프레임을 회신한다.

③ 긍정 응답 프레임 : 정보 프레임을 수신한 호스트는 맨 먼저 프레임의 내용이 깨졌는지 확인해야 한다. 프레임 변형 오류가 발생하지 않으면 송신 호스트에게 해당 프레임을 올바르게 수신했다는 의미로 ACK프레임, 즉 긍정 응답을 회신한다.

④ 정보 프레임 : 상위 계층이 전송을 요구한 데이터를 수신 호스트에 전송하는 용도로 사용한다.

4 ③

웹 캐시(Web Cache) … WWW용 프럭시 캐시. 홈페이지 열람자는 웹 페이지 방문 시 직접 서버에 접속하지 않고 근처의 프럭시 서버에 접속한다. 프럭시 서버는 원래의 페이지에 접속된 후 열람자에게 되돌아감과 동시에 디스크에 캐시되므로, 이후부터 동일 페이지에 접속할 때는 디스크에 캐시된 페이지를 사용한다. 이 웹 캐시로 페이지를 읽으면 고속화되고, 대역폭은 절약된다. 웹 캐시로는 스퀴드(Squid) 캐시나 아파치(Apache) 캐시 서버 또는 하비스트(Harvest) 캐시나 네스케이프 프럭시 서버 등이 널리 이용된다.

5 ②

① GSM : 종합정보통신망과 연결되어 모뎀을 사용하지 않고도 전화단말기, 팩시밀리, 랩톱 등에 직접 접속하여 이동데이터 서비스를 받을 수 있는 유럽식 디지털 이동통신 방식이다.

③ CSMA/CD : 자료를 전송하고 있는 동안 회선을 감시하여 충돌이 감지되면 즉각 전송을 종료시키는 방식이다. 버스형 LAM에 적용되는 방식이다.

④ LTE : HSDPA(고속하향패킷접속)보다 12배 이상 빠른 고속 무선데이터 패킷통신 규격을 가리킨다.

6 ④

④ 단일 패리티 검사는 2진 데이터 워드 하나에 한 비트의 패리티 비트를 추가하는 방법으로 값싸게 오류 검사할 수 있기 때문에 많이 사용된다. 그러나 워드 내에서 짝수 비트의 오류가 발생했을 때는 검출하지 못하고 단일 비트 오류만 검출할 수 있는 단점이 있다.

7 ③

③ 사원 릴레이션의 사원번호 속성은 기본키로 지정되어 있으므로 중복되는 값을 입력받을 수 없다.

※ 제1정규형

ㄱ 제1정규형 : 한 릴레이션 R이 제1정규형을 만족하는 경우는 릴레이션 R의 모든 애트리뷰트가 원자값만을 갖는 경우이다. 즉, 릴레이션의 모든 애트리뷰트에 반복 그룹이 나타나지 않을 경우에 제1정규형을 만족한다.

ㄴ 제1정규형 해결책

• 애트리뷰트에 원자값 : 애트리뷰트에 원자값만 갖도록 튜플을 분리한 뒤 정보가 많이 중복되는 문제가 생기는데 다른 정규형으로 해결한다.

• 두 릴레이션으로 분리 : 반복그룹 애트리뷰트들을 분리해서 새로운 릴레이션을 만든다. 원래 릴레이션의 기본키를 새로운 릴레이션에 애트리뷰트로 추가한다. 원래 릴레이션 키가 새로운 릴레이션의 기본키가 되는 것은 아니다.

8 ④

데이터베이스 설계 단계

ㄱ 개념적 설계(Conceptual Design) : 현실 세계를 데이터 모델링을 통해 개념적 구조로 표현하는 과정으로, 개체-관계(Entity-Relationship) 다이어그램 이용한다.

ㄴ 논리적 설계(Logical Design) : 개념 세계를 데이터 모델링을 통해 논리적 구조로 표현하는 과정이다. 논리적 데이터 모델은 관계(Relational), 네트워크(Network), 계층(Hierarchical) 세 가지 모델이 많이 사용되었다.

ㄷ 물리적 설계(Physical Design) : 구현을 위한 데이터 구조화, 디스크에 데이터가 표현될 수 있도록 물리적 구조로 변환하는 과정이다.

9 ②

경로배정 프로토콜의 종류

ㄱ 내부 라우팅 프로토콜(Interior Routing Protocol)

• OSPF(open shortest path first) : RIP의 단점을 보완하기 위해 개발된 링크 상태 라우팅 알고리즘, 각 라우터는 링크의 상태에 변화가 있는 경우에만 변화의 내용을 모든 라우터에게 방송(broadcasting)함으로서 갱신된 상태 정보를 다른 라우터와 공유

• RIP(routing information protocol) : 초기 IP와 함께 개발된 최초의 라우팅 프로토콜, 거리 벡터 라우팅 알고리즘에 근거한 분산 라우팅 방식

ㄴ 외부 라우팅 프로토콜(Exterior Routing Protocol)

• BGP(Border Gateway Protocol) : 인터넷 AS간의 경로 벡터(Path Vector) 라우팅 알고리즘에 근거한 표준 외부 라우팅 프로토콜, AS와 AS를 연결하는 AS 경계 라우터(BGP 라우터)들 간에 동작하는 분산 프로토콜, 특정 목적지 네트워크로의 경로 정보를 이웃 BGP 라우터와 공유한다. 경로 벡터 방식은 거리 벡터 방식과는 두 가지 면에서 다르다.

− 거리에 대한 처리 과정이 이루어지지 않는다.

− 관리하는 라우팅 정보에는 목적지 네트워크에 도착하기 위한 자율 시스템에 관한 내용만 포함한다.

10 ③

부동 소수점 표현은 부호, 지수부, 가수부의 3부분으로 구성된다.

1비트	부호가 있는 정수	부호가 없는 정수
부호	지수부	가수부

㉠ **부호(sign)** : 부호는 음수 또는 양수 들 중의 하나이므로 1비트만 있으면 된다. 0이 양수이고 1이 음수이다. 이 부호는 실수 자체의 부호만을 나타내며 지수의 부호는 아니다.

㉡ **지수(exponent)** : 기준값(Bias)을 중심으로 +, −값을 표현한다. 기준값은 20를 의미하는데 float의 경우 기준값이 127이고, double의 경우 기준값은 1023이다.

예를 들어, float에서 21은 기준값(127) + 1 = 128이기 때문에 이진수로 표현하면 100000002가 된다.

㉢ **가수(mantissa)** : 1.xxxx 형태로 정규화를 한 뒤 가장 왼쪽에 있는 1을 제거하고 소수점 이하의 자릿값만 표현한다.

11 ③

주어진 최소항 표현은 1, 3, 4, 5, 6 번째의 출력 결과가 1인 다음 진리표의 부울 함수를 나타낸다.

x	y	z	$F(x, y, z)$	최소항	최대항
0	0	0	0	$x'y'z'$	$x + y + z$
0	0	1	1	$x'y'z$	$x + y + z'$
0	1	0	0	$x'yz'$	$x + y' + z$
0	1	1	1	$x'yz$	$x + y' + z'$
1	0	0	1	$xy'z'$	$x' + y + z$
1	0	1	1	$xy'z$	$x' + y + z'$
1	1	0	1	xyz'	$x' + y' + z$
1	1	1	0	xyz	$x' + y' + z'$

최소항(minterm)은 각 변수 문자 1개씩으로 구성되어 이들 변수의 논리곱(AND)으로 그 결과를 논리-1로 만드는 것을 말한다.

최대항(maxterm)은 각 변수의 문자 1개씩으로 구성되어 이들 변수의 논리합(OR)으로 그 결과를 논리-0으로 만드는 것을 말한다.

12 ④

GROUP BY로 그룹화 한 것에 조건을 추가하려면 HAVING 문을 사용해야 한다.

→SELECT firmLoc, SUM(employees) FROM Firms GROUP BY firmLoc HAVING SUM(employees) < 100;

※ **SQL 문장의 실행원리**

㉠ 사용자 문장 실행 시 User Process에서 Server Process로 실행한 SQL문 전달

㉡ User Process로부터 문장을 받은 Server Process 가 해당 문장의 세부적 체크 진행

　• Syntax Check : SQL문이 적절한 문법을 사용했는지 검사로 키워드 검사라고도 하며 SELECT, FROM, WHERE 같이 오라클에서 미리 정해 놓은 키워드 부분을 검사

　• Semantic Check : SQL문에 포함된 오브젝트들이 실제로 존재하는지 검사

㉢ Parse과정 후 Shared Pool의 Library Cache에서 공유되어있는 실행계획이 있는지 체크

㉣ 실행계획이 있을 경우 Execution 진행(Soft Parsing)

㉤ 실행계획이 없을 경우 Optimizer를 통해 Data dictionary 등을 참조하여 실행계획을 새로 생성 후 Library Cache에 저장(Hard Parsing)

13 ②

㉠ **공공형 클라우드(Public cloud)** : 클라우드 서비스 이용 대상을 제한하지 않는 방식으로 누구나 네트워크에 접속해 신용카드 등의 결제만으로 서비스에 접근할 수 있고 사용한 만큼 지불하는(Pay-as-you-go) 구조를 갖는 공중 인프라를 말한다. 포털 사이트처럼 외부 데이터 센터를 이용하는 형태이다. 불특정 다수의 개인이나 기업 고객을 대상으로 제공된다.

㉢ **서비스형 인프라[Infrastructure as a service(Iaas)]** : 서버, 스토리지, 소프트웨어 등 정보통신기술(ICT) 자원을 구매하여 소유하지 않고, 필요 시 인터넷을 통해 서비스 형태(as a Service)로 이용하는 방식. 클라우드 컴퓨팅에서 가상화 기술을 활용하여 CPU, 메모리 등을 활용한 컴퓨팅 서비스와 데이터를 보관하고 관리할 수 있는 스토리지 서비스 및 분산 응용 소프트웨어간 통신 네트워크 서비스 등의 자원을 사용한 만큼 비용을 청구하는 서비스가 확산되고 있다.

14 ②

C-SCAN 기법은 SCAN에서의 불공평한 대기 시간을 좀 더 균등하게 하려고 변형을 가한 것으로 헤드는 항상 바깥쪽 실린더에서 안쪽 실린더를 이동하면서 가장 짧은 탐색 시간을 갖는 요청을 서비스하는 기법이다.

㉠ 헤드는 트랙 바깥에서 안쪽으로 한 방향으로만 움직이며 서비스하여 끝까지 이동한 후, 안쪽에 더 이상의 요청이 없으면 헤드는 가장 바깥쪽의 끝으로 이동한 후 다시 안쪽으로 이동하면서 요청을 서비스 하기에 트랙의 안쪽과 바깥쪽의 요청에 대한 서비스가 공평한 기법이다.

㉡ 이동순서 : 50-47-30-25-100-75-63

15 ④

이동 애드혹 네트워크(Mobile Ad-hoc NETwork) … 유선 기반망 없이 이동 단말기로만 구성된 무선 지역의 통신망. 유선 기반이 구축되지 않은 산악 지역이나 전쟁터 등지에서 통신망을 구성해서 인터넷 서비스를 제공하는 기술이다. 무선 신호의 송수신은 현재의 자료 연결 기술을 활용하고, 라우터 기능은 이동 애드혹 네트워크의 이동 단말기가 호스트와 라우터 역할을 동시에 하도록 하는데, 여기에 라우터 프로토콜의 개발과 무선 신호의 보안 문제 해결 기술 등이 필요하다.

16 ①

TCP 계층은 TCP(Transmission Control Protocol)와 UDP(User Datagram Protocol) 프로토콜 두 개로 구분할 수 있는데, 신뢰성이 요구되는 애플리케이션에서는 TCP를 사용하고, 간단한 데이터를 빠른 속도로 전송하는 애플리케이션에서는 UDP를 사용한다.

※ TCP와 UDP 비교

TCP	UDP
• IP 프로토콜 위에서 연결형 서비스를 지원하는 전송계층 프로토콜로, 인터넷 환경에서 기본으로 사용한다. • TCP에서 제공하는 주요 기능 – 연결형 서비스를 제공한다. – 전이중(Full Duplex) 방식의 양방향 가상 회선을 제공한다. – 신뢰성 있는 데이터 전송을 보장한다.	• 사용자 데이터그램 프로토콜(user datagram protocol)의 줄임말이다. • 인터넷상에서 서로 정보를 주고받을 때 정보를 보낸다는 신호나 받는다는 신호 절차를 거치지 않고, 보내는 쪽에서 일방적으로 데이터를 전달하는 통신 프로토콜이다. • 보내는 쪽에서는 받는 쪽이 데이터를 받았는지 받지 않았는지 확인할 수 없고, 또 확인할 필요도 없도록 만들어진 프로토콜을 말한다.

17 ①

빅데이터(Big Data)

㉠ 빅데이터란 디지털 환경에서 생성되는 데이터로 그 규모가 방대하고, 생성 주기도 짧고, 형태도 수치 데이터뿐 아니라 문자와 영상 데이터를 포함하는 대규모 데이터를 말한다.

㉡ 빅데이터의 공통적 특징은 3V로 설명할 수 있다.

• 3V는 데이터의 크기(Volume), 데이터의 속도(Velocity), 데이터의 다양성(variety)을 나타내며 이러한 세 가지 요소의 측면에서 빅데이터는 기존의 데이터베이스와 차별화된다.

• 데이터 크기(Volume)는 단순 저장되는 물리적 데이터양을 나타내며 빅데이터의 가장 기본적인 특징이다.

• 데이터 속도(Velocity)는 데이터의 고도화된 실시간 처리를 뜻한다. 이는 데이터가 생성되고, 저장되며, 시각화되는 과정이 얼마나 빠르게 이뤄져야 하는지에 대한 중요성을 나타낸다.

• 다양성(Variety)은 다양한 형태의 데이터를 포함하는 것을 뜻한다. 정형 데이터뿐만 아니라 사진, 오디오, 비디오, 소셜 미디어 데이터, 로그 파일 등과 같은 비정형 데이터도 포함된다.

18 ③

Go-back-N ARQ … 패킷을 전송할 때 수신측에서 데이터를 잘못 받은 것이거나 못 받을 경우에 그 패킷 번호부터 다시 재전송을 하는 기법이다.

※ 재전송 되는 경우

  ㉠ NAK 프레임을 받았을 경우

  ㉡ 전송 데이터 프레임의 분실

  ㉢ 지정된 타임아웃내의 ACK 프레임 분실(Lost ACK)

19 ④

버스(Bus) 방식 … 네트워크상의 모든 호스트들이 하나의 케이블로 연결되어 있는 상태다.

  ㉠ 장점 : 하나의 호스트가 고장나도 네트워크에 문제는 없다.

  ㉡ 단점 : 관리가 어렵다.

20 ①

깊이 우선 탐색(DFS)

  ㉠ 트리(Tree), 그래프(Graph)를 탐색하는 알고리즘이다.

  ㉡ 트리로 설명하자면 루트의 자식정점을 하나 방문한 다음, 아래로 내려갈 수 있는 곳까지 내려간다. 더 이상 내려갈 수가 없으면 위로 되돌아오다가 내려갈 곳이 있으면 즉각 내려간다.

  ㉢ 그래프로 설명하면 다음과 같다.

  • 1단계 : 하나의 노드를 택한다.

  • 2단계 : 노드를 방문하여 필요한 작업을 한 다음 연결된 다음 노드를 찾는다.(인접행렬 또는 인접리스트 사용)

  현재 방문노드는 스택에 저장한다. 2단계를 반복하면서 방문을 계속한다. 막히면 3단계로 간다.(큐를 사용해도 된다)

  • 3단계 : 더 이상 방문할 노드가 없으면 스택에서 노드를 빼내 다음 방문 노드를 찾아 2단계 과정을 다시 반복한다.

※ push와 pop

  ㉠ push : 원소를 스택에 넣는 행위

  ㉡ pop : 원소를 꺼내는 행위

21 ②

계층별 프로토콜 및 기능

계층	데이터 전송 단위(PDU)	장비
물리계층	비트(bits)	장비 : 리피터, 허브
데이터링크 계층	프레임(frames)	장비 : 스위치, 브리지
전송계층	패킷(packets)	프로토콜 : TCP, UDP
세션계층~ 응용계층	메시지(messages) 또는 데이터(data)	프로토콜 : SSH, TLS

22 ②

① 스니핑(Sniffing) : 가장 많이 사용되는 해킹 수법으로 이더넷 상에서 전달되는 모든 패킷을 분석하여 사용자의 계정과 암호를 알아내는 것

③ 트로이 목마(Trojan Horse) : 컴퓨터 사용자의 정보를 빼가는 악성 프로그램

④ 하이재킹(Hijacking) : 다른 사람의 세션 상태를 훔치거나 도용하여 액세스하는 해킹 기법

23 ④

IEEE 802.11 … 무선 인터넷을 위한 일련의 표준 규격

④ IEEE 802.11n : 최고 600Mbps / 2.4GHz과 5GHz 대역 사용

  MIMO와 40MHz 채널 대역폭을 가진 물리 계층, 맥 계층의 프레임 집적 기술

① IEEE 802.11a : 최고 54Mbps 속도 / 5GHz / OFDM 기술

② IEEE 802.11b : 최고 전송속도 11 Mbps이나 실제로는 6-7Mbps 정도의 효율 / 2.4GHz 대역 / HR-DSSS기술

③ IEEE 802.11g : 최고 24 또는 54Mbps / 2.4GHz 대역 / OFDM, DSSS기술로 널리 사용되고 있는 802.11b 규격과 쉽게 호환

24 ④

  ㉠ TCP(Transmission Control Protocol) : 송 · 수신단 간에 3-way 핸드셰이크(handshake) 방식에 의해 반드시 사전에 정확한 커넥션 설정 후 데이터를 전송하여 체크섬 방식을 통해 에러검출, 재전송 요구

등을 행한다. 현재 데이터처리 버퍼의 용량을 상대에 알려 데이터의 흐름을 적절히 조절하며 송·수신단에 데이터 전송을 위한 포트를 각각 할당하여 신뢰서 있는 가상회선 서비스를 제공한다.

ⓒ UDP : 데이터의 전송 개시 전 반드시 상호간의 커넥션을 설정하는 TCP와 달리 UDP는 사전에 이러한 커넥션 설정이 이루어 지지 않는다. 데이터의 에러제어, 흐름 제어와는 무관하게 전송되므로 신뢰성 있는 전송제어에는 취약하지만 통신부하를 줄일 수 있다는 장점이 있다.

25 ①

• 네트워크 계층 : 하나 또는 복수의 통신망을 통하여 컴퓨터나 단말 장치 등의 시스템 간에 데이터 전송

• 데이터 링크 계층 : 매체 접근 제어, 흐름제어, 오류 검사

26 ②

잘 알려진 포트(Well-Known Port) : 0~1023번
대표적으로 텔넷(23), DNS(53), HTTP(80), NNTP(119), TLS/SSL 방식의 HTTP(443)

포트	프로토콜	용도
20	FTP	FTP-제어포트
23	Telnet	텔넷 프로토콜- 암호화 되지 않은 텍스트 통신
25	SMTP	이메일 전송 프로토콜
53	DNS	Domain Name System
80	HTTP	웹 페이지 전송 프로토콜

27 ④

클라우드 서비스(cloud service) … 인터넷으로 연결된 초대형 고성능 컴퓨터(데이터센터)에 소프트웨어와 콘텐츠를 저장해 두고 필요할 때마다 꺼내 쓸 수 있는 서비스

ⓐ 전통적 분류
• IaaS(Infrastructure as a Service) : 응용서버, 웹 서버 등을 운영하기 위해서는 기존에는 하드웨어 서버,네트워크, 저장장치, 전력 등 여러 가지 인프라가 필요한 가상의 환경에서 쉽고 편하게 이용할수 있게 제공하는 서비스

• PaaS(Platform as a Service) : 개발자가 개발환경을 위한 별도의 하드웨어, 소프트웨어 등의 구축비용이 들지 않도록 개발구축하고 실행하는데 필요한 환경을 제공하는 서비스

• SaaS(Software as a Service) : 제공자가 소유하고 운영하는 소프트웨어를 웹 브라우저 등을 통해 사용하는 서비스

ⓑ 추가적 분류
• BPaaS(Business Process as a Service) : IBM에서 제시한 클라우드 컴퓨팅 참조 모델에서는 상기 이외에 비즈니스 프로세스를 서비스

• DaaS(Desktop as a Service) : 고객의 데스크탑이 클라우드 인프라 상에서 가상 머신 형태로 실행되며, 사용자는 다양한 경량 클라이언트 또는 제로 클라이언트를 이용하여 데스크탑에 접근

• SECaaS(Security as a Service) : 클라우드 컴퓨팅 안에서 보안 보장을 제공하기 위한 방법

• CaaS(Communication as a Service) : 실시간 통신과 협력 서비스를 제공하기 위한 클라우드 서비스를 제공

• NaaS(Network as a Service) : 트랜스포트 연결 서비스와 인터-클라우드 네트워크 연결 서비스를 제공하기 위한 클라우드 서비스를 제공

28 ①

CSMA/CD(Carrier Sense Multiple Access with Collision Detection) : 이더넷에서 사용하는 통신 방식으로 버스에 연결된 여러 통신 주체들이 동시에 통신을 하게 되어 발생하는 충돌을 막기 위해서 사용하는 프로토콜

29 ①

① $i = 5$, $j = 14$인 my(5, 14) 실행
I가 3 이상이므로 else문 실행
$i = 5 - 1 = 4$ $j = 14 - 4 = 10$
printf문을 통해 4와 10 출력

② return문 실행
my(4, 10) 함수가 실행
$i = 4$, $j = 10$ 으로 i가 3이상 이므로 else문 실행
$i = 4 - 1 = 3$ $j = 10 - 3 = 7$
printf문을 통해 3과 7 출력

③ my(3, 7) 함수가 실행

　i가 3 이상 이므로 else문 실행

　i = 3 −1 = 2 j = 7 −2 = 5

　printf문을 통해 2와 5 출력

④ my(2, 5) 함수가 실행

　i⟨3의 조건을 만족하므로 if문이 실행

　i와 j에 모두 1이 들어가고 함수 실행

결과 : 출력되는 값은 2, 3, 4, 5, 7, 10으로 출력되지 않는 값은 1이다.

30 ③

상속이란 A클래스가 B클래스에 정의된 필드와 메소드를 사용할 수 있도록 만드는 것을 말하며 A는 부모클래스, B는 자식(extends)클래스가 된다. 이를 슈퍼 클래스(A)와 서브 클래스(B)라고 한다.

자바에서 모든 클래스는 Object라고 하는 클래스를 상속받으며 이는 아무 것도 상속받지 않은 클래스도 포함한다.

① Super s1 = new Super('C');에서 상위클래스 super 객체인 s1을 생성하는 동시에 메소드가 실행되어 Super('C')이므로 상위 클래스 super의 Super(char x)가 실행되어 'C'가 출력된다.

② Super s2 = new Sub('D')에서 상위 클래스 super 클래스를 참조하는 Sub 타입 객체 S2를 생성하고 Sub('D')에 의해 선언과 동시에 메소드를 실행되며 Sub('D')이므로 Sub클래스의 Sub(char x) 메소드가 실행된다.

• Sub(char x) 메소드의 첫줄은 this() 메소드로 자기 자신의 생성자를 호출함으로써 생성자의 초기화 과정을 생략할 수 있게 해주는 메소드이다.

• this()에 의해 자기 자신의 생성자이 Sub가 매개변수 없이 Sub()로 호출 되며 Sub() 메소드 안에서 super() 메소드를 만나 super()는 상속받은 바로 위 클래스의 생성자를 호출하는 메소드이다.

• super()에 의해 상위 클래스인 Super가 매개변수 없이 super()로 호출되어, 'A'를 출력 한다.

③ sub() 메소드로 돌아와 super() 아래 행인 System. out.print('B'); 을 실행하여 'B'가 출력된다.

④ Sub(char x) 메소드로 돌아와 this(); 아래 행인 System .out.print(x); 행이 실행되어 처음 생성 시 넘겨받은 'D'가 출력된다.

결과 : CABD

31 ③

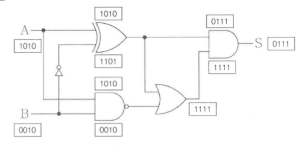

$(A \oplus B') \cdot (A \oplus B') + AB = A \oplus B'$

A = 1010, B = 0010, B' = 1101 이므로

$S = A \oplus B' = 0111$

32 ②

② 랜섬웨어(Ransomware) : 악성코드(malware)의 일종으로, 인터넷 사용자의 컴퓨터에 잠입해 내부 문서나 스프레드시트, 그림파일 등을 암호화해 열지 못하도록 만든 후 돈을 보내주면 해독용 열쇠 프로그램을 전송해 준다며 금품을 요구하는 악성 프로그램이다. ransom(몸값)과 ware(제품)의 합성어로 컴퓨터 사용자의 문서를 '인질'로 잡고 돈을 요구한다고 해서 붙여진 명칭이다.

① 하트블리드(Heart bleed) : 전 세계 웹사이트 가운데 3분의 2 정도가 사용하는 오픈 SSL(open secure socket Layer : 인터넷상에서 문자, 문서 등을 송수신할 때 이를 암호화해 주는 기술)에서 발견된 치명적인 결함을 말한다. 오픈 SSL의 통신신호 하트비트(heartbeat)에서 발견되어 하트블리드라고 부르는데, 이는 '치명적 심장출혈'을 의미한다.

③ 백오리피스(Back Orifice) : 일명 '트로이목마' 프로그램을 이용해 사용자 정보를 빼내는 해킹 프로그램. 지난 1999년 3월 인공위성센터에서 발생한 우리별 3호 해킹 사건의 주역이며, PC방의 사이버 증권거래 등에 악용되는 사례도 급증하고 있다. 백오리피스는 윈도 운영체계(OS) 환경의 PC에 저장된 중요정보를 빼내거나 파괴, 변조 등을 가능하게 한다.

④ 스턱스넷(Stuxnet) : 스턱스넷 기법이란 발전소, 공항, 철도 등 여러 기관의 시설을 파괴할 목적으로 만들어진 일종의 컴퓨터 바이러스이다. 2010년 6월 경 벨라루스에서 처음으로 발견되었으며 USB 저장장치나 MP3 플레이어를 회사 등 기관들의 컴퓨터에 연결할 때 침투하는 기법을 사용하고 있다.

33 ③

데이터베이스 시스템 요구사항

㉠ **부적절한 접근방지** : 승인된 사용자의 접근요청을 DBMS에 의해 검사

㉡ **추론방지** : 일반적 데이터로부터 비밀정보를 획득하는 추론이 불가능함

㉢ **데이터베이스의 무결성 보장** : 데이터베이스의 일관성 유지를 위하여 모든 트랜잭션은 원자적이어야 하고, 복구시스템은 로그파일을 이용하여 데이터에 수행된 작업, 트랜잭션 제어, 레코드 수정 전 후 값 등을 기록해야 함

㉣ **데이터의 운영적 무결성 보장** : 트랜잭션의 병행처리 동안에 데이터베이스 내의 데이터에 대한 논리적인 일관성을 보장함

㉤ **데이터의 의미적 무결성 보장** : 데이터베이스는 데이터에 대한 허용값을 통제함으로써 변경 데이터의 논리적 일관성을 보장함

㉥ **감사기능** : 데이터베이스에 대한 모든 접근의 감사 기록을 생성해야 함

㉦ **사용자 인증** : DBMS는 운영체제의 사용자 인증보다 엄격한 인증 요구함

34 ②

② ESP(Encapsulation Security Payload) : 모든 패킷이 암호화 되고, 변조방지(무결성) 및 인증을 위해 해시코드가 첨부된다. 거꾸로 이 패킷을 수신하는 장비는 모든 패킷의 해시코드를 검사하고 패킷을 복호화 한다. IP헤더의 프로토콜 번호는 50이다.

① AH(Authentication Header) : 암호화 기능은 없으며 변조방지(무결성) 및 인증을 위한 해시코드만 첨부된다.

③ MAC(Message Authentication Code) : 메시지의 인증을 위해 메시지에 부가되어 전송되는 작은 크기의 정보로 비밀키를 사용함으로써 데이터 인증과 무결성을 보장할 수 있다.

④ ISAKMP(Interonet Security Association & Key Management Protocol) : 인터넷 환경에서 안전하게 SA 및 세션 키를 관리(생성, 협상, 삭제) 할 수 있는 프로토콜을 말한다. ISAKMP 프로토콜은 SA를 생성, 수정, 삭제하기 위한 절차 및 패킷 구조를 정의하고 있으며 상당히 범용적인 프로토콜로 설계되었다.

35 ③

시도-응답(Challenge-Response) 인증방식 … OTP와 유사하게 일회성 해시값을 생성하여 사용자를 인증하는 방식이다.

※ 인증절차

㉠ 네트워크 접속 서버나 인증서버가 랜덤값을 생성하여 클라이언트에 전송한다.

㉡ 클라이언트는 수신한 시도(Challenge)와 패스워드 함수 알고리즘을 적용한 결과를 반환한다.

㉢ 응답을 받은 서버는 클라이언트와 같은 해시 단계를 거쳐 클라이언트의 결과값과 비교한다.

㉣ 결과가 일치하면 인증완료가 된다.

36 ④

> 〈보기〉
> ㈎ 먼저 추가된 항목이 먼저 제거된다. FIFO → 큐
> ㈏ 먼저 추가된 항목이 나중에 제거된다. FILO → 스택
> ㈐ 항목이 추가된 순서에 상관없이 제거된다. 연결리스트

• **큐(queue)** : 한쪽 끝으로 자료를 넣고, 반대쪽에서는 자료를 뺄 수 있는 선형구조

• **스택(stack)** : 모든 원소들의 삽입(insert)과 삭제(delete)가 리스트의 한쪽 끝에서만 수행되는 제한 조건을 가지는 선형 자료구조(linear data structure)로서, 삽입과 삭제가 일어나는 리스트의 끝을 top이라 하고, 다른 한쪽 끝을 bottom이라 한다.

• **연결 리스트(linked list)** : 각 데이터들을 포인터로 연결하여 관리하는 구조다. 연결 리스트에서는 노드라는 새로운 개념이 나오는데, 각 노드는 데이터를 저장하는 데이터 영역과 다음 데이터가 저장된 노드를 가리키는 포인터 영역으로 구성된다.

37 ③

유비쿼터스 컴퓨팅 … 컴퓨터가 우리들의 일상생활 주변에 스며들어 실제로 눈에 보이지 않기 때문에 우리가 느끼지 못하는 사이에 편하게 컴퓨터를 사용한다는 개념이다.

③ 디스포저블 컴퓨팅(Disposable Computing) : 1회용 종이처럼 컴퓨터의 가격이 저렴하여 모든 사물에 컴퓨터 기술이 활용될 수 있음을 나타냄.

감지 컴퓨팅(Sentient Computing) : 컴퓨터가 센서 등을 통해 사용자의 상황을 인식하여 사용자가 필요로 하는 정보를 제공해 주는 컴퓨팅 기술이다.

38 ④

IEEE 802.16 ⋯ IEEE 802 위원회에서 무선 도시권 통신망(WMAN : Wireless Metropolitan Area Network)의 표준화를 추진하는 위원회와 관련 표준을 통칭. WiMAX 표준 등을 담당

39 ③

③ 다양한 명령어 형식을 사용하는건 CISC이다. 다양한 어드레싱 모드를 사용 한다는 것은 명령어 주소형식을 직접주소방식, 간접주소방식, 상대적주소방식 등의 여러 가지 형식으로 사용 한다는 것이다.

CISC(Complex Instruction Set Computer)	RISC(Reduced Instruction Set Computer)
고급언어 동작을 지원하는 하드웨어를 제공하기 때문에 간결한 프로그래밍이 가능하다.	명령어가 간단하며 유연한 구조를 갖으며, 실행속도도 빨라지고 더 높은 처리능력을 갖는다.
특징	특징
• 대부분의 명령어는 직접적으로 기억장치 액세스를 할 수 있다. • 주소지정방식의 수가 상당히 많다. • 명령어 포맷은 여러 개의 길이를 갖는다. • 명령어는 기본적인 연산과 복잡한 연산을 모두 수행한다.	• 기억장치 액세스는 로드와 스토어 명령어에 의해서만 가능하고, 데이터 처리 명령어는 레지스터-대-레지스터 모드에서만 가능하다. • 주소지정방식의 수는 제한되어 있다. • 명령어 포맷은 모두 같은 길이를 갖는다. • 명령어는 기본적인 연산기능만을 수행한다.

40 ④

• STACK : LIFO 구조로 마지막에 들어온 것 부터 먼저 내보내는 후입선출 구조이다.
• PUSH : 데이터가 입력돼서 쌓이는 데이터는 가장 나중에 쌓인 데이터가 가장 위로 올라와 있는데 이때, 데이터를 입력하는 연산을 말한다.
• POP : 삭제 연산이 들어가게 되면 가장 위에 있는 데이터, 즉 가장 나중에 입력된 데이터부터 삭제가 되는데 이때, 데이터를 제거하는 연산을 말한다.

㉠ stack.push에 ("java"),("stack"),("demo");와 같은 문자열이 삽입(push)되고 있으므로 ㉠ 위치에는 String로 지정해준다

㉡ 자바에서 stack은 클래스로 구현, 사용하기 위해서는 새로운 객체 생성해야 하므로 객체생성 연산자는 new 예약어이므로 ㉡ 위치에 new Stack◇이라고 객체를 생성한다.

㉢ popResult = stack.pop();
System.out.println(popResult);를 보면
popResult라는 변수에 stack으로부터 삭제(pop)되어 나오는 값을 넘겨받은 뒤 출력
popResult 변수를 선언한 부분이 없기 때문에 ㉢ 위치에서 변수를 선언하고 생성
넘겨받을 값의 데이터 형식이 문자열이기 때문에 String 이나, Object를 사용할 수 있다.

41 ③

유스케이스 다이어그램의 구성요소

㉠ 시스템, 엑터, 유스케이스, 관계로 구성되어 있다.
㉡ 관계(Relation) : 엑터와 유스케이스 사이의 의미있는 관계를 나타낸다. 종류는 연관, 의존 일반화 있으며 의존관계는 포함, 확장으로 나눠진다.
① 일반화(generalization) 관계는 유사한 유스케이스 또는 엑터를 모아 추상화한 유스케이스 또는 엑터와 연결시켜 그룹을 만들어 이해도를 높이기 위한 관계이다.
② 확장(extend) 관계는 확장기능 유스케이스와 확장 대상 유스케이스 사이에 형성되는 관계이다.
③ 포함(include) 관계는 하나의 유스케이스가 다른 유스케이스의 실행을 전제로 할 때 형성되는 관계이다. 포함되는 유스케이스는 포함하는 유스케이스를 실행하기 위해 반드시 실행되어야 하는 경우에 적용한다. 포함하는 유스케이스에서 포함되는 유스케이

스 방향으로 화살표를 점선으로 연결하고 ≪include≫
라고 표기한다.

④ 연관(association) 관계는 유스케이스와 엑터 간의
상호작용이 있음을 표현한다. 유스케이스와 엑터를
실선으로 연결한다.

42 ③

HTML5(HyperText Markup Language 5)

㉠ 웹 표준 기관인 월드와이드웹 컨소시엄(W3C)이 만
들고 있는 차세대 웹 언어 규격이다.

㉡ HTML5는 문서 작성 중심으로 구성된 기존 표준에
그림, 동영상, 음악 등을 실행하는 기능까지 포함
시켰다.

㉢ HTML5를 이용해 웹사이트를 만들면 국내 전자상
거래에서 많이 쓰이는 액티브X, 동영상이나 음악
재생에 필요한 어도비 플래시와 같은 플러그인 기
반의 각종 프로그램을 별도로 설치할 필요가 없어
진다.

㉣ HTML5는 모바일환경에서 아이폰이나 안드로이드
등의 운영체제를 가리지 않고 모두 호환된다.

43 ②

폴링 방식과 인터럽트 방식

㉠ 폴링 방식(polling system) : 데이터 링크 확립 방
식의 하나이며, 분기 방식을 사용하고 있는 시스템
에서 각 단말에서의 송신을 제어하기 위해서 사용
되고 있는데, 이것을 폴링/실렉팅 방식 또는 폴링/
드레싱 방식이라고도 한다.

㉡ 인터럽트 방식(interrupt) : 프로세서(CPU, 중앙처
리장치)의 즉각적인 처리를 필요로 하는 이벤트를
알리기 위해 발생하는 주변 하드웨어나 소프트웨
어로부터의 요청을 말한다. 인터럽트가 발생하면
그 순간 운영체계 내의 제어프로그램에 있는 인터
럽트 처리 루틴(routine)이 작동하여 응급사태를
해결하고 인터럽트가 생기기 이전의 상태로 복귀
시킨다.

※ 인터럽트의 목적

㉠ CPU 자원의 효율적 이용 : 주변 장치의 속도가
CPU 속도보다 훨씬 느리기 때문에 주변 장치
가 처리를 수행하는 동안 CPU는 다른 작업을
수행하고, 처리 종료 후 이를 알리기 위해 사용

된다. 프로그래밍 방식에는 인터럽트 방식과 폴
링(polling) 방식이 있는데 정기적으로 CPU 상
태를 확인하는 폴링 방법을 사용하게 되면 폴
링을 위해 다른 처리의 효율이 떨어진다. 따라
서 인터럽트 방식을 사용할 경우 처리 종료 인
터럽트를 받을 때까지 CPU는 다른 작업에 집
중할 수 있다.

㉡ 응답성 향상 : 키보드, 마우스 등의 사용자 인터
페이스는 입력 지연 혹은 누설 없이 이를 안정
적으로 처리해야 한다.

㉢ 예외 처리의 효율화 : 주변 장치에 이상이 발생
한 경우 인터럽트를 이용하여 장애를 신속하게
전달할 수 있게 한다.

㉣ 정확한 타이밍 제어 : 이미지 표시, 음악 연주
및 시계 등의 타이밍 처리를 위해 기기가 탑재
하는 타이머에 의한 인터럽트를 이용해 CPU
타이밍을 제어한다.

44 ②

클라우드 컴퓨팅(Cloud Computing) … 정보처리를 자신
의 컴퓨터가 아닌 인터넷으로 연결된 다른 컴퓨터로 처
리하는 기술을 말하며 핵심기술은 가상화(virtualization)
와 분산처리(distributed processing)다.

※ 가상머신

㉠ 가상 머신(VM, Virtual Machine)은 실제 운영
체제 위에서 사용자 응용 프로그램처럼 작동하
는 컴퓨터를 소프트웨어로 추상화한 것이다. 가
상 머신 운영체제는 가상 머신에서 제공하는
자원을 관리하며 예로 여러 운영체제의 인스턴
스를 동시에 실행하는 것이다.

㉡ 가상 머신(VM, Virtual Machine)은 소프트웨
어의 이식성(portability), 다양한 이기종 플랫
폼에서 실행할 수 있는 능력을 높여준다.

㉢ 가상 머신(VM, Virtual Machine)의 특징 : 소프
트웨어가 여러 플랫폼에서 동작할 수 있게 해
서 이식성을 높여주며 실제 머신보다는 효율성
이 떨어진다. 간접 실행이기 때문에 명령어를
많이 거친다.

45 ①

① 클라우드 컴퓨팅(cloud computing) : 인터넷 서버에서 데이터 저장과 처리, 네트워크, 콘텐츠 사용 등 IT 관련 서비스를 한번에 제공하는 기술

② 유비쿼터스 센서 네트워크(USN, Ubiquitous Sensor Network, u-sensor network) : 각종 센서에서 감지한 정보를 무선으로 수집할 수 있도록 구성한 네트워크

③ 웨어러블 컴퓨터(wearable computer) : 선글라스, 시계 등 착용할 수 있는 작고 가벼운 컴퓨터

④ 소셜 네트워크(social network) : 인터넷상에서 개인 또는 집단이 하나의 인적 관계를 형성한 사회적 관계구조

46 ②

① 디지털 사이니지(Digital Signage) : 움직이고 소리나는 옥외광고

③ 디지털 핑거프린팅(Digital Fingerprinting) : 인간의 감지 능력으로는 검출할 수 없도록 사용자의 정보를 멀티미디어 콘텐츠 내에 삽입하는 기술

④ 콘텐츠 필터링(Contents Filtering) : 콘텐츠 이용 과정에서 저작권 침해 여부 등을 판단하기 위해 데이터를 제어하는 기술

47 ③

TCP (Transmission Control Protocol)	UDP (User Datagram Protocol)
연결 지향적 프로토콜	비연결성 프로토콜
• 신뢰적인 전송을 보장 • 연결관리를 위한 연결설정 및 연결종료 • 패킷 손실, 중복, 순서바뀜 등이 없도록 보장 • 양단간 프로세스는 TCP가 제공하는 연결성 회선을 통하여 서로 통신	• 신뢰성 없음 • 순서화하지 않은 데이터그램 서비스 제공 • 순서제어, 흐름제어, 오류제어 거의 없음 • 실시간 스트리밍 • 헤더가 단순

48 ④

브리지(Bridge) : 두 개의 근거리통신망(LAN)을 서로 연결해 주는 통신망 연결 장치

49 ④

메시지 인증 코드(MAC : Message Authentication Code)란 메시지에 붙여지는 작은 데이터 블록을 생성하기 위해 비밀키를 이용하는 것으로 전송되는 메시지의 무결성과 인증이 가능하다.

50 ③

WPA-PSK(Wi-Fi Protected Access Pre-Shared Key)

㉠ 802.11i 보안 표준 중 일부분으로 WEP 방식의 보안 문제점을 해결하기 위해 만들었다.

㉡ 암호화키를 이용해 128비트인 통신용 암호화키를 새로 생성하고 이 암호화키를 10,000개 패킷마다 바꾼다.

㉢ WPA-PSK는 암호화 알고리즘으로 TKIP(Temporal Key Integrity Protocol) 또는 AES알고리즘을 선택하여 사용하는 것이 가능하며, WEP보다 훨씬 더 강화된 암호화 세션을 제공한다.

㉣ AP에 접속하는 사용자마다 같은 암호화키를 사용한다는 점이 보안상 미흡하다.

제3회 정답 및 해설

✎ **직업기초능력평가**

1 ②

② 면세지역에서는 면세점의 위치를 알려주는 기능에 대해서는 언급되어 있지만, 면세점에서 갖추고 있는 물품 정보 및 재고 수량을 검색할 수 있다는 정보는 언급되지 않았다.

2 ②

항공보안검색의 대상은 모든 승객 및 휴대수하물이다.

3 ④

④ 형태가 일정한 물체의 회전 운동 에너지는 회전 속도의 제곱에 정비례하므로 물체의 회전 속도가 2배가 되면 회전 운동 에너지는 4배가 된다.

4 ④

① 돌림힘의 크기는 회전축에서 힘을 가하는 점까지의 거리와 가해 준 힘의 크기의 곱으로 표현된다. 따라서 갑의 돌림힘의 크기는 $1m \times 300N = 300N \cdot m$이고, 을의 돌림힘의 크기는 $2m \times 200N = 400N \cdot m$이다. 따라서 갑의 돌림힘의 크기가 을의 돌림힘의 크기보다 작다.

② 두 돌림힘의 방향이 서로 반대이므로 알짜 돌림힘의 방향은 더 큰 돌림힘의 방향과 같다. 따라서 알짜 돌림힘의 방향의 을의 돌림힘의 방향과 같다.

③ 두 돌림힘의 방향이 반대이지만, 돌림힘의 크기가 다르므로 알짜 돌림힘은 0이 아니고, 돌림힘의 평형도 유지되지 않는다.

5 ④

④ 세 번째 문단을 보면 객관적인 성취의 크기로 보자면 은메달 수상자가 동메달 수상자보다 더 큰 성취를 이룬 것이 분명하나, 은메달 수상자와 동메달 수상자가 주관적으로 경험한 성취의 크기는 이와 반대로 나왔다고 언급하고 있다. 따라서 주관적으로 경험한 성취의 크기는 동메달 수상자가 은메달 수상자보다 더 큰 것을 알 수 있다.

6 ①

마지막 문단에서 공간 정보 활용 범위의 확대 사례로 여행지와 관련한 공간 정보 활용과 도시 계획 수립을 위한 공간 정보 활용, 자연재해 예측 시스템에서의 공간 정보 활용 등을 제시하여 내용을 타당성 있게 뒷받침하고 있다.

7 ②

B가 말하는 부분은 "제15조(인수거절) 2"에 나타나 있다. 물품 인도예정일로부터 3일이 경과하는 시점까지 수취인이 물품을 인수하지 아니 하는 경우 초과일수에 대하여는 보관료를 수취인에게 징수할 수 있으며, 그 보관료는 인도 초과 일수 × 운송요금 × 0.2로 한다고 하였으므로 3일이 경과하는 시점까지 수취인이 물품을 인수하지 아니 하는 경우이므로 해당 물품에 대한 보관료는 4일 분량(4일, 5일, 6일, 7일) $\times 15,700 \times 0.2 = 12,560$원이 된다.

8 ②

셋째 문단에 "숙련 노동자에 대한 수요의 증가율, 곧 증가 속도는 20세기 내내 일정하게 유지된 반면"에서 보면 알 수 있듯이 20세기 내내 숙련노동자가 선호되고 있었음을 알 수 있다.

9 ②

산재보험의 소멸은 명확한 서류나 행정상의 절차를 완료한 시점이 아닌 사업이 사실상 폐지 또는 종료된 시점에 이루어진 것으로 판단하며, 법인의 해산 등기 완료, 폐업신고 또는 보험관계소멸신고 등과는 관계없다.

① 마지막 부분에 고용보험 해지에 대한 특이사항이 기재되어 있다.
③ '직권소멸'은 적절한 판단에 의해 근로복지공단이 취할 수 있는 소멸 형태이다.

10 ①

㉠ 지지도 방식은 적극적 지지자만 지지자로 분류하고 나머지는 기타로 분류하므로, 적극적 지지자의 수가 많은 A후보가 더 많은 지지를 받는다.

㉡ 선호도 방식은 적극적으로 지지하는 사람들과 소극적으로 지지하는 사람들을 모두 지지자로 계산하는 방식이므로, 주어진 정보만으로는 A후보가 B후보보다 많은 지지를 받을지 알 수 없다.

㉢ A후보가 B후보보다 적극적 지지자와 소극적 지지자의 수가 각각 더 많다면, 적극적 지지자만 지지자로 분류하는 지지도 방식에 비해 적극적 지지자와 소극적 지지자를 모두 지지자로 계산하는 선호도 방식에서 A후보와 B후보 사이의 지지자 수의 격차가 더 크다.

11 ④

선입선출법을 사용하여 먼저 매입한 자재를 먼저 출고하는 방식으로 계산하면 아래와 같다.
• 5월 15일 60개 출고 = $50 \times 100 + 10 \times 120 = ₩6,200$
• 5월 24일 70개 출고 = $40 \times 120 + 30 \times 140 = ₩9,000$
• 5월 출고 재료비 = $₩15,200$

12 ②

각 공급처로부터 두 물품 개별 구매할 경우와 함께 구매할 경우의 총 구매가격을 표로 정리해 보면 다음과 같다. 구매 수량은 각각 400개 이상이어야 한다.

공급처	물품	세트당 포함 수량(개)	세트 가격	개별 구매	동시 구매
A업체	경품1	100	85만 원	340만 원	5,025,500원
	경품2	60	27만 원	189만 원	(5% 할인)
B업체	경품1	110	90만 원	360만 원	5,082,500원
	경품2	80	35만 원	175만 원	(5% 할인)
C업체	경품1	90	80만 원	400만 원	5,120,000원
	경품2	130	60만 원	240만 원	(20% 할인)

13 ④

④ 경품1의 세트당 가격을 5만 원 인하하면 총 판매가격이 4,920,000원이 되어 가장 낮은 공급가가 된다.
① 경품1의 세트당 포함 수량이 100개가 되면 세트 수량이 5개에서 4개로 줄어들어 경품1의 판매가격이 80만 원 낮아지나, 할인 적용이 되지 않아 최종 판매가는 오히려 비싸진다.
② 경품2의 세트당 가격을 2만 원 인하하면 총 판매가격이 5,056,000원이 되어 A업체보다 여전히 비싸다.
③ 경품1의 세트당 수량을 85개로 줄여도 판매가격은 동일하다.

14 ③

자가물류비 = 노무비 + 이자 + 전기료 + 가스수도료 + 재료비 + 세금
$13,000 + 250 + 300 + 300 + 3,700 + 90 = 17,640$만 원
위탁물류비 = 지불포장비 + 지급운임 + 상/하차용역비 + 수수료
$80 + 400 + 550 + 90 = 1,120$만 원

15 ②

문제의 내용을 나타내면 아래와 같이 표현할 수 있다.

수요지\공급지	수요지1	수요지2	공급량
공급지1	10원	5원	700톤
공급지2	8원	15원	500톤
공급지3	6원	10원	300톤
수요량	700톤	800톤	1,500톤

공급자는 최소의 비용이 드는 곳을 순서대로 정하여 가면 되므로 700톤 × 5원 + 300톤 × 6원 + 400톤 × 8원 + 100톤 × 15원 = 3,500원 + 1,800원 + 3,200원 + 1,500원 = 10,000원이 된다.

16 ④

ⓐ 단순이동평균법 $= \dfrac{15+13+9+14}{4} = 12.75$대

(∵ 이동평균법에서 주기는 4개월로 하므로)

ⓑ 가중이동평균법

$= 15 \times 0.4 + 13 \times 0.3 + 9 \times 0.2 + 14 \times 0.1 = 13.1$대

ⓒ 단순지수평활법에서 5월의 예측치가 없으므로 단순이동평균법에 따른 예측치를 구하면

$\dfrac{13+9+14+10}{4} = 11.5$이다.

단순지수평활법 $= 11.5 + 0.4(15 - 11.5) = 12.9$대

따라서 ⓑ > ⓒ > ⓐ 순이다.

17 ②

각 대안별 월 소요 예산을 구하면 다음과 같다.

A안 : 모든 빈곤 가구에게 전체 가구 월 평균 소득의 25%에 해당하는 금액을 가구당 매월 지급한다고 하였으므로, $(300 \times 0.2 + 600 \times 0.2 + 500 \times 0.2 + 100 \times 0.2) \times (2,000,000 \times 0.25) = 300 \times 500,000 = 150,000,000$원이 필요하다.

B안 : 한 자녀 가구에는 10만 원, 두 자녀 가구에는 20만 원, 세 자녀 이상 가구에는 30만 원을 가구당 매월 지급한다고 하였으므로, $(600 \times 100,000 + 500 \times 200,000 + 100 \times 300,000) = 60,000,000 + 100,000,000 + 30,000,000 = 190,000,000$원이 필요하다.

C안 : 자녀가 있는 모든 맞벌이 가구에 자녀 1명당 30만 원을 매월 지급하고 세 자녀 이상의 맞벌이 가구에는 일률적으로 가구당 100만 원을 매월 지급한다고 하였으므로, $\{(600 \times 0.3) \times 300,000\} + \{(500 \times 0.3) \times 2 \times 300,000\} + \{(100 \times 0.3) \times 1,000,000\} = 54,000,000 + 90,000,000 + 30,000,000 = 174,000,000$원이 필요하다.

따라서 A < C < B 순이다.

18 ②

① 페이스북을 이용하거나 태블릿PC를 사용하는 사원은 김하나, 정민지, 박진숙 3명이다.

③ 취미로 SNS를 활용하는 사원인 박진숙, 한아름의 기기구입비는 $440,000 + 580,000 = 1,020,000$원이다.

④ 2013년에 SNS를 가입하거나 블로그를 이용하는 사원은 김하나, 윤동진, 이정미, 한아름 4명이다.

19 ④

④ $\dfrac{392,222}{1,288,847} \times 100 = 30.43\%$

따라서 30%를 초과한다.

20 ④

④ I공장의 2016년 전체 판매율

: $\dfrac{702}{794} \times 100 = 88.4\%$

21 ①

ⓐ은 [연구개요] 중 '3시간 이상 폭력물을 시청한 아동과 청소년들은 텔레비전 속에서 보이는 성인들의 폭력행위를 빠른 속도로 모방하였다.'와 같은 맥락으로 볼 수 있는 자료로, [연구결과]를 뒷받침하는 직접적인 근거가 된다.

ⓑ 성인의 범죄행위 유발과 관련 자료이다.

ⓒ 이미 범죄행위를 저지르고 난 후 폭력물을 시청하는 조건이다.

ⓓ 텔레비전 프로그램 시청이 선행에 영향을 미침을 증명하는 자료가 아니다.

ⓔ 아동과 청소년을 대상으로 한 폭력범죄가 아닌, 아동과 청소년이 일으키는 범죄행위가 초점이 되어야 한다.

22 ④

④ 예능 프로그램 2회 방송의 총 소요 시간은 1시간 20분으로 1시간짜리 뉴스와의 방송 순서는 총 방송 편성시간에 아무런 영향을 주지 않는다.

① 채널1은 3개의 프로그램이 방송되었는데 뉴스 프로그램을 반드시 포함해야 하므로, 기획물이 방송되었다면 뉴스, 기획물, 시사정치의 3개 프로그램이 방송되었다.

② 기획물, 예능, 영화 이야기에 뉴스를 더한 방송시간은 총 3시간 40분이 된다. 채널2는 시사정치와 지역 홍보물 방송이 없고 나머지 모든 프로그램은 1시간 단위로만 방송하므로 정확히 12시에 프로그램이 끝나고 새로 시작하는 편성 방법은 없다.

③ 9시에 끝난 시사정치 프로그램에 바로 이어진 뉴스가 끝나면 10시가 된다. 기획물의 방송시간은 1시간 30분이므로, 채널3에서 영화 이야기가 방송되었다면 정확히 12시에 기획물이나 영화 이야기 중 하나가 끝나게 된다.

23 ④

④ 채널2에서 영화 이야기 프로그램 편성을 취소하면 3시간 10분의 방송 소요시간만 남게 되므로 정각 12시에 프로그램을 마칠 수 없다.

① 기획물 1시간 30분 + 뉴스 1시간 + 시사정치 2시간 30분 = 5시간으로 정각 12시에 마칠 수 있다.

② 뉴스 1시간 + 기획물 1시간 30분 + 예능 40분 + 영화 이야기 30분 + 지역 홍보물 20분 = 4시간이므로 1시간짜리 다른 프로그램을 추가하면 정각 12시에 마칠 수 있다.

③ 시사정치 2시간 + 뉴스 1시간 + 기획물 1시간 30분 + 영화 이야기 30분 = 5시간으로 정각 12시에 마칠 수 있다.

24 ④

ⓒ의 경우에는 "계층적 인터넷을 지지하는 인터넷 사업자들은 추후네트워크 혼잡의 문제가 심각하게 제기되어 기존 방식으로는 새로운 서비스들에 대한 품질 보장이 어렵게 될 것이기 때문에 품질 관리가 중요한 서비스 전송에 우선권을 부여할 필요성이 있다고 주장하는 데 반하여, 네트워크 중립성을 지지하는 콘텐츠사업자와 인터넷 전화 사업자들은 네트워크 혼잡의 위험성이 높지 않다고 주장한다."에서 알 수 있듯이 밑줄 친 부분에서 서로 양측 간 주장이 상반되어 충돌되는 것을 알 수 있다.

ⓓ의 경우 "네트워크 중립성의 지지자들은 계층적 인터넷 하에서의 지불 능력에 따른 차별이 인터넷상의 온갖 혁신을 가능케 하였던 인터넷의 개방성을 감소시킬 것을 우려한다. 이에 대하여 계층적 인터넷의 지지자들은 계층적 인터넷 하에서도 기존 인터넷의 개

방적 성격이 유지될 수 있다고 주장한다."에서 알 수 있듯이 밑줄 친 부분에서 서로 양측 간 주장이 서로 상반되어 충돌되는 것을 알 수 있다.

25 ①

甲과 丙의 진술로 볼 때, C = 삼각형이라면 D = 오각형이고, C = 원이라면 D = 사각형이다. C = 삼각형이라면 戊의 진술에서 A = 육각형이고, 丁의 진술에서 E ≠ 사각형이므로 乙의 진술에서 B = 오각형이 되어 D = 오각형과 모순된다. 따라서 C = 원이다. C = 원이라면 D = 사각형이므로, 丁의 진술에서 A = 육각형, 乙의 진술에서 B = 오각형이 되고 E = 삼각형이다. 즉, A = 육각형, B = 오각형, C = 원, D = 사각형, E = 삼각형이다.

26 ③

1. 키가 110cm 미만인 아동이 10명, 심한 약시인 아동이 10명 있지만, 이 학교의 총 학생 수가 20명인지는 알 수 없다. → ✕

2. 키가 110cm 미만인 아동은 모두 특수 스트레칭 교육을 받는데, 이 학교에는 키가 110cm 미만인 아동이 10명 있으므로 특수 스트레칭 교육을 받는 아동은 최소 10명이다. → ○

3. 약시인 어떤 아동은 특수 영상장치가 설치된 학급에서 교육을 받는데, 특수 스트레칭 교육을 받는 아동 중에는 약시인 아동이 없으므로 특수 스트레칭 교육을 받는 아동은 특수 영상장치가 설치된 학급에서 교육을 받지 않는다. → ✕

4. 이 학교의 학급 수는 알 수 없다. → ✕

5. 석이의 키가 100cm라면, 석이는 특수 스트레칭 교육을 받고 약시가 아니다. → ○

6. 약시인 어떤 아동은 특수 영상장치가 설치된 학급에서 교육을 받는다고 했으므로 약시인 아동이라고 해서 모두 특수 영상장치가 설치된 학급에서 교육을 받는 것은 아니다. 따라서 숙이, 철이, 석이 모두 약시라도, 세 사람은 같은 교실에서 교육을 받는지는 알 수 없다. → ✕

27 ②

B팀은 자신들이 제작한 K부서 정책홍보책자를 서울에 모두 배포하거나 부산에 모두 배포한다는 지침에 따라 배포하였는데, B팀이 제작·배포한 K부서 정책홍보책자 중 일부를 부산에서 발견하였으므로, B팀의 책자는 모두 부산에 배포되었다.

A팀이 제작·배포한 책자 중 일부를 서울에서 발견하였지만, A팀은 자신들이 제작한 K부서의 모든 정책홍보책자를 서울이나 부산에 배포한다는 지침에 따라 배포하였으므로, 모두 서울에 배포되었는지는 알 수 없다.

따라서 항상 옳은 평가는 ⓒ뿐이다.

28 ④

회의 시간이 런던을 기준으로 11월 1일 9시이므로, 이때 서울은 11월 1일 18시, 시애틀은 11월 1일 2시이다.

- 甲은 런던을 기준으로 말했으므로 甲이 프로젝트에서 맡은 업무를 마치는 시간은 런던 기준 11월 1일 22시로, 甲이 맡은 업무를 마치는 데 필요한 시간은 22 − 9 = 13시간이다.

- 乙은 시애틀을 기준으로 이해하고 말했으므로 乙은 甲이 말한 乙이 말한 다음날 오후 3시는 시애틀 기준 11월 2일 15시이다. 乙은 甲이 시애틀을 기준으로 11월 1일 22시에 맡은 일을 끝내 줄 것이라고 생각하였으므로, 乙이 맡은 업무를 마치는 데 필요한 시간은 2 + 15 = 17시간이다.

- 丙은 서울을 기준으로 말했으므로 丙이 말한 모레 오전 10시는 11월 3일 10시이다. 丙은 乙이 서울을 기준으로 11월 2일 15시에 맡은 일을 끝내 줄 것이라고 생각하였으므로, 丙이 맡은 업무를 마치는 데 필요한 시간은 9 + 10 = 19시간이다.

따라서 계획대로 진행될 경우 甲, 乙, 丙이 맡은 업무를 끝내는 데 필요한 총 시간은 13 + 17 + 19 = 49시간으로, 2일하고 1시간이라고 할 수 있다. 이를 서울 기준으로 보면 11월 1일 18시에서 2일하고 1시간이 지난 후이므로, 11월 3일 19시이다.

29 ①

승차 정원이 2명인 E를 제외한 나머지 차량의 차량별 실구매 비용을 계산하면 다음과 같다.

(단위 : 만 원)

차량	차량 가격	충전기 구매 및 설치비용	정부 지원금 (완속 충전기 지원금 제외)	실구매 비용
A	5,000	2,000	2,000	5,000 + 2,000 − 2,000 = 5,000
B	6,000	0 (정부지원금)	1,000	6,000 + 0 − 1,000 = 5,000
C	8,000	0 (정부지원금)	3,000	8,000 + 0 − 3,000 = 5,000
D	8,000	0 (정부지원금)	2,000	8,000 + 0 − 2,000 = 6,000

이 중 실구매 비용이 동일한 A, B, C에 대하여 '점수 계산 방식'에 따라 차량별 점수를 구하면 A는 승차 정원에서 2점의 가점을, B는 최고속도에서 4점의 감점과 승차 정원에서 4점의 가점을 받게 되고 C는 감점 및 가점이 없다. 따라서 甲이 선정하게 될 차량은 점수가 가장 높은 A가 된다.

30 ④

A~D의 내진성능평가지수와 내진보강공사지수를 구하면 다음과 같다.

구분	A	B	C	D
내진성능평가지수	82(3점)	90(5점)	80(1점)	83(3점)
내진보강공사지수	91(3점)	95(3점)	90(1점)	96(5점)
총점	6점	8점	2점	8점

B와 D의 총점이 동일하므로 내진보강대상건수가 많은 D가 더 높은 순위를 차지한다. 최종순위는 D − B − A − C이다.

31 ④

직원	성공추구 경향성과 실패회피 경향성	성취행동 경향성
A	성공추구 경향성 = 3 × 0.7 × 0.2 = 0.42 / 실패회피 경향성 = 1 × 0.3 × 0.8 = 0.24	= 0.42 − 0.24 = 0.18
B	성공추구 경향성 = 2 × 0.3 × 0.7 = 0.42 / 실패회피 경향성 = 1 × 0.7 × 0.3 = 0.21	= 0.42 − 0.21 = 0.21
C	성공추구 경향성 = 3 × 0.4 × 0.7 = 0.84 / 실패회피 경향성 = 2 × 0.6 × 0.3 = 0.36	= 0.84 − 0.36 = 0.48

32 ④

평가 점수를 계산하기 전에, 제안가격과 업계평판에서 90점 미만으로 최하위를 기록한 B업체는 선정될 수 없다. 따라서 나머지 A, C, D업체의 가중치를 적용한 점수를 계산해 보면 다음과 같다.

- A업체 : 84 × 0.4 + 92 × 0.3 + 92 × 0.15 + 90 × 0.15 = 88.5점
- C업체 : 93 × 0.4 + 91 × 0.3 + 91 × 0.15 + 94 × 0.15 = 92.25점
- D업체 : 93 × 0.4 + 92 × 0.3 + 90 × 0.15 + 93 × 0.15 = 92.25점

C와 D업체가 동점이나, 가중치가 높은 순으로 제안가격의 점수가 같으며, 다음 항목인 위생도 점수에서 D업체가 더 높은 점수를 얻었으므로 최종 선정될 업체는 D업체가 된다.

33 ④

화재 주의사항에서 보면 "배터리가 새거나 냄새가 날 때는 즉시 사용을 중지하고 화기에서 멀리 두세요."라고 되어 있다. 냄새가 난다고 해서 핸드폰의 전원을 끄는 것이 아닌 사용의 중지를 권고하고 있으므로 ④번이 잘못 설명되었음을 알 수 있다.

34 ①

"해당 세탁기를 타 전열기구와 함께 사용하는 것을 금하며 정격 15A 이상의 콘센트를 단독으로 사용하세요."에서 알 수 있듯이 다른 전열기구 하고는 같이 사용하지 않아야 함을 알 수 있다. 또한 지문에서 멀티탭을 활용한다는 내용을 찾을 수가 없다.

35 ④

- ⓒ 2의 '전자·통신관계법에 의한 전기·전자통신기술에 관한 업무'에 해당하므로 丙은 자격 취득 후 경력 기간 15개월 중 80%인 12개월을 인정받는다.
- ⓔ 1의 '전력시설물의 설계·공사·감리·유지보수·관리·진단·점검·검사에 관한 기술업무'에 해당하므로 丁은 자격 취득 전 경력 기간 2년의 50%인 1년을 인정받는다.

36 ②

'원활한 직무수행 또는 사교·의례의 목적으로 제공될 경우에 한하여 제공되는 3만 원 이하의 음식물·편의 또는 5만 원 이하의 소액의 선물'이라고 명시되어 있으며, 부정한 이익을 목적으로 하는 경우는 3만 원 이하의 금액에 대해서도 처벌이 가능하다고 해석될 수 있다.

① 사적 거래로 인한 채무의 이행 등에 의하여 제공되는 금품은 '금품 등을 받는 행위의 제한' 사항의 예외로 규정되어 있다.

③ 공개적인 경우 문제의 소지가 현저히 줄어든다고 볼 수 있다.

④ 상조회로부터의 금품에 대한 한도액과 관련한 규정은 제시되어 있지 않다.

37 ②

고객과의 대화 내용을 녹취하는 것은 고객에 대한 예절의 차원이 아닌 A기관의 업무수행을 위한 행위이다. 고객의 의견을 명확히 이해하기 위해서는 "~다는 말씀이시지요?" 또는 "~라고 이해하면 되겠습니까?" 등의 발언을 통하여 고객이 말하는 중요 부분을 반복하여 확인하는 것이 효과적인 방법이라고 할 수 있다.

38 ④

B팀은 팀워크가 좋은 팀, C팀은 응집력이 좋은 팀, A팀은 팀워크와 응집력 모두가 좋지 않은 팀이다. C팀과 같이 성과를 내지 못하고 있지만 팀의 분위기가 좋다면 이것은 팀워크가 아니라 응집력이 좋다고 표현할 수 있다. 응집력은 사람들로 하여금 계속 그 집단에 머물게 하고, 집단의 멤버로서 남아있기를 희망하게 만드는 힘이다.

39 ④

집단의사결정은 한 사람이 가진 지식보다 집단이 가지고 있는 지식과 정보가 더 많아 효과적인 결정을 할 수 있다. 또한 다양한 집단구성원이 갖고 있는 능력은 각기 다르므로 각자 다른 시각으로 문제를 바라봄에 따라 다양한 견해를 가지고 접근할 수 있다. 집단의사결정을 할 경우 결정된 사항에 대하여 의사결정에 참여한 사람들이 해결책을 수월하게 수용하고,

의사소통의 기회도 향상되는 장점이 있다. 반면에 의견이 불일치하는 경우 의사결정을 내리는 데 시간이 많이 소요되며, 특정 구성원들에 의해 의사결정이 독점될 가능성이 있다.

40 ②

'갑' 기업의 상설 조직은 공식적, '을' 기업의 당구 동호회는 비공식적 집단이다. 공식적인 집단은 조직의 공식적인 목표를 추구하기 위해 조직에서 의도적으로 만든 집단이다. 따라서 공식적인 집단의 목표나 임무는 비교적 명확하게 규정되어 있으며, 여기에 참여하는 구성원들도 인위적으로 결정되는 경우가 많다.

41 ④

미세먼지에 대한 것은 휴가 첫날인 10월 13일 선영이가 휴가일정을 체크하는 현재 시간에 "보통"임을 알 수 있으며 10월 14일~15일까지의 미세먼지에 대한 정보는 제시된 자료상에서는 알 수 없다.

42 ②

제시된 내용은 엑셀에서 제공하는 스파크라인 기능에 대한 설명이다.

43 ②

마우스로 채우기 핸들을 아래로 드래그하여 숫자가 증가되도록 하려면 〈Ctrl〉을 같이 눌러줘야 한다.

44 ④

지정 범위에서 인수의 순위를 구하는 경우 'RANK' 함수를 사용한다. 이 경우, 수식은 '=RANK(인수, 범위, 결정 방법)'이 된다. 결정 방법은 0 또는 생략하면 내림차순, 0 이외의 값은 오름차순으로 표시하게 된다.

45 ④

이순신 장군이 지은 책을 검색하는 것이므로 많은 책들 중에서 이순신과 책이 동시에 들어있는 웹문서를 검색해야 한다. 따라서 AND 연산자를 사용하면 된다.

46 ③

특정한 데이터만을 골라내는 기능을 필터라고 하며 이 작업을 필터링이라 부른다.
① 원하는 기준에 따라 서식을 변경하는 기능으로 특정 셀을 강조할 수 있다.
② 원하는 단어를 찾는 기능이다.
④ 무작위로 섞여있는 열을 기준에 맞춰 정렬하는 기능으로 오름차순 정렬, 내림차순 정렬 등이 있다.

47 ③

'#NULL!'은 교차하지 않은 두 영역의 교차점을 참조 영역으로 지정하였을 경우 발생하는 오류 메시지이며, 잘못된 인수나 피연산자를 사용했을 경우 발생하는 오류 메시지는 #VALUE! 이다.

48 ③

$n = 0, S = 1$

$n = 1, S = 1 + 1^2$

$n = 2, S = 1 + 1^2 + 2^2$

...

$n = 7, S = 1 + 1^2 + 2^2 + \cdots + 7^2$

∴ 출력되는 S의 값은 141이다.

49 ④

코드 1605(2016년 5월), 1D(유럽 독일), 01001(가공식품류 소시지) 00064(64번째로 수입)가 들어가야 한다.

50 ④

④는 아프리카 이집트에서 생산된 장갑의 코드번호이다.
① 중동 이란에서 생산된 신발의 코드번호
② 동남아시아 필리핀에서 생산된 바나나의 코드번호
③ 일본에서 생산된 의류의 코드번호

1 ①

① 시스템 버스는 주소 정보를 전달하는 주소 버스 (address bus), 데이터 전달을 위한 데이터 버스(data bus), 제어 정보를 전달하는 제어 버스(control bus)로 구성된다.

2 ②

후위 순회의 노드 방문 순서는 '왼쪽→오른쪽→중간' 순이다. 루트를 기준으로 가장 왼쪽 노드(D)부터 방문한다.

3 ①

데이터 링크 계층 … 두 논리적 장치 사이의 데이터 수신과 송신을 담당하고 통신회선의 전송에 대응하는 데이터 링크 프로토콜을 실행하는 OSI의 7개 계층 가운데 하위에서 두 번째 계층에 해당되는 것으로 물리층의 상위층이다. 물리적 계층에서 발생하는 오류를 발견하고 수정하는 기능을 맡고 링크의 확립, 유지, 단절의 수단을 제공한다.

4 ②

IP 주소는 총 32비트를 8비트 단위로 나누어 각 부분을 점으로 구분된 4개의 필드를 10진수로 나타내며 해당 네트워크를 구분하기 위한 네트워크 주소와 네트워크 내에서 호스트를 구분하기 위한 호스트 주소로 구성된다(네트워크 주소 + 호스트 주소＝32비트). IPv4는 헤더에 출발지주소와 목적지주소가 포함되어 있다.

5 ②

인터럽트 입출력 제어방식 … CPU가 직접 제어하는 방식 중에서 CPU가 계속 Flag를 검사하지 않고 입출력장치의 요구가 있을 때 데이터를 전송하는 제어방식이다.
① Polling에 입출력은 입출력을 하기 위해 CPU가 계속 Flag를 검사하고, 자료 전송도 CPU가 직접 처리하는 방식이다.

③ DMA 제어기에 의한 입출력 장치가 직접 주기억장치를 접근하여 Data Block을 입출력하는 방식으로, 입출력 전송이 CPU 레지스터를 경유하지 않고 수행된다.
④ 채널 제어기에 관한 입출력 방식은 CPU의 관여 없이 채널 제어기가 직접 채널 명령어로 작성된 프로그램을 해독하고 실행하여 주기억장치와 입출력장치 사이에서 자료전송을 처리하는 방식이다.

6 ④

안드로이드 … 휴대폰용 운영체제 미들웨어 응용프로그램을 한데 묶은 소프트웨어 플랫폼으로서 2007년 11월에 공개되었다. 실질적으로는 세계적 검색엔진 업체인 구글(Google)사가 작은 회사인 안드로이드사를 인수하여 개발하였으며, 따라서 '구글 안드로이드'라고도 한다. 안드로이드는 리눅스(Linux) 2.6 커널을 기반으로 강력한 운영체제(OS ; operating system)와 포괄적 라이브러리 세트, 풍부한 멀티미디어 사용자 인터페이스, 폰 애플리케이션 등을 제공한다. 일반적으로 안드로이드 애플리케이션의 네 가지 구성요소는 액티비티, 방송 수신자, 서비스, 콘텐츠 제공자이다. 컴퓨터에서 소프트웨어와 하드웨어를 제어하는 운영체제인 '윈도'에 비유할 수 있는데, 휴대폰에 안드로이드를 탑재하여 인터넷과 메신저 등을 이용할 수 있으며, 휴대폰뿐 아니라 다양한 정보 가전 기기에 적용할 수 있는 연동성도 갖추고 있다. 안드로이드가 기존의 휴대폰 운영체제인 마이크로소프트의 '윈도 모바일'이나 노키아의 '심비안'과 차별화되는 것은 완전 개방형 플랫폼이라는 점이다. 종전에는 휴대폰 제조업체와 서비스업체마다 운영체제가 달라 개별적으로 응용프로그램을 만들어야 했다. 이에 비하여 안드로이드는 기반 기술인 '소스 코드'를 모두 공개함으로써 누구라도 이를 이용하여 소프트웨어와 기기를 만들어 판매할 수 있도록 하였다. 개발자들은 이를 확장, 대체 또는 재사용하여 사용자들에게 풍부하고 통합된 모바일 서비스를 제공할 수 있게 된 것이다.

7 ①

② 클러스터 컴퓨터 : 개인 PC나 소형 서버 등을 네트워크장비를 사용하여 다수대 연결하여 구성한 일종의 병렬처리용 슈퍼컴퓨터이다.

③ **불균일 기억장치 액세스(NUMA) 방식** : 모든 프로세서의 기억장치에 대한 접속 시간이 동일한 UMA에 대응되는 구조로서, 시스템 내의 모든 프로세서가 동일한 기억 장치를 공유하고 있지만 기억 장치를 접속하는 시간이 기억 장치의 위치에 따라 다른 구조이다.

④ **MISD(Multi Instruction stream Single Data stream)** : 다수의 처리기에 의해 각각의 명령들이 하나의 Data를 처리하는 구조이며, 실제로는 사용되지 않는 구조로서 Pipeline에 의한 비동기적 병렬처리가 가능하다.

8 ①
데이터베이스 관리 시스템(DBMS)의 정의
ㄱ DBMS(DataBase Management System)는 응용 프로그램과 데이터베이스의 중재자로서, 응용 프로그램들이 데이터베이스를 공용할 수 있도록 하는 시스템소프트웨어이다.
ㄴ 데이터베이스를 액세스하기 위해 제어, 접근방법, 관리 등의 기능을 수행하는 소프트웨어로, 파일 시스템에서 야기된 데이터의 종속성 · 중복성 문제를 해결하기 위해 사용된다.
ㄷ DBMS를 이용하는 응용 프로그램은 데이터베이스의 생성, 접근 방법, 보안, 물리적 구조 등의 자세한 설명 없이, 원하는 데이터와 처리 작업만을 DBMS에 요청하면 된다.
ㄹ DBMS는 데이터베이스를 종합적으로 조직 · 접근하며 전체적으로 통제할 수 있는 프로그램들로 구성되어 있으므로 응용 프로그램의 요청을 책임지고 수행시켜 줄 수 있다.

9 ②
프림(Prim) 알고리즘은 가중치가 있는 연결된 무향 그래프의 모든 꼭짓점을 포함하면서 각 변의 비용의 합이 최소가 되는 부분 그래프인 트리, 즉 최소비용 생성나무를 찾는 알고리즘이다.
• 임의의 정점 하나를 선택하여 최소 비용 신장트리 T로 정한다.
• 트리 T 안의 한 정점과 트리 T 밖의 한 정점을 연결하는 간선들 중 비용이 가장 작은 것을 선택함으로써 트리 T에 정점 한 개를 추가하는 작업을 모든

정점이 트리 T 안에 포함될 때까지 반복한다.
• 간선의 순서는 0-5-4-3-2-1-6 이다.

10 ①
ㄱ 네트워크 계층 – 라우터 ㄴ 데이터 링크 계층 – 브리지 ㄷ 물리 계층 – 리피터
※ OSI 계층
ㄱ Physical(=물리 계층)
• 상위 계층에서 내려온 비트들을 전송 매체를 통하여 어떤 전기적 신호로 전송할 것인가를 담당
• 1계층의 대표적인 장비로 허브와 리피터가 있음
ㄴ Data Link(=데이터 링크 계층)
• 신호수준의 데이터 비트들이 물리 계층을 통과하면 데이터 블록을 형성, 이 데이터 블록에 대한 전송을 담당
• 인접한 개방형 시스템 간에 발생하는 다음과 같은 문제를 담당
– 데이터 블록의 시작과 끝을 인식하는 동기화 문제
– 발생된 오류를 검출하고 복원하는 오류문제 및 혼선 제어문제
• 2계층의 대표적인 장비로 스위치와 브리지가 있음
ㄷ Network(=네트워크 계층)
• 송신측과 수신측 사이에 보이지 않는 논리적인 링크를 구성
• 데이터를 패킷(packet) 단위로 분할하여 전송한 후 조립함
• 패킷 전송의 최적의 경로를 찾아주는 라우팅 기능 제공
• 3계층의 대표적인 장비로 라우터와 Layer 3 스위치가 있음
ㄹ Transport(=전송 계층)
• 사용자와 사용자, 컴퓨터와 컴퓨터 간에 연결을 확립하고 유지
• 송수신 시스템 간의 논리적인 안정과 균일한 서비스 제공
• 세션 계층에서 넘어온 데이터를 세그먼트(segment) 단위로 분할하고 번호를 붙임
• 오류 검출 코드를 추가하고 통신 흐름 제어를 제공

ⓤ Session(＝세션 계층)
- 세션을 확립하여 순차적인 대화의 흐름이 원활하게 이루어지도록 동기화 기능 제공
- 데이터 전송 방향 결정

ⓥ Presentation(＝표현 계층)
- 데이터를 표현하는 방식을 다루는 계층으로 데이터의 안정성을 높이기 위해 데이터 압축이나, 데이터 암호화 기능 제공
- 상이한 데이터 표현을 서로 가능케 하는 표준인터페이스 제공

ⓦ Application(＝응용 계층) : 사용자의 응용 P·G(Program)이 네트워크 환경에 접근하는 창구역할을 하는 최상위 계층

11 ①

우선 프로그램에서 사용할 변수의 선언문이 필요하므로 ⓒ 문장이 맨 처음에 와야 한다(③번 소거). 다음으로 두 사람의 나이를 입력하라는 안내문인 ⓜ 문장이 온 후 입력문 ⓐ 문장이 와야 한다. ⓒ 문장 다음에 ⓐ 문장이 오게 되면 ⓜ 문장이 들어갈 자리가 어색해진다(②, ④번 소거). 이제 age1과 age2 값을 더하여 변수 result에 저장한 후 result 값을 출력하면 되므로 올바른 문장 순서는 ⓒ－ⓜ－ⓐ－ⓑ－ⓓ이다.

12 ①

정규화 … 한 릴레이션에 여러 가지 정보를 나타내려는데서 오는 데이터 중복의 문제와 이러한 데이터 중복에 의한 여러 이상(anomaly) 현상들을 제거하기 위해서 릴레이션을 보다 바람직한 특성의 여러 릴레이션들로 분해하는 과정이다. 질의 처리 성능 향상을 위해 비효율적인 릴레이션을 병합하는 정규화의 반대 과정을 역정규화(denormalization)라고 한다. 역정규화를 하면 릴레이션들 간의 조인이 필요없어져 어떤 질의 수행 성능을 향상시킬 수 있다.

13 ②

유일성과 최소성을 가지고 모든 투플을 식별가능하므로 후보키의 조건을 만족한다. 그러나 주어진 인스턴스들의 내용으로부터 반드시 후보키라고 단정할 수는 없음에 유의한다.

※ **후보키(candidate key)**
한 릴레이션의 후보키가 되기 위해서는 최소한의 속성들로 유일하게 특정 투플을 식별할 수 있어야 하며 관계형 데이터베이스의 관계형 모델에서 슈퍼키 중 더 이상 줄일 수 없는(irreducible) 형태를 가진 것을 말한다.
더 이상 줄일 수 없다는 것은 슈퍼키를 구성하는 속성(열) 중 어느 하나라도 제외될 경우 유일성을 확보할 수 없게 되는 것을 말한다. 최소(minimal)라고도 한다. 즉, 행의 식별을 위해 필요한 특성 또는 그 집합이 후보키이다. 후보키는 행의 '식별자'라고 생각할 수도 있다. 후보키라는 이름은 그것이 기본키로 선정될 수 있는 후보이기 때문에 유래했다.
하나의 관계(테이블)에서 관계를 정의할 때, 적어도 하나의 후보키가 존재한다. 물론 하나의 관계에 후보키가 두 개 이상 존재할 수도 있다.

14 ③

① MIME(Multipurpose Internet Mail Extension, 다목적 인터넷 전자우편 확장)는 단지 NVT 7비트 ASCII 형식으로된 메시지만을 보낼 수 있는 기존의 전자우편을 확장하여 ASCII가 아닌 데이터도 전송할 수 있도록 만들어진 전자우편을 위한 응용 계층 프로토콜이다.
② TFTP는 FTP의 복잡성을 감소시킨 소규모의 파일 전송 프로토콜로써 UDP 서비스를 사용하며 별도의 사용자 인증 절차도 없다.
④ DHCP는 인터넷에 접속한 호스트에 정적 또는 동적으로 IP 주소, 서브넷 마스크, 기본 게이트웨이 주소, DNS 서버의 주소 등을 할당하기 위한 프로토콜이다.

15 ④

선택적 반복 ARQ → N-복귀(go-back-N) ARQ → 정지 후 대기 ARQ
ⓐ 정지 후 대기 ARQ는 송신측에서는 한 번에 한 프레임만을 전송하고 수신측에서 응답확인을 받으면 다음 프레임을 보낸다. 따라서 한꺼번에 여러 개의 프레임을 전송할 수 있는 N-복귀 ARQ나 선택적 ARQ에 비해 프레임 전송 효율이 나쁘다.

ⓒ N-복귀(go-back-N) ARQ는 송신측에서는 송신 윈도우 크기 만큼의 여러 프레임을 한꺼번에 전송하고 수신측에서 부정응답(NAK)을 보내면 해당 프레임부터 이후의 N개의 프레임을 연속적으로 재전송한다.

ⓒ 선택적 반복 ARQ에서는 송신 윈도우 크기 만큼의 여러 프레임을 한꺼번에 보내고 수신측에서 부정응답을 보내면 해당 프레임만을 재전송한다. 따라서 선택적 반복 ARQ가 Go-Back-N ARQ보다 재전송되는 프레임이 적어 전송효율이 더 좋다.

16 ②

② IPv6는 IP 주소 크기를 기존의 4바이트에서 16바이트로 확장했다.

※ IPv6(internet protocol version 6) ··· IPv4에 이어서 개발된 인터넷 프로토콜(IP) 주소 표현 방식의 차세대 버전으로 128bit의 주소체계를 가지고 있다.

ㅤ㉠ **개발의 주된 동기** : 32비트 IP주소 공간이 고갈되고 있었던 상황이 계기

ㅤ㉡ **IPv6 데이터그램 포맷**

ㅤ• 확장된 주소 기능 : IP 주소 크기 32bit(4byte) → 128bit(16byte)로 확장(고갈 가능성 없음)

ㅤ• 헤더 : 40byte(IPv4 때는 20byte에 옵션이 있어 가변길이였으나, IPv6에서는 옵션을 없애 40byte로 고정길이) → 헤더는 사이즈가 작을수록 좋지만, 주소의 크기가 커졌기 때문에 많은 필드를 뺐음에도 40byte가 됨

ㅤ• 흐름 라벨링, 우선순위 : 흐름(flow) 필드는 실시간 서비스 같은 특별한 처리를 요청하는 송신자에 대해 특정 흐름에 속하는 패킷 레이블링을 가능하게 해줌. 트래픽 클래스는 IPv4의 TOS필드처럼 흐름에서 패킷의 우선순위를 주는데 사용함

17 ③

CDMA(Code Division Multiple Access) ··· 하나의 채널로 한 번에 한 통화 밖에 하지 못하는 한계가 있는 아날로그 방식의 문제점을 해결하기 위해 개발된 디지털 방식 휴대폰의 한 방식으로, 코드분할 다중접속 또는 부호분할 다중접속이라고 한다. CDMA는 아날로그 형태인 음성을 디지털 신호로 전환한 후 여기에 난수를 부가하여 여러 개의 디지털 코드로 변환해 통신을 하는 것으로 휴대폰이 통화자의 채널에 고유하게 부여된 코드만을 인식한다. 통화 품질이 좋고 통신 비밀이 보장된다는 장점이 있다.

① RIP(Routing Information Protocol) : RIP는 Distance Vector Algorithm에 기초하여 버클리대학에서 개발한 Routing Protocol로써, 과거에 기업의 근거리 통신망, 또는 그러한 랜(LAN)들이 서로 연결된 그룹과 같은 독립적인 네트워크 내에서 라우팅 정보 관리를 위해 광범위하게 사용되었지만 최근에는 소규모 또는 교육용 외에는 별로 사용되지 않고 있다.

② OSPF(Open Shortest Path First) : 하나의 AS(Autonomous System) 안에서 동작하는 Link State Routing Protocol로, 인터넷 프로토콜인 IP 네트워킹에서 사용하기 위한 계층구조 동적 라우팅 프로토콜이다.

④ BGP(Border Gateway Protocol) : 경계 경로 프로토콜은 인터넷에서 주 경로 지정을 담당하는 프로토콜의 한 종류이다. 인터넷에서 자율 시스템(AS) 중 라우팅 및 도달 가능성 정보를 교환하기 위해 설계된, 표준화된 외부 게이트웨이 프로토콜의 하나이다.

18 ①

㈎ **블루투스(Bluetooth)** : 블루투스(Bluetooth)는 휴대폰, 노트북, 이어폰·헤드폰 등의 휴대기기를 서로 연결해 정보를 교환하는 근거리 무선 기술 표준을 뜻한다. 주로 10미터 안팎의 초단거리에서 저전력 무선 연결이 필요할 때 쓰인다.

㈏ **근거리 무선 통신(Near Field Communication)** : 13.56MHz 대역의 주파수를 사용하여 약 10cm 이내의 근거리에서 데이터를 교환할 수 있는 비접촉식 무선통신 기술로서 스마트폰 등에 내장되어 교통카드, 신용카드, 멤버십카드, 쿠폰, 신분증 등 다양한 분야에서 활용될 수 있는 성장 잠재력이 큰 기술이다.

㈐ **지그비(ZigBee)** : 주로 양방향 무선 개인 영역 통신망(WPAN) 기반의 홈 네트워크 및 무선 센서망에서 사용되는 기술로 지그비 얼라이언스(zigbee alliance)에서 IEEE 802.15.4 물리 계층(PHY, MAC) 표준 기술을 기반으로 상위 프로토콜 및 응용 프로파일을 표준화하였다.

19 ③

트리(tree)형 … 나무가 하나의 뿌리(root)에서 줄기(trunk)가 나와 가지(branch)로 나누어지는 것처럼, 어떤 하나의 집합(레코드나 디렉토리 등)으로부터 하위 레벨(lower level)로 가지가 나오는 집합 관계를 갖는 계층 구조(hierarchic structure)를 말한다.

20 ①

개체관계 모델 … 피터 첸(Peter Chen)이 1976년에 제안한 것으로, 현실 세계를 개체(entity)와 개체 간의 관계(relationship)를 이용해 개념적 구조로 표현하는 방법이다.

21 ②

라운드 로빈(Round-Robin) 스케줄링 알고리즘 … 시분할 시스템을 위해 설계되었다. 이는 선입 선처리 스케줄링과 유사하지만 시스템이 프로세스들 사이를 옮겨다닐 수 있도록 선점이 추가된다. 시간 할당량 또는 시간 조작이라고 하는 작은 단위의 시간을 정의한다. 시간 할당량은 일반적으로 10에서 100밀리초 동안이다. 준비완료 큐는 원형 큐로 동작한다. CPU스케줄러는 준비완료 큐를 돌면서 한 번에 한 프로세스에게 한 번의 시간 할당량 동안 CPU를 할당한다.

※ 대기시간

$P1 = 3 + 4 = 7$
$P2 = 4$
$P3 = 4 + 3 = 7$
$7 + 4 + 7 = 18$

22 ②

가상사설망(virtual private network) … 인터넷망을 전용선처럼 사용할 수 있도록 특수 통신체계와 암호화기법을 제공하는 서비스로 기업 본사와 지사 또는 지사 간에 전용망을 설치한 것과 같은 효과를 거둘 수 있으며, 기존 사설망의 고비용 부담을 해소하기 위해 사용한다.

23 ②

㉠ A에서 D의 함수 종속성을 갖고 있기 때문에 a1에 대한 d1을 적용할 수 있다.

㉡ A에서 D의 함수 종속성을 갖고 있는데 속성 D의 d3이 결정되었기 때문에 속성 A에서 사용하지 않았던 a2 또는 a3을 적용해 볼 수 있다.

※ 릴레이션의 특징

㉠ 튜플은 모두 상이하다.

㉡ 튜플은 유일하며 순서에는 의미가 없다.

㉢ 속성들 간의 순서는 의미가 없다.

㉣ 속성은 원자값으로 구성되며 분해가 불가능하다.

24 ④

뷰(View)

㉠ 뷰는 사용자에게 접근이 허용된 자료만을 제한적으로 보여주기 위해 하나 이상의 기본 테이블로부터 유도된, 이름을 가지는 가상 테이블이다.

㉡ 뷰는 지정장치 내에 물리적으로 존재하지 않지만, 사용자에게는 있는 것처럼 간주된다.

㉢ 특징

• 뷰는 기본 테이블로부터 유도된 테이블이기 때문에 기본 테이블과 같은 형태의 구조를 사용하며, 조작도 기본 테이블과 같다.

• 뷰는 가상 테이블이기 때문에 물리적으로 구현되어 있지 않다.

• 논리적 독립성이 보장된다.

• 필요한 데이터만 뷰로 정의해서 처리할 수 있기 때문에 관리가 용의하고 명령문이 간단해진다.

• 뷰를 통해서만 데이터에 접근하게 하면 뷰에 나타나지 않는 데이터를 안전하게 보호할 수 있다.

• 기본 테이블의 기본키를 포함한 속성 집합으로 뷰를 구성해야만 삽입, 삭제, 갱신 연산이 가능하다.

• 정의된 뷰는 다른 뷰의 정의에 기초가 될 수 있다.

• 하나의 뷰를 삭제하면 그 뷰를 기초로 정의된 다른 뷰도 삭제된다.

25 ③

IPC는 Inter Process Communication의 머릿 글자로서 내부 프로세스 통신을 위한 모든 방법을 총칭한다. 종류로는 signal, pipe, FIFO, 메시지 큐, 공유메모리, 세마포어, 소켓, TLI 등이 있으며 IPC는 주로 데이터 전송과 동기화를 위한 목적으로 사용된다. 보통 네트워크 프로그래밍은 클라이언트의 다중 접속을 처리하기 위해 멀티 프로세스 또는 멀티 스레드 모델을 채택하곤 한다.

멀티 스레드 모델은 각각의 스레드 간 데이터 공유에 아무런 제약이 없지만 멀티 프로세스 모델은 각각의 프로세스간 데이터 공유를 바로 실행할 수 없으며 IPC를 사용해서 각각의 프로세스 간 데이터 교환과 동기화를 수행한다.

※ 다중스레드(Multi-Thread) … 기본적으로 동시 실행이 아닌 병렬처리이다. 여러 개의 중적인 실행 흐름을 만들어낸다. 여러 개의 스레드가 생성되어 있을 경우 모든 스레드가 동시에 구동되는 것은 아니다. 여러 개의 스레드가 순차적으로 조금씩 실행이 되게 되는데 이를 관리해주는 것이 운영체제의 스케줄러이다.

26 ④

④ CRC(Cyclic Redundancy Check)
- 다항식 코드를 사용하여 오류를 검출하는 방식으로 임의의 비트열 검사에 사용하며 집단 오류를 검출할 수 있고 검출률이 높다.
- 동기식 전송에 주로 사용한다.

① FEC(Forward Error Correction) : 순방향 오류 정정
- 전송 데이터에서 발생한 오류 검출뿐만 아니라 수정도 가능하도록 부호화하며, 수신 측에서 오류 수정을 할 수 있도록 하는 방식

② 단일 패리티 비트(parity bit) 검사 : 기계적인 오류를 검사하는 데 사용

③ 블록 합(block sum) 검사 : 문자 블록에 수평패리티와 수직패리티를 2차원적으로 검사하는 방법

※ OSI Layer에서 오류 제어의 분류

구분	Layer	종류
데이터 링크 계층	오류 검출	• 패리티 검사 방식(parity bit) • 블록 합 검사 방식(block sum) • 순환 중복 검사 방식 　(CRC : Cyclic Redundancy Check) • 검사 합 방식(Check Sum)
	오류 정정	• 전진 오류 정정 방식 　(FEC : Forward Error Correction) • 자동 반복 요청 방식 　(ARQ : Auto Repeat Request)

27 ③

㉠ 데이터베이스 키 : 관계 데이터베이스에서 튜플을 식별하기 위해 사용되는 속성이나 속성집합
- 키 유일성 : 각 튜플을 유일하게 식별할 수 있는 성질
- 키 최소성 : 유일하게 식별할 수 있는 속성이 최소로 구성된 성질

㉡ 데이터 무결성 제약조건 : 무결성이란 데이터의 내용이 서로 모순되는 일이 없고, 데이터베이스에 걸린 제약을 완전히 만족하게 되는 성질을 뜻하며 이러한 무결성은 데이터베이스의 정확성과 안전성을 지켜준다.

㉢ 무결성 유지를 위한 제약조건
- 참조무결성 : 참조할 수 없는 외래키값은 가질 수 없다. 외래키는 NULL값을 가질 수 없으며 참조하는 릴레이션의 기본키와 동일해야 한다.
- 개체 무결성 : 기본키는 NULL이 올 수 없으며, 기본키를 구성하는 어떠한 속성값이라도 중복값이나 NULL값을 가질 수 없다.
- 도메인 무결성 : 각 속성값은 반드시 정의된 도메인(하나의 속성이 가질 수 있는 값들의 범위)만을 가져야 한다.

28 ④

① IPv6 : 인터넷 프로토콜 스택 중 네트워크 계층의 프로토콜로서 버전6 인터넷 프로토콜로 제정된 차세대 인터넷 프로토콜이다. IPv4의 주소공간을 4배 확장한 128비트 인터넷 주소 체계로 인터넷 프로토콜 주소공간을 128비트로 확장하여 주소의 개수를 크게 증가시키고 패킷 처리에 대한 오버헤드를 줄이기 위해 새로운 헤더 포맷을 도입한 것이 특징이다.

② 광대역통합망(BcN) : 음성, 데이터, 유무선 등 통신, 방송, 인터넷이 융합된 품질보장형 광대역 멀티미디어 서비스를 언제 어디서나 끊김없이 안전하게 이용할 수 있는 차세대 통합 네트워크

③ 모바일 와이맥스(WiMAX) : 시속 120㎞ 이상 고속으로 이동 중인 차량이나 기차 안에서도 유선 인터넷 속도 이상으로 무선 인터넷 서비스를 즐길 수 있는 기술로 와이브로(WiBro)는 국내 서비스 이름이며 모바일 와이맥스가 국제적으로 통용되는 명칭이다.

④ SMTP(Simple Mail Transfer Protocol) : TCP/IP의 상위층 응용 프로토콜의 하나로 컴퓨터 간에 전자 우편을 전송하기 위한 프로토콜이다.

㉣ 체이닝 : 각 버킷은 고정된 개수의 슬롯 대신 유동적인 크기를 갖는 연결 리스트로 구성되며 충돌뿐만 아니라 오버플로우 문제도 해결된다.

29 ③

㉠ IPv4(Internet Protocol version 4) : IPv4는 현재 인터넷 및 TCP/IP 네트워크에서 활용하는 IP 주소(address) 체계이며, 특징으로는 신뢰성이 보장되지 않는 비연결지향 구조, 주소지정, 패킷 경로 설정 및 라우팅 기능이 있다.

㉡ TCP(Transmission Control Protocol)
• IP프로토콜 위에서 연결형 서비스를 지원하는 전송계층 프로토콜이다.
• 특징으로는 연결형 서비스를 제공, 전이중(FullDuplex) 방식의 양방향 가상 회선을 제공, 신뢰성 있는 데이터 전송을 보장한다.

30 ④

2단계 로킹 프로토콜(Two Phase Locking Protocol) … 확장 단계와 축소 단계라는 2개의 단계로 구성된 로킹 기법이다. 이 기법은 트랜잭션 스케줄의 직렬성을 보장해 주지만, 교착상태가 발생할 수 있다는 단점이 있다.

㉠ 확장단계(Growing Phase) : 트랜잭션들이 LOCK연산만 수행할 수 있고, UNLOCK이 불가능하다.

㉡ 축소단계(Shrinking Phase) : 트랜잭션들이 UNLOCK 연산만 수행할 수 있고, LOCK이 불가능하다.

31 ③

㉠ 해싱 : 키(Key) 값을 해시 함수(Hash Function)라는 수식에 대입시켜 계산한 후 나온 결과를 주소로 사용하여 바로 값(Value)에 접근하게 할 수 하는 방법이다.

㉡ 선형 조사법(Linear Probing) : 특정 버킷에서 충돌이 발생하면 해시테이블에서 비어있는 버킷을 찾는 방법이다.

㉢ 폴딩법(Folding) : 키(Key)를 마지막 부분을 제외한 모든 부분의 길이가 동일하게 여러 부분으로 나누고, 이들 부분을 모두 더하거나 XOR 연산을 하여 버킷 주소(인덱스)로 이용하는 방법이다.

32 ②

② IPv4는 총 32비트(4바이트), IPv6는 총 128비트(16바이트)로 4배 차이이다.

IPv4 (Internet Protocol version4)	IPv6 (Internet Protocol version6)
유니캐스트, 브로드캐스트, 멀티캐스트	애니캐스트, 유니캐스트, 멀티캐스트
8비트씩 4자리	16비트씩 8자리
총 32비트(4바이트)	총 128비트(16바이트)

33 ①

빅데이터 … 기존 데이터보다 너무 방대하여 기존의 방법이나 도구로 수집/저장/분석 등이 어려운 정형 및 비정형 데이터들을 의미한다.

34 ③

㉠ ARP(Address Resolution Protocol, 주소 결정 프로토콜) : IP 주소를 물리적 네트워크 주소로 대응시키기 위해 사용되는 프로토콜

㉡ ICMP(Internet Control Message Protocol, 인터넷 제어 메시지 프로토콜) : TCP/IP 기반의 인터넷 통신 서비스에서 인터넷 프로토콜(IP)과 조합하여 통신 중에 발생하는 오류의 처리와 전송 경로의 변경 등을 위한 제어 메시지를 취급하는 무연결 전송(connectionless transmission)용의 프로토콜(RFC.792)

㉢ RARP(Reverse Address Rosolution Protocol, 역순 주소 결정 프로토콜) : 인터넷 환경에서의 호스트 상호 간 통신에서, 상대방 호스트의 데이터 링크 주소로부터 IP 주소를 필요에 따라 역동적으로 얻기 위한 절차를 제공하는 프로토콜(REC.903)

35 ③

혼잡제어는 TCP 계층이며 TCP계층은 TCP(Transmission Control Protocol)와 UDP(User Datagram Protocol) 프로토콜 두 개로 구분할 수 있으며 신뢰성이 요구되는 애플리케이션에서는 TCP를 사용하고, 간단한 데이터를 빠른 속도로 전송하는 애플리케이션에서는 UDP를 사용한다.

TCP(Transmission Control Protocol)	UDP(User Datagram Protocol)
연결 지향적 프로토콜	비연결성 프로토콜
• 신뢰적인 전송을 보장	• 신뢰성 없음
• 연결관리를 위한 연결설정 및 연결종료	• 순서화하지 않은 데이터 그램 서비스 제공
• 패킷 손실, 중복, 순서바꿈 등이 없도록 보장	• 순서제어, 흐름제어, 오류제어 거의 없음
• 양단간 프로세스는 TCP가 제공하는 연결성 회선을 통하여 서로 통신	• 실시간 스트리밍
	• 헤더가 단순

36 ①

Flagment offset(단편화 오프셋) … IP payload 의 offset 위치를 저장한다. 단편화된 IP 패킷을 재조립할 때에 조립할 위치를 확인할 때에 사용된다.

• 단편화 오프셋이 될 수 있는 것은 0, 250, 500 3가지이다.
 − 1번째 프레임 0000 ~ 1999 → OF: 0
 − 2번째 프레임 2000 ~ 3999 → OF: 250
 − 3번째 프레임 4000 ~ 5999 → OF: 500
• IP는 IP 단편화를 통해 데이터그램의 크기를 MTU 이하로 작게 만들어 전송할 수 있도록 한다. RFC 791은 IP 단편화, 데이터그램의 전송, 재조립을 위한 프로시져를 기술한다. RFC 815는 호스트에서 쉽게 구현할 수 있는 간단한 재조립 알고리즘을 기술한다.
• Identification 필드와 Fragment offset 필드는 Don't Fragment 플래그, More Fragment 플래그와 함께 IP 데이터그램의 단편화와 재조립을 위해 사용된다.

37 ①

제1정규형은 어떤 릴레이션에 속한 모든 도메인이 원자 값을 가져 더 이상 분해할 수 없는 상태로 즉 중복을 제거한 것이다.

38 ②

printf : printf 다음에 오는 괄호 안의 내용을 모니터로 출력해 주는 함수
%d : char, short, int 부호가 있는 10진 정수
〈풀이〉
int a = 5, b = 5;
a * = 3 + b++;
b++ 이므로, 먼저 b값을 그대로 계산한 다음에 b값 증가
a(5)에 3+b(5) = 8을 곱해서 다시 a에 집어넣는다.
→ (a = 40)
b++; //b의 값을 출력한 후 1증가해 6이 되어 a는 40, b는 6이 출력

39 ③

Foo 클래스를 Bar 클래스가 상속하고 있다. Foo, Bar 클래스 모두 동일하게 멤버변수로 a를 가지고 있고, 멤버 메소드로는 addFive를 가지고 있다.
Foo = new Bar()이 코드에서 f라는 인스턴스 변수를 선언하되, Foo(부모 클래스)형으로 선언한다. 이는, f를 통해서, 접근할 수 있는 범위가 Foo형이라는 의미이다. 그리고 new Bar()의 의미는, Bar(자식 클래스)형의 생성자를 호출하여 실제로 Bar 클래스의 인스턴스를 생성하고, (자식 클래스의 생성자에서는, 기본적으로 부모 클래스의 생성자를 먼저 호출하기 때문에, 부모 클래스인 Foo 클래스의 내용물도 생성한다.) 이를 인스턴스 변수에 저장하고 있다.
f.addFive()를 보면, f는 기본적으로 Foo 클래스에만 접근할 수 있다고 했지만, 그것이 overriding 된 메소드이기 때문에, 실제 내용물인 Bar의 addFive 메소드가 호출된다. Bar 클래스의 addFive 메소드를 살펴보면, a += 5 ; 는 현재 자기 자신의 a에 5를 누적하므로 13이 된다.

※ 오버라이딩과 메소드

　　㉠ 오버라이딩(Overriding) : 오버라이딩은 "메소드 재정의"라고도 불리며 이는 서로 상속관계로 이루어진 객체들 간의 관계에서 비롯된다. super 클래스가 가지는 메소드를 sub 클래스에서 똑같은 것을 새롭게 만들게 되면, 더 이상 super 클래스의 이름이 같은 메소드를 호출할 수 없게 된다. 이를 Overriding이라 하고 또는 멤버 은폐라고도 한다.

　　㉡ 메소드 : 자주 필요한 수행 문장들을 독립적으로 정의하는 단위로 호출 가능한 프로그램 모듈이다.

40 ②

① switch문으로 a 사용, case 0에 해당하는 첫 번째 문장을 실행

② printf("%d\'5Cn", b++)에서 b++이므로, 먼저 b 값 1을 출력 후 b값 증가

※ switch-case문의 문법

　　㉠ switch를 사용 후 소괄호 ( ) 안에 값을 넣고, 이 값이 값 1일 경우 수행문 1을 실행하고 종료한다.

　　㉡ 값이 2면 수행문 2를 실행하고 종료하며 값 3도 같다.

　　㉢ default 같은 경우에는 모든 경우가 아닐 경우에 실행되는 default일 때 수행문을 실행하고 종료하며, break는 종료의 의미이다.

41 ①

트랜잭션(Transaction) … 데이터베이스에서 하나의 논리적 기능을 수행하기 위한 일련의 연산 집합으로서 작업의 단위이다.

　　㉠ 원자성(atomicity)은 트랜잭션을 구성하는 연산들이 모두 정상적으로 실행되거나 하나도 실행되지 않아야 한다는 all-or-nothing 방식을 의미한다.

　　㉡ 일관성(consistency)은 트랜잭션이 성공적으로 수행된 후에도 데이터베이스가 일관성 있는 상태를 유지해야 함을 의미한다.

　　㉢ 격리성(isolation)은 고립성이라고도 하는데, 현재 수행 중인 트랜잭션이 완료될 때까지 트랜잭션이 생성한 중간 연산 결과에 다른 트랜잭션들이 접근할 수 없음을 의미한다.

　　㉣ 지속성(durability)은 영속성이라고도 하는데 트랜잭션이 성공적으로 완료된 후 데이터베이스에 반영한 수행 결과는 어떠한 경우에도 손실되지 않고 영구적이어야 함을 의미한다.

42 ④

④ 레지스터 주소 지정 방식(Register Addressing Mode)은 연산에 사용할 데이터가 레지스터에 저장되어 있다.

43 ④

④ 배송업체 테이블을 삭제 한다. →DROP TABLE 배송업체;

→DROP TABLE : 테이블 전체 삭제

44 ①

• 공개키 기반 구조(PKI : Public Key Infrastructure) … 공개키 암호방식에서 사용자의 공개키를 안전하고 신뢰성있게 인증하는 수단을 제공하며 사용자 공개키와 사용자 ID를 안전하게 전달하는 방법과 공개키를 신뢰성 있게 관리하기 위한 수단을 제공한다.

• 인증서 … 한 쌍의 공개키/개인키와 특정사람/기관을 연결시켜주는 해당 키가 특정인의 것이라는 것을 보증해 주는 것이다.

• 인증기관(CA) … 인증정책을 수립하고, 인증서 및 인증서 효력정지 및 폐지목록을 관리하며, 다른 CA와 상호인증을 제공한다.

※ 인증기관의 주요 역할

　　㉠ 키 쌍의 작성 : 이용자가 키 쌍을 작성할 때는 PKI의 이용자가 행하는 경우와 인증기관이 행하는 경우 두 가지가 있다.

　　㉡ 인증서 등록

　　㉢ 인증서 폐지

45 ②

쿠키(Cookie)는 웹사이트에 접속할 때 자동적으로 만들어지는 임시 파일로 이용자가 본 내용, 상품 구매 내역, 신용카드 번호, 아이디(ID), 비밀번호, IP주소 등의 정보를 담고 있는 일종의 정보파일이다.

46 ①

컴퓨터 포렌식(computer forensics, 컴퓨터 법의학) 또는 디지털 포렌식은 전자적 증거물 등을 사법기관에 제출하기 위해 데이터를 수집, 분석, 보고서를 작성하는 일련의 작업을 말한다.

※ 포렌식의 유형

ㄱ 네트워크 포렌식이란 네트워크에서 디지털 증거를 수집하고 분석하여 법정에 제출하는 일련의 과정이다. 인터넷을 통하여 발생하는 범죄에 대한 디지털 증거를 수집하고 분석하는 것이다.

ㄴ 이메일 포렌식이란 이메일 데이터로부터 송수신자, 보낸·받은 시간, 내용 등의 증거 획득 및 분석이다.

ㄷ 웹 포렌식이란 웹 브라우저를 통한 쿠키, 히스토리, 임시파일, 설정 정보 등을 통해 사용 흔적 분석이다.

ㄹ 안티 포렌식이란 데이터의 완전삭제, 암호화, 스테가노그래피이다.

ㅁ 데이터베이스 포렌식이란 방대한 데이터베이스로부터 유효한 증거 획득 및 분석이다.

47 ②

① 스크린드 서브넷 구조(Screened Subnet Architecture) : 스크리닝 라우터들 사이에 듀얼홈드 게이트 웨이가 위치하는 구조로 인터넷 내부와 네트워크 사이에 DMZ라는 네트워크 완충지역 역할을 하는 서브넷을 운영하는 방식

② 스크리닝 라우터 구조(Screening Router Architecture) : 라우터를 이용해 각 인터페이스에 들어오고 나가는 패킷을 필터링하여 내부 서버로의 접근을 가려냄

④ 스크린드 호스트 게이트웨이 구조(Screened Host Gateway Architecture) : 듀얼홈드와 스크리닝 라우터를 결합한 형태. 내부 네트워크에 놓여 있는 배스천 호스트와 외부 네트워크 사이에 스크리닝 라우터를 설치하여 구성하며 패킷 필터링 또는 스크리닝 라우터의 한 포트를 외부 네트워크에 연결, 다른 포트를 네트워크에 연결하는 구조

48 ①

① Snort는 오픈소스이며, 실시간으로 트래픽 분석과 패킷을 기록하는 침입 방지 시스템이다.

② OTP(One Time Password)는 오직 한 번만 사용되는 패스워드이다. 이런 패스워드에는 도청이나 도난이 무의미해진다.

③ SSO(Single Sign On)은 한 번의 시스템 인증을 통하여 접근하고자하는 다양한 정보시스템에 재인증 절차 없이 접근할 수 있도록 하는 통합 로그인 솔루션이다.

④ 스마트 카드는 실질적으로 정보를 처리할 수 있다는 점에서 메모리 카드보다 발전된 기술이다. 마이크로 프로세스, 카드 운영체제, 보안 모듈, 메모리 등으로 구성되어 특정 업무를 처리할 수 있는 능력을 갖추고 있어야 한다.

49 ①

메시지 인증코드와 해시함수

ㄱ 메시지 인증코드는 임의 길이의 메시지와 송신자 및 수신자가 공유하는 키라는 2개의 입력을 기초로 해서 고정 비트길이의 출력을 계산하는 함수이다. 이 출력을 MAC값이라 부른다.

ㄴ 해시함수는 전자서명에 사용된다고 했는데, 이것은 서명자가 특정 문서에 자신의 개인키를 이용하여 연산함으로써 데이터의 무결성과 서명자의 인증성을 함께 제공하는 방식이다. 메시지 전체에 직접 서명하는 것은 공개키 연산을 모든 메시지 블록마다 반복해야 하기 때문에 매우 비효율적이다. 따라서 메시지에 대한 해시값을 계산한 후, 이것에 서명함으로써 매우 효율적으로 전자서명을 생성할 수 있다. 서명자는 메시지 자체가 아니라 해시값에 대해 서명을 하였지만, 같은 해시값을 가지는 다른 메시지를 찾아내는 것이 어렵기 때문에 이 서명은 메시지에 대한 서명이라고 인정된다.

50 ④

④ nslookup 명령어는 네트워크 관리 명령 줄 인터페이스 도구로서 많은 컴퓨터 운영 체제에서 사용 가능하며, 도메인 네임을 얻거나 IP 주소 매핑 또는 다른 특정한 DNS 레코드를 도메인 네임 시스템(DNS)에 질의할 때 사용된다.

한전 KDN 전산직 필기시험

성 명

수험번호

직업기초능력평가

번호	①	②	③	④	번호	①	②	③	④
1	①	②	③	④	26	①	②	③	④
2	①	②	③	④	27	①	②	③	④
3	①	②	③	④	28	①	②	③	④
4	①	②	③	④	29	①	②	③	④
5	①	②	③	④	30	①	②	③	④
6	①	②	③	④	31	①	②	③	④
7	①	②	③	④	32	①	②	③	④
8	①	②	③	④	33	①	②	③	④
9	①	②	③	④	34	①	②	③	④
10	①	②	③	④	35	①	②	③	④
11	①	②	③	④	36	①	②	③	④
12	①	②	③	④	37	①	②	③	④
13	①	②	③	④	38	①	②	③	④
14	①	②	③	④	39	①	②	③	④
15	①	②	③	④	40	①	②	③	④
16	①	②	③	④	41	①	②	③	④
17	①	②	③	④	42	①	②	③	④
18	①	②	③	④	43	①	②	③	④
19	①	②	③	④	44	①	②	③	④
20	①	②	③	④	45	①	②	③	④
21	①	②	③	④	46	①	②	③	④
22	①	②	③	④	47	①	②	③	④
23	①	②	③	④	48	①	②	③	④
24	①	②	③	④	49	①	②	③	④
25	①	②	③	④	50	①	②	③	④

직무수행능력평가

번호	①	②	③	④	번호	①	②	③	④
1	①	②	③	④	26	①	②	③	④
2	①	②	③	④	27	①	②	③	④
3	①	②	③	④	28	①	②	③	④
4	①	②	③	④	29	①	②	③	④
5	①	②	③	④	30	①	②	③	④
6	①	②	③	④	31	①	②	③	④
7	①	②	③	④	32	①	②	③	④
8	①	②	③	④	33	①	②	③	④
9	①	②	③	④	34	①	②	③	④
10	①	②	③	④	35	①	②	③	④
11	①	②	③	④	36	①	②	③	④
12	①	②	③	④	37	①	②	③	④
13	①	②	③	④	38	①	②	③	④
14	①	②	③	④	39	①	②	③	④
15	①	②	③	④	40	①	②	③	④
16	①	②	③	④	41	①	②	③	④
17	①	②	③	④	42	①	②	③	④
18	①	②	③	④	43	①	②	③	④
19	①	②	③	④	44	①	②	③	④
20	①	②	③	④	45	①	②	③	④
21	①	②	③	④	46	①	②	③	④
22	①	②	③	④	47	①	②	③	④
23	①	②	③	④	48	①	②	③	④
24	①	②	③	④	49	①	②	③	④
25	①	②	③	④	50	①	②	③	④

한전 KDN 전산직 필기시험

직업기초능력평가

번호	①	②	③	④		번호	①	②	③	④
1	①	②	③	④		26	①	②	③	④
2	①	②	③	④		27	①	②	③	④
3	①	②	③	④		28	①	②	③	④
4	①	②	③	④		29	①	②	③	④
5	①	②	③	④		30	①	②	③	④
6	①	②	③	④		31	①	②	③	④
7	①	②	③	④		32	①	②	③	④
8	①	②	③	④		33	①	②	③	④
9	①	②	③	④		34	①	②	③	④
10	①	②	③	④		35	①	②	③	④
11	①	②	③	④		36	①	②	③	④
12	①	②	③	④		37	①	②	③	④
13	①	②	③	④		38	①	②	③	④
14	①	②	③	④		39	①	②	③	④
15	①	②	③	④		40	①	②	③	④
16	①	②	③	④		41	①	②	③	④
17	①	②	③	④		42	①	②	③	④
18	①	②	③	④		43	①	②	③	④
19	①	②	③	④		44	①	②	③	④
20	①	②	③	④		45	①	②	③	④
21	①	②	③	④		46	①	②	③	④
22	①	②	③	④		47	①	②	③	④
23	①	②	③	④		48	①	②	③	④
24	①	②	③	④		49	①	②	③	④
25	①	②	③	④		50	①	②	③	④

직무수행능력평가

번호	①	②	③	④		번호	①	②	③	④
1	①	②	③	④		26	①	②	③	④
2	①	②	③	④		27	①	②	③	④
3	①	②	③	④		28	①	②	③	④
4	①	②	③	④		29	①	②	③	④
5	①	②	③	④		30	①	②	③	④
6	①	②	③	④		31	①	②	③	④
7	①	②	③	④		32	①	②	③	④
8	①	②	③	④		33	①	②	③	④
9	①	②	③	④		34	①	②	③	④
10	①	②	③	④		35	①	②	③	④
11	①	②	③	④		36	①	②	③	④
12	①	②	③	④		37	①	②	③	④
13	①	②	③	④		38	①	②	③	④
14	①	②	③	④		39	①	②	③	④
15	①	②	③	④		40	①	②	③	④
16	①	②	③	④		41	①	②	③	④
17	①	②	③	④		42	①	②	③	④
18	①	②	③	④		43	①	②	③	④
19	①	②	③	④		44	①	②	③	④
20	①	②	③	④		45	①	②	③	④
21	①	②	③	④		46	①	②	③	④
22	①	②	③	④		47	①	②	③	④
23	①	②	③	④		48	①	②	③	④
24	①	②	③	④		49	①	②	③	④
25	①	②	③	④		50	①	②	③	④

한전 KDN 전산직 필기시험

성명

수험번호

①	①	①	①	①	①	①	①	①	⓪
②	②	②	②	②	②	②	②	①	⓪
③	③	③	③	③	③	③	②	①	⓪
④	④	④	④	④	④	③	②	①	⓪
⑤	⑤	⑤	⑤	⑤	④	③	②	①	⓪
⑥	⑥	⑥	⑥	⑤	④	③	②	①	⓪
⑦	⑦	⑦	⑥	⑤	④	③	②	①	⓪
⑧	⑧	⑦	⑥	⑤	④	③	②	①	⓪
⑨	⑧	⑦	⑥	⑤	④	③	②	①	⓪
⑨	⑧	⑦	⑥	⑤	④	③	②	①	

직업기초능력평가

문항	①	②	③	④	문항	①	②	③	④
1	①	②	③	④	26	①	②	③	④
2	①	②	③	④	27	①	②	③	④
3	①	②	③	④	28	①	②	③	④
4	①	②	③	④	29	①	②	③	④
5	①	②	③	④	30	①	②	③	④
6	①	②	③	④	31	①	②	③	④
7	①	②	③	④	32	①	②	③	④
8	①	②	③	④	33	①	②	③	④
9	①	②	③	④	34	①	②	③	④
10	①	②	③	④	35	①	②	③	④
11	①	②	③	④	36	①	②	③	④
12	①	②	③	④	37	①	②	③	④
13	①	②	③	④	38	①	②	③	④
14	①	②	③	④	39	①	②	③	④
15	①	②	③	④	40	①	②	③	④
16	①	②	③	④	41	①	②	③	④
17	①	②	③	④	42	①	②	③	④
18	①	②	③	④	43	①	②	③	④
19	①	②	③	④	44	①	②	③	④
20	①	②	③	④	45	①	②	③	④
21	①	②	③	④	46	①	②	③	④
22	①	②	③	④	47	①	②	③	④
23	①	②	③	④	48	①	②	③	④
24	①	②	③	④	49	①	②	③	④
25	①	②	③	④	50	①	②	③	④

직무수행능력평가

문항	①	②	③	④	문항	①	②	③	④
1	①	②	③	④	26	①	②	③	④
2	①	②	③	④	27	①	②	③	④
3	①	②	③	④	28	①	②	③	④
4	①	②	③	④	29	①	②	③	④
5	①	②	③	④	30	①	②	③	④
6	①	②	③	④	31	①	②	③	④
7	①	②	③	④	32	①	②	③	④
8	①	②	③	④	33	①	②	③	④
9	①	②	③	④	34	①	②	③	④
10	①	②	③	④	35	①	②	③	④
11	①	②	③	④	36	①	②	③	④
12	①	②	③	④	37	①	②	③	④
13	①	②	③	④	38	①	②	③	④
14	①	②	③	④	39	①	②	③	④
15	①	②	③	④	40	①	②	③	④
16	①	②	③	④	41	①	②	③	④
17	①	②	③	④	42	①	②	③	④
18	①	②	③	④	43	①	②	③	④
19	①	②	③	④	44	①	②	③	④
20	①	②	③	④	45	①	②	③	④
21	①	②	③	④	46	①	②	③	④
22	①	②	③	④	47	①	②	③	④
23	①	②	③	④	48	①	②	③	④
24	①	②	③	④	49	①	②	③	④
25	①	②	③	④	50	①	②	③	④